当代外国语言文学学术文库
本书由江苏省高校优势学科建设经费资助

外语学科的智库研究

Think-tank Research of Foreign Language Discipline

董晓波　著

对外经济贸易大学出版社
中国·北京

图书在版编目（CIP）数据

外语学科的智库研究 / 董晓波著. —北京：对外经济贸易大学出版社，2022.6（2024.12重印）
（当代外国语言文学学术文库）
ISBN 978-7-5663-2408-5

Ⅰ. ①外… Ⅱ. ①董… Ⅲ. ①外语教学–咨询机构–研究–中国 Ⅳ. ①H09

中国版本图书馆 CIP 数据核字（2022）第 115858 号

外语学科的智库研究
Think-tank Research of Foreign Language Discipline

董晓波 著
责任编辑：谭利彬

出版发行：对外经济贸易大学出版社
社　　址：北京市朝阳区惠新东街 10 号
网　　址：www.uibep.com
资源网址：www.uibepresources.com
邮政编码：100029
邮购电话：010－64492338
发行部电话：010－64492342
E-mail：uibep@126.com

成品尺寸：170mm×240mm
印　　张：16.75
字　　数：314 千字
ISBN 978-7-5663-2408-5
印　　刷：北京九州迅驰传媒文化有限公司
版　　次：2022 年 6 月北京第 1 版
印　　次：2024 年 12 月第 2 次印刷
定　　价：88.00 元

序

知行合一　做人民需要的学问

习近平总书记于 2016 年 5 月 17 日在哲学社会科学工作座谈会上的讲话中强调："历史表明，社会大变革的时代，一定是哲学社会科学大发展的时代。当代中国正经历着我国历史上最为广泛而深刻的社会变革，也正在进行着人类历史上最为宏大而独特的实践创新。这种前无古人的伟大实践，必将给理论创造、学术繁荣提供强大动力和广阔空间。"

这是一个需要理论而且一定能够产生理论的时代，这是一个需要思想而且一定能够产生思想的时代。自古以来，我国知识分子就有"为天地立心，为生民立命，为往圣继绝学，为万世开太平"的志向和传统。孟子说："先立乎其大者，则其小者弗能夺也。"《孟子·告子上》对于知识分子来说，这个"大"就是勇担道义、兼济天下的家国情怀。我国知识分子历来具有强烈的社会责任感。"修身齐家治国平天下""先天下之忧而忧，后天下之乐而乐"，这些思想观念为一代又一代知识分子所推崇。习近平总书记于 2016 年 4 月 26 日在知识分子、劳动模范、青年代表座谈会上的讲话中指出："广大知识分子要坚持国家至上、民族至上、人民至上，始终胸怀大局、心有大我。"新时代一切有理想、有抱负的哲学社会科学工作者都应该立时代之潮头、通古今之变化、发思想之先声，积极为党和人民述学立论、建言献策，担负起历史赋予的光荣使命。

树立为人民做学问的理想，就是要尊重人民主体地位，聚焦人民实践创造，自觉把个人学术追求同国家和民族发展紧紧联系在一起，只有切合时代需要、满足人民需求的学问，才是真学问，才能写进群众心坎里、发挥应有作用。我国古人做学问，特别注重"经世致用"。"学问"一词源自《中庸》"博学之，审问之，慎思之，明辨之，笃行之"，强调学问最终要落实到行动上。知行合一，是由明朝思想家王守仁提出来的。知是行之始，行是知之成。现代意义的"知行合一"就是理论与实践相统一。做人民需要的学问，贵在"知"，即思想的创新；更贵在"行"，即对社会生活产生影响。做人民需要的学问，就得走出书斋、走进实践，为人民立德立言。

江苏省社会科学院党委书记、院长夏锦文教授曾撰文指出，新时代科研工作者应当努力用好“学术研究”“理论阐释”“决策咨询”这三支笔，用更高质量、更高层次、更高水平的研究成果为改革开放再出发提供有力支撑。做强“学术研究”，就是坚持马克思主义的指导地位，加快提升学术命题、学术思想、学术观点、学术标准、学术话语上的能力和水平，构建中国特色哲学社会科学的学科体系、学术体系、话语体系，用高质量的学术研究成果，不断回答时代和实践给我们提出的新的重大课题。做优“理论阐释”，就是要坚持以习近平新时代中国特色社会主义思想为指导，不断推出有思想厚度、情感温度的理论阐释成果；坚持理论联系实际，及时回答时代之问、人民之问，切实发挥好新时代“举旗帜、聚民心、育新人、兴文化、展形象”的作用。做实“决策咨询”，就是为改革开放再出发贡献科学谋划、贡献“睿智之言”“务实之策”。

新时代对科研工作者提出了新的、更高的要求。掌握“三支笔”，用好“三支笔”，必须坚持以习近平新时代中国特色社会主义思想为指引，深入推进思想大解放，大力弘扬伟大改革开放精神，在解放思想中践行“为人民做学问”的理念，在解放思想中突破社科研究的经验主义、思维定式、路径依赖，在解放思想中树立中国特色哲学社会科学的学术自信，不断拿出具有思想性的学术研究成果、具有引领性的理论阐释成果、具有前瞻性的决策咨询成果，为国家和民族的发展提供强大的精神动力。

在综合国力竞争日趋激烈的背景下，智库在国家乃至国际事务中发挥的作用日益凸显，逐渐成为国家软实力的重要组成部分。高水平智库的存在和影响，是一个国家和民族软实力的重要象征。高校智库在聚焦国家战略需求相关的重大理论和现实问题研究时，往往涉及社会科学多个领域、多个组织和多个学科，不是靠某个学者、单个学科的力量就能够解决的。要推动科研组织形式改革，突破传统的学科、学院与智库之间的壁垒，积极推行由跨学科专家组成的“矩阵式”“项目制”组织形式，以项目为导向，组建包括多个专业的跨学科研究团队，加强与其他智库、学科组织之间的互动协同，开展对政府重大决策咨询项目的跨学科研究和联合攻关团队，做强核心专业领域，提高智库产品的质量。打造跨学科、跨智库的合作研究机制，实现交叉学科、多个高校智库间的有机协同和资源整合，使多元主体围绕重大项目开展高水平研究，形成协同领域广泛、协同主体多元、协同平台扎实和协同路径多样的资源整合新格局。

改革开放以来，我国外语学科适应改革开放需要，为国家培养了一大批政治、外交、翻译、经贸、新闻、法律、金融等多领域、涉外高素质人才，为国家国际影响力不断提升做出了应有的贡献。纵观中国高校外语学科在不同历史阶段的任务和使命，我们可以深切地感受到，高校外语学科的发展必须立足国家战略急需，放眼国家发展视野，紧跟时代前沿，在不断改革创新中才能不断赢得学科的发展新机遇。

外语智库建设为外语学科的学术研究回归中国、面向世界，回归问题、面向实践提供了难得的发展机遇。高校新型外语智库要真正实现“思想库”“咨政建言”的功能，既需要外部政策的引导，也需要内部实现专业化、国际化的蜕变，既需要摆脱外语学科单兵突进带来的视野不广、信息不畅等弊端，激发协同创新的活力，也需要参与研究的多元主体发挥聪明才智，提升选题与研究能力，从“形式建设”到“内容创新”转变，以高质量的研究成果，提升新型外语智库的核心竞争力，促进外语学科话语体系逐步转型，推动外语智库建设与其他学科建设之间的良性互动与螺旋式进步。本书作为一名有法学背景的外语学者对智库研究的理论和实践探索，汇集了我对外语学科智库研究的理论思考，包括 2017 年至 2021 年期间《人民日报》《光明日报》《学习强国》《中国社会科学报》《中国教育报》《学习时报》等重要媒体发表的理论阐述文章 66 篇，高校百强智库中国法治现代化研究院[①]特邀研究员期间的 3 篇智库研究报告和 2 篇《中国社会科学报》专家访谈。希望此书可以起到抛砖引玉的作用，对外语学科的转型，服务国家战略研究有一定的启示。

是为序！

董晓波

2022 年 1 月 1 日于南京河西

① 中国法治现代化研究院成立于 2015 年 10 月，是江苏省委宣传部批准成立的首批九家省级新型高端智库之一。著名法学家公丕祥教授担任研究院院长、首席专家。“2018 年度高校百强智库”评选中，荣获“高校百强智库”称号，并以 A+评分位列百强榜第一方阵。

目　录

导　论

新型外语智库建设促进高校外语学科转型发展……3

理 论 篇

外语教育是现代化必备的文化基础——对印度语言教育的思考……17
语言教育是国家软实力的组成部分——西方语言规划观对我国语言教育的启示……19
从“小龙虾”火爆，看产业学院办学模式……22
“一带一路”建设中复合型外语人才的重要性……24
“中国英语”：向世界讲好新时代的中国故事……26
提升国家语言能力，保障国家安全发展——美国国家安全语言战略的启示……31
法庭口译人才培养及其制度建设——美国法庭口译规范化的启示……34
语言政策构建国家认同——俄罗斯语言政策的调整及启示……37
高职单招：火热中要注重规范……40
民间力量：中国文学“走出去”的重要推手……42
澳大利亚语言教育政策突出多元融合……44
文化话语权事关国家安全……47
明确定位目标：大众文化从“走出去”到“走进去”……50
地方职教立法别只做“复读机”……52
法律翻译为全球治理贡献中国智慧……54
Legal Translation Provides Chinese Solution to Global Governance……57
西方教育思想的后现代主义特征……59
高校外向型智库推进外语学科建设……62
马克思对黑格尔“市民社会”理论的超越……65
《论语》在俄语世界的译介与传播……68

构建外语教育话语体系，增强国家文化软实力 …… 72
《孙子兵法》在英语世界的译介 …… 75
语言战略在美国国家安全中的作用与启示 …… 79
发展中国特色翻译学，唱响新时代中国声音 …… 82
创新“一带一路”翻译人才培养模式 …… 86
美国教育“平权”：道阻且长 …… 90
重视《大清律例》英译本的研究价值 …… 93
English Translation of Qing Legal Code's Influence Increasingly Studied …… 97
汲取传统法律文化精华，建设社会主义法治国家 …… 100
高校智库建设：国际视野中的经验与启示 …… 104
甲骨文表情包让传统文化“活”起来 …… 108
破解博物馆文创“同质化” …… 110
《茶经》译介推动中国茶文化走向世界 …… 112
文创：传承传统文化的新兴载体 …… 115
新时代学术评价要有“三新意识” …… 117
美国名校为何“嫌贫爱富” …… 119
Translation and Research of Tea Classic Promoted Chinese Tea Culture to World …… 122
翻拍剧要走出“毁经典”的怪圈 …… 126
抓住“真文化”，而不是“假标签” …… 128
给高技能人才“事业编”，更要给其用武之地 …… 129
人工智能促进教育事业新发展 …… 131
“一带一路”与中国茶文化 …… 135
品《茶经》：从功能到审美 …… 137
网文多路出海 …… 140
战疫有“智”：将疫情“危机”转化为课程思政教育的“契机” …… 142
《管子》的强国富民思想 …… 145
在线教育，重在引导学生自主探究 …… 148
破“SCI 至上”是对学术治理能力的考验 …… 152
法律典籍翻译助推文化记忆建构 …… 153
做好教师角色转变，应对人工智能挑战 …… 156
谈谈中国法律典籍“走出去” …… 159
破除文科博士生评价“CSSCI”至上 …… 161
正视对外译介过程中的跨文化误读 …… 164
浅析德国基础教育中的劳动教育 …… 167

英国劳动教育重视生活技能培养……171
文明交流视角下鸠摩罗什的翻译实践……174
德里达解构主义的法律正义观……180
佛教译经活动影响汉语发展……183
茶助诗情，诗添茶趣……187
重视法律典籍翻译，助力中华法系复兴……190
俄罗斯：以历史教育深化国家认同……193
中国古代法律典籍的译介与传播……197
破除“唯论文”应避免单一评价……204
法律典籍翻译构建全新法治文化空间……206
《管子》治国思想及其译介传播……209
《华英字典》：第一部汉英英汉词典对中华文化的解读……216

实 践 篇

加强地方性法规规章翻译，提升江苏法治文化软实力……227
贯彻习近平法治思想，培养高素质涉外法治人才……234
提升涉外法治能力，助力国家高水平对外开放……241

访 谈 篇

实践呼唤法律语言学出场……251
传承和弘扬中华优秀语言文化……254

导　论

新型外语智库建设促进高校外语学科转型发展

1. 引言

智库是国家软实力的重要组成部分，高校智库在战略研究、政策建言、人才培养、舆论引导、公共外交等方面发挥着重要功能。2014年，教育部印发《中国特色新型高校智库建设推进计划》，全国范围内高校智库建设正如火如荼开展，外语院校当然也不甘示弱，正迎头赶上，不少外语院校都成立了科研机构或研究中心，一定程度上都在发挥着智库的作用，“外语院校的智库作用已经凸显”。①但是，由于智库建设在我国还是个新鲜事物，高校普遍缺乏建设高端智库、一流智库的实践经验，新型外语智库的建设距离高端智库、新型高校智库建设的目标和要求还存在着很大的差距。有关外语智库建设的系统理论研究几乎没有，新型外语智库建设既缺乏理论上的支撑与指导，也没有现成的经验可循，亟须引起外语学界足够的重视，进一步加强系统性研究，努力填补这一方面的空白。

2. 建设新型外语智库的重要性

2.1 服务国家战略发展的需要

近些年来，外语学界越来越体现出一种服务国家战略的“自觉意识”，越来越多的学者都从战略层面思考外语学科规划与建设、外语教育、外语人才培养等诸多方面的内容，比如，从国家战略审视我国外语教育规划与布局、思考外

---

① 王铭玉. 努力打造外语院校一流智库［A］. 第五届外语院校繁荣发展哲学社会科学高层论坛暨全国外语院校科研管理协会年会会议论文集［C］，2013.

语类国际化人才培养、外语学科发展规划等①；从国家安全视角看我国外语教育政策制定、中国外语规划②；将“中国梦”融入外语学科的科研发展③；从“文化走出去”战略视角看外语学科发展④；从“一带一路”倡议看外语能力建设、外语教育战略⑤；从“构建人类命运共同体”角度思考英语教育、外语专业教育改革与发展⑥。换言之，外语学科、外语教育、外语人才培养在国家发展的重大战略上的确扮演着不容置疑的角色，从战略层面承担起提升国家文化软实力的重任也是外语学科义不容辞的责任。

高校新型外语智库正是源于党和国家的需要，源于提升国际竞争力的需要，是高校外语学科发展到一定的阶段，立足于外语学科资源优势的基础之上应运而生的。改革开放40多年，我国的综合国力不断提升，目前已经成为世界第二大经济体。我国在国际事务中占据着越来越重要的地位，在推进全球治理体系和国际秩序变革中发挥着越来越重要的作用，面对世界多极化、经济全球化、社会信息化、文化多样化深入发展的形势与任务，参与全球治理也越来越多地需要智库发挥出强大的智力支持，提供中国方案和中国智慧。党的十八大报告中提出“中华文化走出去迈出更大步伐”，党的十九大报告中进一步提出“一带一路”“构建人类命运共同体”“加强国际传播”等理念，不仅为外语学科的发

① 李宇明. 中国外语规划的若干思考 [J]. 外国语，2010（1）：2－8；束定芳. 关于我国外语教育规划与布局的思考 [J]. 外语教学与研究，2013（3）：426－435；王银泉. 从国家战略高度审视我国外语教育的若干问题 [J]. 中国外语，2013（2）：13－24；王雪梅. 从对接国家战略视角探索外语类院校培养国际化人才的思路 [J]. 外国语文，2014（2）：158－163；彭龙. 外语教育需要的战略思考 [N]. 光明日报，2015－03－31（013）；蔡永良. 语言战略与外语教育：新时期我国外语教育规划思考 [J]. 中国外语，2017（5）：21－28；王雪梅. 对国家战略视角下外语学科发展规划的思考 [J]. 中国外语，2017（5）：29－37；周树春. 民族复兴历史进程中的外语教育战略新路向 [J]. 中国外语，2018（1）：11－15.

② 贾爱武. 我国外语教育政策新战略思考 [J]. 外语教学，2007（5）：91－96；赵蓉晖. 国家安全视域的中国外语规划 [J]. 云南师范大学学报（哲学社会科学版），2010（2）：12－16.

③ 杨力，王有勇. 融入“中国梦”的外语学科的科研发展战略 [A]. 第五届外语院校繁荣发展哲学社会科学高层论坛暨全国外语院校科研管理协会年会会议论文集 [C]，2013.

④ 王宁. 中国文化走出去：外语学科大有作为 [J]. 中国外语，2013（2）：11－12；戴炜栋，王雪梅. “文化走出去”背景下的我国外国语言文学学科发展战略 [J]. 解放军外国语学院学报，2015（4）：1－10.

⑤ 沈骑. “一带一路”倡议下国家外语能力建设的战略转型 [J]. 云南师范大学学报（哲学社会科学版），2015（5）：9－13；仲伟合，张清达. “一带一路”视域下的中国特色大国外语教育战略的思考 [J]. 中国外语，2017（5）：4－8.

⑥ 蒋洪新. 关于新时代英语教育的几点思考 [J]. 外语教学，2018（2）：49－51；梅德明. 新时代外语教育应助力构建“人类命运共同体”[N]. 文汇报，2018－02－09（006）；仲伟合，王巍巍. 新时代背景下我国高校外语专业教育的改革与发展 [J]. 山东外语教学，2018（3）：42－49.

展、新型外语智库建设提供了良好的机遇，也提出了更高的要求，高校新型外语智库是中国特色高校新型智库的重要组成部分，必须要上升至国家战略的层面，以服务政府政策为导向，以繁荣外语学科发展为己任，以提升研究能力为核心，以创新发展为动力，打造一批在国内乃至国际有重要影响力的、品牌性的新型外语高端智库。

2.2　外语学科转型发展的重要抓手

近年来，在麦可思教育、中国社会科学院等权威机构和部门发布的大学生就业报告中，英语专业频频被列为黄牌或红牌警告专业，成为中国最难就业的专业之一，背后的成因显而易见。英语专业设置重复率高，同质化倾向严重，专业人才培养单一化，无法适应国家和社会对复合型外语人才的需要，专业就业对口率较低。2018 年 8 月，普通高等学校本科专业设置与服务平台公示 2018 年度普通高等学校本科专业申报名单，结果显示有 5 所高校拟撤销英语专业。种种现实都释放出了一种强烈的信号，外语专业到了亟须转型发展的紧急关头。

外国语言文学类本科专业教学质量国家标准（2018）中提到，外语类专业具有跨学科特点，这是外语界经过多年实践之后逐渐达成的一种指导性共识。培养高质量的复合型外语人才既是国家战略需要、社会需要，也是学科内部发展的需要，外语学科需要“强化学科专业之间的相互支撑，实现与其他学科专业的内在勾连和深度融合。”①外语学科特有的内在跨学科属性和外在跨学科属性“不仅极大地丰富了新时代外语学科的属性和特征，对人才培养提出了新的要求，也提供了新的人才培养的指导和方向”。②

外语学科转型发展是一个系统工程，涉及方方面面，而新型外语智库建设则是撬动“转型坚冰”的一个重要抓手。一流的外语学科孕育和支撑一流的外语智库，反过来，一流的外语智库反哺和引领一流的外语学科建设、“外语+”复合型外语人才的培养。外语学科基础包括外国语言学、外国文学、翻译学、国界与区域研究、比较文学与跨文化研究等内容，通过新型外语智库建设可以实现人才培养的“供给侧改革”，通过跨学科、综合性的资源与知识整合、学术研究，进一步丰富外语学科的课程内容，深化外语学科知识体系，创新人才培养模式，提升课程与教学实践的协同力。

---

① 蒋洪新. 关于新时代英语教育的几点思考［J］. 外语教学，2018（2）：49－51.

② 王卓. 从简单复合到跨学科外语人才培养［J］. 山东外语教学，2018（3）：61－69.

2.3 提升外语学科话语权的突破口

“在当代，外语学科在国民经济中的地位逐步下降，甚至愈来愈边缘化。”[①]外语学科受到边缘化的原因在于学科话语权较为薄弱。一个学科的话语权主要体现在两个方面：从内部来看，要有一套完整的、成逻辑系统的指导思想、学科体系、话语体系、人才培养体系；从外部来看，要能够形成一定的社会影响力，甚至推动社会进步与发展。在当前的主要哲学社会科学中，外语学科的影响力相对较弱，这主要表现在：一是外语学科地位不高，二是外语学科的话语体系建设不足；一方面，外语学科内部知识体系、话语体系建设完整度有待加强，对于西方的理论研究依赖程度较高，独立性、原创性的思想和理论建设不足；另一方面，更在于外语学科对时代发展的回应能力不足，影响社会实际进程也不高。两个比较明显的例子：一是，针对外语高考改革方案的调整，外语学者的集体“失语”，“与外语有关的国家重大决策，有关外语教学改革本身的重大政策，外语学术界‘集体失语’，相关的研究成果‘缺位’”。二是，针对相关部委、部门近年来推出的诸如“中国文化外译项目”的资助项目，“外语背景的研究者或教师只是作为翻译者参与申报这样的项目，并没有能够在此类项目的设计或计划实施前提供相应的基础研究成果或决策咨询”。[②]

涉及外语学科的重大问题，本学科都没有话语权，这当然值得我们反思。从内部来讲，亟须提升学术话语创新能力和研究能力，构建外语学科独立的话语体系；从外部来讲，外语学界要适时围绕社会、国家战略需求开展研究，拿得出有分量的研究报告给政府决策提供参考，提高外语学科在整个哲学社会科学界的学术地位。习近平总书记在哲学社会科学工作座谈会上指出：“只有聆听时代的声音，回应时代的呼唤，认真研究解决重大而紧迫的问题，才能真正把握住历史脉络、找到发展规律，推动理论创新。” 从这个角度来看，推进新型外语智库建设正是提升外语学科话语权的一个契机，通过关注国家、社会的重大需求，积极回应时代的呼唤，在学术的本土性、原创性上下苦功夫，推动整个社会进步，真正在社会上产生一定的影响力，也正是重建外语学科话语体系、提升外语学科话语权的新机遇。

---

① 胡开宝，王琴. 国际化视域下的外语学科发展：问题与路径［J］. 外语教学，2017（2）：1－6.

② 束定芳. 外语学术研究应关注应用［J］. 外语教学理论与实践，2015（3）：1－5.

3. 新型外语智库的主要特征和类型

一流、高端的新型外语智库是外语教育质量的重要标志。“智库”英语为“Think Tank”，又称为“思想库”“思想工厂”“政策研究组织”。[①]建设新型外语智库，有必要对外语智库的特征和类型等进一步加强认识。新型外语智库，指的是主要从事国际关系、国家形象、国际传播、区域与国别等问题研究与政策制定的“思想库”，服务于国家参与全球治理、处理国际事务、加强国际合作等领域的科学决策，对于促进国际经贸投资合作、提高国家文化软实力、提升我国国际话语权具有重要作用。

3.1 特征

3.1.1 跨学科性

面对“一带一路”倡议、“中华文化走出去”等国家重大课题，往往涉及社会科学的方方面面，单靠某一个学者、外语学科，甚或是某一所学校的智力支持，并不能解决实际的问题，更需要凝聚多方智慧，融合多学科、跨学科研究，“智库研究本身所包含的多样化内容自然而然要求其研究方法偏重于多学科方法。”[②]外语智库当然要充分发挥外语学科的优势，紧密结合国家战略需求，更要依托相关学科的支撑来明晰智库的功能定位、制定学术战略、明确学术方向。

3.1.2 专业性

区别于二级院系附属性质的科研机构，新型外语智库的专业性在于其独立性，表现在研究内容、研究队伍及其管理的专业化三个层面。研究内容的专业化是指依托学科优势，精准对接国家战略需求、社会需求，研究选题方向明确，研究成果摆脱传统学术理论研究的窠臼，具备实践性、可实施性、可操作性；研究队伍的专业化是指有一流的领军人物，有团队意识、执行力较强的学术队伍；管理专业化是指具备行之有效的人员培训、考核、晋升与淘汰机制，对于研究项目的进展情况有着严格、规范的监督管理机制等。

3.1.3 协同性

新型外语智库研究的协同性，既包括纵向协同，也包括横向协同。纵向协同是指沟通国家部委、政府实务部门，建立符合中国国情、校情，灵活的“旋

---

① 王珩. 高校智库建设的理论范式和实践创新［M］. 北京：世界知识出版社，2017: 7.

② 王珩. 高校智库建设的理论范式和实践创新［M］. 北京：世界知识出版社，2017: 70.

转门”合作机制。横向协同既包括校内协同，也包括校外协同。校内是指不同学科、不同研究机构之间的协同；校外既有国内也有国外的协同；国内可以与区域、本地的高校和企业协同；国外则是与国外大学的研究机构；甚至政府部门协同。通过纵横结合，形成“协同领域广泛、协同主体多元、协同平台扎实和协同路径多样”的特征。①

3.1.4 多样性

多样性有两层意思，一是人员的多样性，二是活动的多样性。外语智库的跨学科性必然要突破由外语学院教授、教师单独打造一支队伍的限制，必须要吸收、融合其他学科的专业研究人员。外语智库的协同性必然要跨越学校围墙的限制，汇聚政府部门官员、企业精英、国外专家学者等，从不同的思维和角度，开阔研究视野，丰富研究方法。活动的多样性是指要经常性举办高端的国际、国内学术论坛，开展各种专题研讨、讲座或是教育培训等，通过多样性的活动激发思维的活跃性，保持思想、学术创新的动力与活力。

3.1.5 国际性

国际性是一流、高端的新型外语智库的本质特征，国际性的原则是“全球视野、中国特色”。新型外语智库建设必须要有全球视野，在全球化的时代背景下研究中国问题。国际性具有四个层面的意思：在学术追求上，要熟悉国际学术话语的特征，立足本土实践，用中国特色、中国风格、中国气派的学术话语赢得国际话语权；在研究人员的组成结构上，要有国际相关领域的专家、教授、研究生等共同参与实质性的研究；在协同机制上，要有国外的研究机构、政府部门或是在国外直接建立分支机构，形成国际化交流的平台；在影响力上，在国际舞台上能够发出“中国声音”，具有国际竞争力和影响力。

3.2 类型

基于不同类型的高校及其所拥有的学科资源、智库的服务功能与定位，外语智库建设的类型可以大致分为三种。需要指出的是，这种分法并不具备绝对的科学性，也可能存在交叉、重叠的情况。

3.2.1 综合类

综合类外语智库一般是依托综合性大学、师范类大学以及外国语大学建设，大学拥有的学科门类相对丰富、齐全，哲学、法学、经济学、历史学、教育学、社会学、外交学、管理学、新闻传播学、外语学科等一应俱全，就可以建设综合类外语智库，分设多个不同功能、不同研究领域的附属研究中心，可以进行

---

① 王珩. 高校智库建设的理论范式和实践创新［M］. 北京：世界知识出版社，2017: 36.

国家文化安全、外语教育政策、国际教育比较、区域与国别、国际文化传播、大国外交关系等不同方向和不同领域的综合性，全方位，战略性研究。当然，就某一研究领域也可以细化展开，根据不同的研究问题，下设不同的研究中心，形成围绕某一领域的综合性智库。

3.2.2　主题类

高校也可以充分利用现有的学科资源，进行主题类外语智库建设。近年来，中国文化领域和学术界一个极为重要的话题就是“文化走出去”。然而，“中国学术和中国文化走出去的顶层设计中，外语背景的学者参与度不高，并没有发挥应有的作用。”[①]此外，“一带一路”倡议、“构建人类命运共同体”“对外话语体系建设”等都是近年来政府各类文件中提到的重点议题，高校可以通过整合可利用的相关学科资源，集中优势力量，根据这些议题选取某一方面、某一领域进行主题类外语智库建设。

3.2.3　特色类

特色类外语智库特别指向有着行业背景的高校，可以充分利用行业资源，发挥出行业特色，更凸显其实践性、应用性的特征。比如，政法院校、中医药大学、旅游大学、传媒大学、影视学院等，可以依托行业与外语学科资源，围绕中华文化“走出去”的战略，建设国际政法、中医国际化、国际旅游资源拓展、国际文化传播、国际影视合作与推广等外语智库，将行业文化品牌推向国际做实、做深，充分彰显学校特色、行业特色，在行业内部形成不可替代的生命力，实现新型外语智库的“专门用途和多元化功能”。[②]

4. 建设新型外语智库的路径

4.1　加强顶层设计，形成新型外语智库体系

高校外语学院以科研机构或研究中心形式建设的外语智库，存在着数量庞大、规模大小不一、定位不明确、管理松散等问题，亟须通过理顺管理机制、提升咨政建言能力、实现成果社会转化、转变评价方式等一系列的综合改革，形成新型外语智库体系，提升外语智库的服务能力和社会影响力。目前，从中央到地方各级政府都出台了智库建设的各类文件，但是，这些文件仅仅是停留于推进建设的总体性、方向性的引导，其可操作性欠缺，还缺乏细化的指导性、

① 束定芳. 外语学术研究应关注应用［J］. 外语教学理论与实践，2015（3）：1－5.

② 陈希. 国际传播新形势下新型外语智库建设［J］. 传媒观察，2015（12）：39－41.

参照性规范。鉴于高校智库队伍的庞大、分散，应当由省级部门进行顶层设计，统筹规划：设立统一管理的机构，完善相关的法律法规，使智库的申报、遴选标准和运作流程规范有序，对不同的外语智库实行分类、分层管理，避免重复建设，以完备的政策引导一批外语智库向着高端、国际一流智库发展；通过完善政府政策决策的论证制度，加强政府与智库、公众之间的充分互动，畅通外语智库研究成果的上报、回应和反馈机制；健全智库评价体系，合理引导高校外语智库以实际问题为导向，由传统的学术理论研究转向应用对策研究，改变传统的以学术论文为主导的成果评价方式，将资政报告、规划方案、数据统计与分析、媒体报道等多样性的成果纳入重点考核的对象，建立以质量和实际贡献力为导向的考核、淘汰机制，形成特色化、差异化竞争，健全竞争性、激励性的经费保障体系。

4.2 深化外语智库与外语学科建设的联动机制

当前，高校学科建设已经形成了较为成熟的体制，在管理机制、人事制度与经费投入上都有稳固的保障，而智库建设起步较晚，并没有引起足够的重视，与二级院系相比，智库仍处于附属地位，智库的运行并没有形成单独的机制，“存在明显的团队组建困难、学科合力不足、人员考核困难等问题。”[①]智库建设与学科建设是并行不悖、一体之两面的关系，高校要将智库运行机制改革上升到学校层面进行创新，获得领导层的直接支持，“把学科发展与新型智库建设作为强关联的制度要素进行系统设计”。[②]高校在制定外语学科发展战略时，不仅要从外语学科发展的现状、内部规律、国际前沿出发，也要充分考虑国家战略、区域经济发展的现实问题，将外语智库的学术战略与学科建设的战略紧密结合，从学科群协同的角度进行整体性的战略设计，以求获得破解问题的方案与措施。新型外语智库的跨学科性、专业性和协同性特征，要求高校打破传统的学科布局、学科壁垒、“学术本位”的模式，从精准对接国家战略、服务社会经济发展的全局出发，需要校级领导层、职能部门、二级学院的多方协调，进行系统设计、统筹规划、综合改革和模式创新，从管理体制、评价机制、人员流动以及经费保障等重要方面着手推进，真正提升学科之间的协同能力，形成智库与学科建设“齐头并进”的平衡局面。

---

① 王志彬，金通. 新时期高校智库建设制度优化研究［J］. 国家教育行政学院学报，2017（6）：21－26.

② 汪锋. 高校一流学科与新型智库建设的互动机制研究［J］. 中国高教研究，2016（9）：35－41.

4.3　明确定位，推进外语智库专业化转型

囿于学科力量、人力资源、经费投入等，不是所有的学术机构都适合转型为智库，盲目地跟风建设外语智库只会沦为形式化的空壳，造成资源浪费，高校应该根据学科发展的实际，确定是否要转型。转型的重心在于研究主题的转向，不少外语学院的科研机构和研究中心，多是依托研究人员的研究兴趣，“研究选题多基于学科专业分类，导致热门领域扎堆、重复研究”，[①]传统的学术研究出于完善学科内部建设与知识纵深拓展的需要，与国家的需要、社会的需要结合不够紧密。“一个学科的发展总是与其所处的社会实践阶段密切相关的”。[②]立足中国社会的本土实践，是深化学科内涵发展、实现学科话语转型的“活水之源”。“今日中国高校之所供给，与社会之所需求，始终普遍存在着相当程度的不协调、不对称、不对路的现象”。[③] 关注时代发展，回应时代需要，新型外语智库建设必须要明确定位，真正实现转型发展，“加强对全局性、战略性、前瞻性问题的研究”，[④]正确处理好问题导向与学术导向、基础理论研究与应用对策研究的关系，深厚的思想和丰富的知识是进行应用对策研究的基础，反过来，应用研究的丰富也会激发基础理论的研究和创新，两者不可偏废。

4.4　加强一流外语智库人才培养

一流的外语智库需要高端的复合型外语人才支撑，一流的研究人才也是一流外语智库形成品牌力的必备条件。外语智库人才队伍建设是个整体性、结构性、综合性的资源整合，需要通盘考虑，在人员的配备上不只是需要研究人员，也需要辅助人员、宣传人员共同组成，在人员的来源上不仅需要高校研究生，也需要政府官员、企业精英的参与，国际化的外语智库也需要吸收国际学者进来，以实现政策咨询与研究的多元视角。新型外语智库可以与政府、企业、国外知名学术机构合作，建立“外语+”复合型智库人才的协同培养和流动机制。智库人才的培养与传统的人才培养不同，传统人才培养以满足社会需求、学生个人就业需求为导向，智库人才应以培养其参与战略研究的能力为主导，外语智库人才储备既要和外语学科建设、外语人才培养结合，纳入院校的人才培养

---

① 李曜坤，张亮. 推进新时代国家智库体系建设［N］. 光明日报，2018－07－26（011).

② 洪大用. 超越西方化与本土化——新时代中国社会学话语体系建设的实质与方向[J]. 社会学研究，2018（1)：1－16.

③ 刘鸿武. 高校学科建设与智库建设：一体之两面［J］. 图书馆论坛，2018（4)：17－19.

④ 王铭玉. 努力打造外语院校一流智库［A］. 第五届外语院校繁荣发展哲学社会科学高层论坛暨全国外语院校科研管理协会年会会议论文集［C］，2013.

体系，又要建立完善的、独立的内部人才培养体系，保证研究队伍的稳定性与秩序性。外语智库的跨学科性决定其人才培养要面向不同学科，常态化、制度化遴选一部分问题意识强、研究能力强、有研究兴趣的学生参与到智库的研究中，通过各种培训项目、实习助理项目，拓宽视野，夯实基础，强化实践，提升学生的综合素质和能力，在实践中培养储备人才。

4.5 提升国际传播力与影响力

提升国际传播力与影响力涉及两个层面：一是话语本身的吸引力与张力，这是由话语质量、话语的形式所决定的；二是采取有效的手段，主动加大国际传播。新型外语智库本身是个研究机构，学术话语的构建与话语传播是两码事，学术话语要想被更广泛的群体接受，本身要具有可理解性、易接受性、辨识度高的特质，而政策话语、学术话语、新闻话语与故事话语有着本质的区别，讲好中国故事，推进国际传播，需要转变叙述方式，必须要善用新闻话语、故事话语，学术话语要向故事话语转变，这就要求“提升公共话语能力，尤其是公共修辞能力”。①互联网时代，尤其要提升网络话语的转换能力，充分利用网络传播的新形式，用好图像、音频、视频、动画等具体形象的符号传播方式。提升国际影响力，既有人对人的直接传播手段，也有借助物质媒介加强传播的手段。人对人的传播手段是指通过建设国际交流的平台，举办高端的国际论坛，加强国际合作与交流，实现学者之间的直接对话，让“中国声音”被更多的国际学者理解和接受。物质媒介的手段主要是通过各种媒体进行国际传播，如国际性的学术期刊、多语种的网站建设、在国外高校建设分支研究机构、与国外媒体渠道合作等多元方式。在推进国际传播的进程中，人的主动性是主导，必须要谋求更广泛、更扎实的合作形式，比如，通过官方高层、部委的合作，努力让中国元素、中国声音进入到对象国的基础教育体系，多渠道、多方式地“提升我国智库参与全球治理、公共外交、经贸合作、人文交流等议题的能力和经验”。②

5. 结语

纵观外语学术研究，还存在着引进来有余而走出去不足、西学有余而中学不足、理论有余而问题研究不足等现实问题。外语学科话语体系的构建也亟须

---

① 陈汝东. 论国家话语能力［J］. 北京大学学报（哲学社会科学版），2011（5）：66－73.

② 李曜坤，张亮. 推进新时代国家智库体系建设［N］. 光明日报，2018－07－26（011）.

原创性、独立性的研究内容作为核心支撑，新型外语智库建设为外语学科的学术研究回归中国、面向世界，回归问题、面向实践提供了难得的发展机遇。高校新型外语智库要真正实现“思想库”“咨政建言”的功能，既需要外部政策的引导，也需要内部实现专业化、国际化的蜕变，既需要摆脱外语学科单兵突进带来的视野不广、信息不畅等弊端，激发协同创新的活力，也需要参与研究的多元主体发挥聪明才智，提升选题与研究能力，从“形式建设”到“内容创新”转变，以高质量的研究成果，提升新型外语智库的核心竞争力，促进外语学科话语体系逐步转型，推动外语智库建设与外学科建设之间的良性互动与螺旋式进步。

理 论 篇

外语教育是现代化必备的文化基础

——对印度语言教育的思考

印度，地处南亚次大陆，是世界文明古国之一。多语种现象贯穿于印度的整个历史，是印度民族、文化多元化的一部分。印度语言教育政策经历了从殖民语言政策到独立后"三语"模式民族语言政策，再到多语种的开放语言政策的发展历程。

独立后的印度政府制定和推行"三语"模式，旨在以印地语整合印度文化，增强民族凝聚力。为此，印度政府首先选择印地语作为官方语言和国家共同语。其次，为继续保证中上层民众接受西方式的精英教育，垄断文化资源和权力资源，印度政府确定英语为第二官方语言和学校主要教学语言。其他许多民族语言只能成为各邦的官方语言和部落语言。

印度的"三语"方案既承认地方语言资源的价值，也承认国家统一通用交际语的价值，同时还承认可用于国际交际的语言价值，从而在多语种政策和国家统一的单语种政策之间走出了一条适合印度本土环境的语言教育政策。

印度的语言教育一方面致力于保护母语，尽可能使儿童接受母语教育，以保持国家语言的多元化性质；另一方面致力于印地语在非印地语地区的传播，使之成为全国教育体系的一部分，使所有学龄儿童都能掌握印地语。"三语"教育方案虽然经过多次修订，但是始终强调母语教育的重要性，印地语的地位始终没有改变。

外语教育是实现现代化不可或缺的文化基础。在信息时代，外语教育不仅能够增强个人的多语言能力，提升个人的现代文化素养，也是个人的社会适应能力的表征之一。

英语是印度主要的交际语言，渗透在社会生活的各个方面。在印度，无论官方文件、电台广播、报纸杂志，还是日常生活、工作交流，英语的使用都非常普遍。因此，英语不仅是印度高等院校学生的必修语言，还是人们学习、生活和学术研究及工作的主要语言。同时，普遍的英语能力也是印度人在各个领域取得成功的一个重要因素。

印度独特的英语教育又体现在基于学科的英语教学上。在印度高等院校，各个专业很少有统一的教材，学生学习的大部分内容来自教师给学生开出的一系列不同流派的参考书，其中既包括传统书目又有最新的著作书目，而且以英语原著居多。学习方式不是以课堂灌输为主，而是以学生课下按照教师所列书目自己去研读、分析、比较为主。

正是通过这种教学方式，学生阅读大量的最新英文原著，不仅对本学科的最新发展动向有了透彻的了解，还对社会科学和自然科学有了总体的把握，在此过程中也锻炼了英语思维方式，同时培养了独立思考学科问题的能力。

此外，英语还被广泛地运用到课堂教学中。除个别文科外，印度的大学全部采用英语教学，教师用英语讲课，学生也用英语提问及回答问题。事实证明，在经济全球化和世界多极化的今天，全方位的英语学习环境，“专业+语言”的英语教育为印度培养国际交往人才带来了极大的优势，也为今天印度的服务外包优势提供了很好的保障。

在当今世界，一个国家是否拥有丰富的语言资源，已成为衡量其实力的重要因素。语言运用的总趋势是从单语到双语、多语。现在世界并不是英语世界，而是多语言的世界，因此只用英语和世界各国打交道还是不够的。为了大国崛起的梦想，印度调整了“三语”模式方案，在“扬”印地语、英语的同时，并不“抑”多种外语的学习。新方案规定，除了英语和印地语之外，还应加强欧洲语言的学习。印度近年来也从地区安全和经济合作角度，鼓励藏语、汉语、日语的学习。

我们应该看到，我国尽管很多人学习外语，但实际上掌握的语种数量非常有限。在目前世界上仍在使用的 6 000 多种语言中，我国有所了解的有 100 多种，能够较好使用的有 20 种左右，能够开设课程的不到 50 种。“一带一路”倡议所覆盖的中亚、南亚、西亚等地区，涉及官方语言达 40 余种，但我国目前教授的语言仅 20 种。伴随“一带一路”建设的推进，任何一种外语都有可能为我们所需，如果储备不足，会制约发展，影响安全。因此，通过调整专业布局、增加语种数量、改善语种结构，来加快语言人才培养是当务之急。

语言是文化的承载者，是文化认同形成的基础和重要的表现形式。“一带一路”倡议推进过程中，语言沟通是基础，“一带一路”建设需要的语言人才不仅要精通沿线国家的主体语言和相关地区语言，乃至部族语言，而且应当熟悉当地文化、制度、风土人情和地理环境，具有国际视野和跨文化交际能力。可见，语言教育除了基本的语言文学知识之外，还应强化相应的文化、历史、政治、经济等知识教育。

而且，“一带一路”倡议会带来大量工程技术人员、经贸人员、交通运输人员、法律政治人士、文学艺术工作者、历史地理研究者等跨国工作或在本国从事国际业务。就这些人士而言，除需要掌握工作目标国家和地区的语言外，还需要过硬的专业知识和业务能力。因此，“一带一路”沿线国家专业语言的学习，即“外语+专业”的复合型人才培养是必然趋势。

——载于《中国教育报》2017 年 6 月 16 日第 5 版，与孙茂华合作

语言教育是国家软实力的组成部分

——西方语言规划观对我国语言教育的启示

语言规划作为一门学科的名称，是由美国语言学家艾纳·豪根（Eniar Haugen）在 20 世纪 50 年代末首先提出来的。艾纳·豪根认为，语言规划是社会规划中的一个部分，是为一个语言社区建立目标、政策和程序的活动。它可以包罗万象，小至新词使用的倡议，大到一门新的语言学习和运用的政策规定。人们对语言或语言多样性的看法，会形成不同的语言规划观。

生态语言规划追求语言的多样性

语言规划问题主要源于第二次世界大战之后纷纷独立的前殖民地国家选择和确定国语或官方语言、实现语言现代化的决策。

二十世纪五六十年代，随着民权运动的兴起，少数族群逐渐意识到语言权利是民权运动的一部分。他们认为，语言权利的基本内容包括使用母语的权利和使用母语接受教育的权利。语言不仅是文化，更是经济资源。用自己的母语进行交流，是对自然习得资源的最有效利用。

二十世纪七八十年代，环境污染加剧，人类对自然生态和文化生态遭受破坏而导致的生存危机进行了深刻的思考。人类是大自然的成员，自然生态的多样性促成了人类种群的多样化，使人类创造和发展了丰富多彩的社会和文化。语言是文化的重要组成部分，也是文化最重要的载体，人类文化只有通过语言构成的知识体系才能得到完整的保存和流传。

语言的源泉来自民族或族群所栖息的自然和社会环境。保护少数民族和族群的自然生态和社会生态的完整性，对于语言和文化的生存与发展非常重要。自然环境遭受破坏、社会完整性受到削弱，语言资源就会枯竭。比如，如果许多动植物灭绝，地质矿产资源枯竭，地形地貌被破坏，那么语言系统中与原初自然环境和族群社会生产生活方式相适应的词汇和结构就会废弃，相应的文化内容也随之消亡，其结果是语言资源枯竭，语言活力衰弱。因此，着力保护少数民族和族群的自然和社会生态的完整性，就是保护人类文化的多样性。

生态语言规划追求的是语言的多样性，是对语言生态系统的整体规划，而不是仅考虑个体语言。可见，生态语言规划的主要目标是保持语言生态系统内交流方式的结构多样性。

语言的传播意味着文化的传播

随着经济全球化的加速推进，世界各民族语言文化的接触与交流日益广泛，矛盾与碰撞日益激烈。我们已经不能单纯地从“交流思想的工具”，更不能仅仅从经典语言学家书斋里的符号系统角度理解语言，而是要从其承载、传承、建构特定文化的功能与机制这一角度理解和把握其本质特征。

语言的传播意味着文化的传播，语言的交流意味着文化的交流，语言的趋同意味着文化的趋同和权利的丧失。

在经济全球化的背景下，我国的语言生活变得更加重要与复杂。发达国家凭借经济全球化传播本国的优势语言和文化。作为发展中国家，我国如何立足国情以适应语言国际化的浪潮，如何通过保护本国语言文化主权与文化安全、提高民族语言文化认同感、促进语言文化对外传播来提升语言文化软权力，从而维护国家文化发展战略，应是目前国家语言教育政策的目标定位与制定思路。

多语言能力稳固民族文化基因

改革开放30多年来，我国正从本土型国家向国际型国家转变，对外既要面向世界，扩大开发，促进国际交流合作，同时在国际语言生活中更要反对大国语言霸权；对内要坚持文化的多样性，不可能用一种语言取代所有的语言，要维护民族语言的纯洁性，促进民族语言的规范化，保存好民族语言的文化基因。

如果没有正确的语言规划观作为保证，语言教育政策制定必然会偏离它的目标。

首先，要从国家战略高度对语言教育政策进行统筹规划，更好地维护国家语言文化主权与文化安全，提升语言文化认同度，促进语言文化传播。对外能够达到国家语言文化软权力的核心目标，维护国家文化利益；对内能够维护民族认同，保障民族利益，促进民族平等，构建和谐生态的语言社会。

其次，在具体政策上，要理顺汉语教育、外语教育、少数民族语言教育和对外汉语教育的关系，减少外语教育对汉语和本民族文化所造成的冲击。提高汉语教育的地位，通过发展汉语教育来维护汉语权利、保护汉语资源，促进民族凝聚力和中华民族优秀文化的传承和对外传播，提升母语国际话语权。

针对外语教育，我们要认识到，对于个人来说，多掌握几门语言，个人将获得更多资源；对于国家来说，掌握多种语言会提高国家各方面的资源。

2005 年，美国全国语言大会上发布的《语言教育行动蓝图》称，“通过外语能力和对世界文化的了解，使美国成为更强大的全球领导者”。可见，美国外语教育政策的首要目标是维护美国霸权地位，同时利用其语言战略为其在经济全球化竞争中获取话语权服务的。

因此，我国的外语教育政策不仅应该放在努力构建多语、多元文化的环境，为学习者提供更多的语言资源的基础上，更重要的是应该努力培养符合国家文化发展战略、为国家文化安全服务的外语人才，从而适应全球化的挑战。

我国是多民族的国家，民族平等、民族团结和各民族共同繁荣是社会主义的根本原则。

针对少数民族语言教育，我们应该认识到它是维护语言生态、促进民族团结、提升民族凝聚力的重要源泉之一。因此，国家应大力发展民汉双语教育和外语教育相结合的多语教育体系，培养既通晓民族语言又懂汉语的多语人才。

此外，在对外汉语教育方面，为促进汉语和中国文化的对外传播、提升语言的感召力和文化的影响力，在政策层面应探讨促进汉语传播更加有效的模式和制度。同时，加大孔子学院的制度创新建设，充分利用互联网的平台和资源促进汉语进入全球社会语言生活。

在经济全球化的时代，我们应该充分认识到，具备多语言能力不仅是增强国际竞争力、促进国际交流的重要因素，更是维护和增强国家语言资源、保护国家语言文化安全的重要力量。因此，国家应该设立“关键语言”教育，科学地分析和论证外语人才需求，区分人才培养和使用层次，建立金字塔式的英语学习者结构。金字塔塔尖重点培养精通外交、军事等关系国家重大发展战略的外语人才。

——载于《中国教育报》2017 年 9 月 15 日第 5 版

从“小龙虾”火爆，看产业学院办学模式

前段时间，“小龙虾专业”火爆网络。但在记者致电江汉艺术职业学院时，相关负责人却表示，学校并没有设立小龙虾专业，是一些媒体为了吸引眼球，搞的噱头。

其实，教育部2015年印发的《普通高等学校高等职业教育（专科）专业设置管理办法》中明确规定，除国家控制专业外，高校可根据专业培养实际，自行设置专业方向，无须备案或审批，但专业方向名称不能与专业目录中已有专业名称相同。

从湖北省招生办的通报和该校招生简章来看，江汉艺术职业学院潜江龙虾学院下设餐饮管理、烹调工艺与营养（小龙虾烹饪方向）、市场营销（小龙虾产业方向）三个普通专业。而这三个专业都在专业目录里，至于“小龙虾”一说，只是该校面向小龙虾产业自行设置的专业方向，媒体在报道过程中确实存在“误读”。

正本清源，回归事实之后，我们不妨换个角度。在“小龙虾”热议的背后，产业学院的建设也值得关注和探讨。

最近，《中国小龙虾产业发展报告（2017）》发布。报告显示，2016年，我国小龙虾养殖产量达到85.23万吨，养殖面积超过900万亩，已成为世界最大的小龙虾生产国，并形成了从养殖，到运输加工，再到最终消费服务的一条完整的产业链。

高职院校面向小龙虾这条完整产业链，设置相关专业方向，自然是紧跟产业发展、符合行业需求的。从产业角度出发，探索发展产业学院是一种值得尝试的新型办学思路和办学模式。

首先，依托产业，依靠行业企业，学校专业设置将不再“闭门造车”。不仅专业设置范围可以进一步扩展，校企合作对象也不再是“一对一”的关系，选择面更加广泛。品牌专业、特色专业是高职办学的重中之重，由专业建设向专业群建设转变已成为高职内涵建设、特色发展的必由之路，一流的高职院校需要特色鲜明的专业群，既形成核心竞争力，又产生辐射引领作用，最终组建对接行业企业的产业学院，提升院校服务行业产业的能力。

其次，建设产业学院，各专业方向通过构建“模块化”课程体系，体现出

专业之间的交叉融合，突破传统人才培养的专业限制，打通专业之间的壁垒，可以为产业发展培养高级复合型人才。比如，水产养殖专业（小龙虾方向）的学生，可以选择市场营销、物流管理、财务管理专业方向下的模块课程，通过专业技术的硬技能、管理理论的软知识的相互融合，培养符合产业发展需求的复合型人才，其就业选择不再受专业的限制。

最后，发挥行业、企业的龙头引领作用，引入行业标准，拆掉横亘在企业和学校之间的“有形之墙”，重构专业课程体系，更新专业知识，强化学生的实践能力培养。一方面，邀请行业企业人士为学校人才培养方案、课程设置把脉；另一方面，专业教师经常性地走进行业企业观摩学习，了解企业工艺流程和技术标准，在教材编写和授课时更能契合生产实际，体现行业发展。

发展产业学院或行业学院，不仅是高职院校寻求特色发展之路，对应用型本科高校转型而言，也是值得借鉴的一种办学模式。产业学院具有明确的办学服务对象，背靠行业、企业的稳定力量，形成持续、紧密的合作后盾，在专业设置、人才培养、技术培训、技术咨询和开发上，都具有明确的产业服务面向。

发展产业学院是一项系统工程，外部需要政府搭建桥梁，为企业和学校“联姻”，内部则需要学校管理部门、教学单位上下一盘棋，既要加强顶层设计，也要立足实际，在产教深度融合、师资队伍建设、“模块化”专业课程体系建设、考核方式变革等诸多方面通力配合，内生凝聚力和向心力，共同致力于构建特色产业学院的新型办学模式。

——载于《中国教育报》2017 年 9 月 26 日第 9 版，与胡波合作

“一带一路”建设中复合型外语人才的重要性

外语人才作为重要的战略资源，直接影响“一带一路”倡议的实施效果。我国外语教育目前所面临的形势，一方面表现为单一外语人才过剩；另一方面，由于缺少管理、创新等能力，外语专业人才的社会适应性差，职场成就低。可见，传统的以语言技能为主的纯语言型人才培养模式已不能服务于经济全球化，更不能服务于“一带一路”建设。因此，根据“一带一路”建设所涉及的贸易、运输、基建、金融、电商、能源、旅游、法律、科技、文化等合作领域，培养“专业知识+外语技能+文化素养”一体化的复合型人才，是外语教育顺应时代发展的必然趋势，也为各高校外语人才培养指明了方向。

第一，制定合理的培养目标。明确的目标能够为外语人才培养打下坚实的基础，能够引导外语人才培养策略的实施。“一带一路”建设的重点任务是政策沟通、设施联通、贸易畅通、资金融通、民心相通。这对外语人才培养有以下要求：加快培养熟悉“一带一路”沿线国家历史文化的外语人才，要特别注重培养一些非通用语种的语言人才；围绕“一带一路”建设可能遇到的问题，培养政治法律人才；在国际贸易和金融研究人才培养方面要有新思维、新创新和新进展。

第二，鼓励双语或多语种学习。仅英语一门语言无法满足“一带一路”沿线国家对多语种语言人才的需求，尤其相关非通用语种人才的缺乏将直接影响“一带一路”建设的进程。因此，培养非通用语种人才是“一带一路”建设首要的任务。目前，北京外国语大学、上海外国语大学、广东外语外贸大学等都陆续开设了“一带一路”建设所需的多种非通用语种专业，其双语培养的模式是：以非通用语种为主要培养专业，把英语作为第二外语。实践证明，掌握双语语种或者多语语种的外语人才的竞争力远远高于单语语种外语人才。

第三，优化外语人才课程体系设置。课程设置对人才的教育培养具有重要作用，是实现教学目标的有效途径。复合型外语人才课程体系建设要统筹规划、协同融合。复合型外语人才除了熟练的外语表达能力外，还必须具备与未来职场相关的专业技能。外语只是学习国外先进技术或者国际合作交流所需要的一个工具，它需要和具体专业结合起来才有实际应用价值。高等院校可采取“2+2”分段教学模式——前两年主要培养学生听、说、读、写、译方面的语言技能，夯实语言基础；后两年在外语教学的基础上融入金融、贸易、管理、旅游、商务等相关专业课程。这种“语言知识+专业技能”的复合应用型外语人才培养模式，既能深层次地提高学生的外语知识，又能使学生掌握语言知识以外的专业基础知识，提升学生在人才市场中的竞争力。

第四，加强复合型外语教师队伍建设。为适应复合型外语人才的培养，必须提高外语教师队伍的素质与能力。外语教师不仅要提升自身的外语能力，还要关注行业发展动态，不断充实自身。建设复合型师资队伍不能闭门造车，它需要“引进来、走出去”。“引进来”是指从校外、国外引进人才，“走出去”是指各高校立足实际，采用外语学院和政法学院、管理学院、商学院、旅游学院等合作的模式对本校外语教师进行集中培训，以实现语言型教师向专业型教师的转型。

第五，改革教育教学方法。高校要改变传统单一传授式教学方式，构建系统的复合型外语教学培养模式。以“一带一路”建设过程中企业需求和学生综合能力培养为导向，由语言技能型向专业知识型转型，突出学生在人才培养过程中的主体地位，充分发挥学生学习积极性和主动性。此外，要联通校企联合培养模式。单纯依靠高校增设语种，周期长，见效慢。“一带一路”建设相关企业可根据其合作项目的实际需求，与高校合作进行定向培养。高校也可到相关企业为外派工程技术人员开办强化性质的语言培训班，从而在短期内提升有关人员的外语水平。

——载于《光明日报》2017 年 10 月 22 日第 15 版

“中国英语”：向世界讲好新时代的中国故事

200 多年以来，英语一直在当今世界语言交流中起着传播政治、经济、文化的作用，随着中国与世界的政治、经济、文化的往来日趋深入，英语在中国的应用更加广泛，中国作为一个政治、经济大国登上国际舞台，中国人所使用的英语也逐渐被接受，并正在形成一种独具特色的国际交际工具——“中国英语”。也就是说，如今，中国人使用英语还有一种新的功能，那就是用英语来描述中国特色事物，传播中国的文化。美国全球语言监测机构最近的研究报告指出，随着中国国力的提升，“中国英语”正在对国际英语形成最强烈的冲击。其报道称，自 1994 年以来，加入国际英语行列的新词汇中，“中国英语”贡献了 5%到 20%，超过任何其他的来源。

“中国英语”的概念

中国英语（China English）表达了汉语特有的、具有中国特色的事物，能够进入英语交际。一方面它有利于把中国和中华民族的文化推向世界，在国际交流中起着积极的作用；另一方面它在丰富和发展英语语言方面起到了促进的作用。“中国英语”的概念是葛传槼先生于 20 世纪 80 年代在《漫谈由汉译英问题》一文中首先提出的。他说：“在旧中国和新中国，讲或写英语时都有些我国所特有的东西要表达。如‘科举’‘翰林院’‘五四运动’‘赛先生’‘德先生’‘白话文’‘双百方针’‘人民公社’‘四个现代化’这些不属于讲英语民族的人所惯用的词语，应当称作‘China English’。”李文中认为“中国英语是以规范英语为核心，表达中国社会文化诸领域特有事物，不受母语干扰和影响，通过音译、译借及语义再生诸手段进入英语交际，具有中国特点的词汇、句式和语篇。中国英语主要构成包括音译词、译借词以及独特的句式和语篇。”罗运芝则将它简单概括为“中国英语是载汉语语言特征的英语变体”。使用中国英语的主体是中国的各英文媒体和海内外那些长期用英文写作的中国人群体；专门报道中国新闻和内容的海外英语媒体；用英语进行文学创作的华人群体；大中专学校研究和使用中国英语的群体和从事汉英对译的工作人员，他们都力求遵守共同的规范，为国际英语的读者所理解和接受，同国际英语的使用者沟通。

随着中国社会的全面发展以及对外交流的不断加深，公众对信息的需求剧增，“中国英语”在传媒上的频繁出现也成为一个客观必然。一方面，大量具有中国特色的概念与现象需要表达；另一方面，受译者语言、思维习惯的影响，媒体上出现的译文不可避免地打上中国的烙印。比如：如今，“新常态”（new normal）、“一带一路”倡议（the Belt and Road Initiative）、“人类命运共同体”（community of common destiny for all mankind）这些词汇不仅在国内广泛使用，并且也常常被国外媒体所引用，有的甚至登上了英文词典的大雅之堂。由此可见，“中国英语”的使用已是不可阻挡的趋势。

“中国英语”的功能

在文化传播中，“中国英语”可以推动中华文化向国际层面输送，使原先学习、模仿英语的交流形式，转为平等交流和对话，借此推动中华文化的发展进步。

第一，记载中国故事，映射时代特点。

作为变体之一的“中国英语”，用符合英语本土人使用英语的方式表达中国特有的事物，将富有中国特色的语言转变成新体，融合了我国新时代的文化内涵和文字特征，直接折射出我国国情，是记载当下我国社会文化的一个重要标志；并且“中国英语”变体的不断进步，完全与中国多方面、全领域翻天覆地的大变化相吻合，特别是中国英语的词汇，既映射出中国的时代特点又传播了中国元素，将我国文化价值观与中国这个标志突显出来。如今，越来越多的新闻报道中涉及中国社会，经济，文化内容，不可避免地使用“中国英语”，这也证实了语言喜欢“傍大款”的这一说法。

第二，传播中国声音，促进文化交流。

“中国英语”在文化传播中的作用就是积极地促进构建文化认同，同时督促思想观念以及中外文化相互交融。中国英语的交流促进功能主要表现为“中国英语”积极地构造中华文化认可的能力。同时，“中国英语”在向大众传播有关中国信息的同时，也在向中国社会传播“中国特色的”语言与语言规范。“中国英语”不仅使具有中国特色的英语得以规范，同时在中外媒体的支持下也提高了其国际影响力。更为可贵的是，“中国英语”改变了以往需要单方面向“国际英语”靠拢，甚至完全、严谨地遵照西方国家文化习俗以及语言标准要求进行文化传播的方式，从而增强了中国人民的国家认同与文化自信。

第三，展示新时代中国文化的软实力。

文化软实力是当今世界衡量国家综合竞争力的重要标准。我国文化软实力建设中的一个重要内容就是按照习近平总书记的要求“讲好新时代中国故事”。党的十九大报告提出中国进入了新时代，这个时代是以宏大的国际环境为新背景，以深刻的国内变化为新纵深；这个时代是以人民日益增长的美好生活需要和不平衡不充分的发展之间的矛盾成为社会主要矛盾为新特征，以人们对美好生活的追求为新动力；这个时代是以“两个一百年”的奋斗目标为新目标，以建设富强民主文明和谐美丽的社会主义现代化强国为新追求；这个时代是以“五位一体”总体布局和“四个全面”战略布局为新格局，创新协调绿色开放共享为新发展理念。语言承载着文化输出，欣逢伟大时代，“中国英语”作为一种在中西文明、文化交际中大放异彩的语言，在世界舞台上呈现必不可少的色彩，具有无法替代的优势。在世界多元文化格局中，要让世界听到来自中国的声音。“中国英语”作为保证与国际受众有效交流的工具，既代表中国的特色文化，也能在跨文化交流中起到良好的桥梁作用，有利于增强中国文化的凝聚力、影响力、传承力和创造力，促进中华文化“走出去”，是国家软实力建设的重要抓手。

“中国英语”与中华文化软实力建设

从语言学角度来看，语言本身就是一个不断变化发展的事物，只要是能为大众所承认的、接受的、理解的语言必有其存在的价值。“中国英语”有利于向世界讲好新时代的中国故事，有利于中西文化的平等交流和有效沟通，它的进一步推广对全球治理、构建人类命运共同体、实现中华民族的伟大复兴具有重要的战略意义。

首先，要以培养担当民族复兴大任的时代新人为着眼点，培养高素质的复合型外语翻译人才，准确生动地“讲好中国故事”。

在中西跨文化交流中，精通英语和了解中国文化的高素质复合型人才肩负着向世界展示中华文化的重任。只有提高跨文化交流人员的“中国英语”使用能力，才能有效实现运用“中国英语”主动向外传播中华文化。因此，应注重培养高素质的英语翻译人才，拓展中外人文交流，加强人才的国际交流能力。这种人才不但要具备高水准的翻译能力，而且要具备一定的文化素养，这样，才能够确保中华文化传播的准确性和生动性。

其次，改革传统英语专业教学、语言教学的同时加强中华文化元素的融入。

英语教学只有以工具性为基础，以人文性为价值取向，实现双属性的统一，才能准确地实现育人价值。尝试将中华文化融入日常英语教学中，教学大纲增加关于中华文化的学习内容，编写与时俱进的教材，实践教学中注重课外文化学习任务的布置。例如：鼓励学生阅读或观看英文版的中国名著、报纸杂志、电视节目，在中西文化交流中，能够准确、流畅地描述我们新时代的中华文化。英语专业教学中也不妨尝试开设中华文化英译课等，对中国具有代表性的文化进行翻译学习。这样，不仅能够调动学生的积极性，活跃传统的翻译课堂教学气氛，而且面对西方外来文化的冲击，也会让更多的年轻人热爱中华文化，坚定“四个自信”，唱响奋进凯歌，凝聚民族力量。

再次，努力面向现代传播多样化的发展现实，充分发挥依托“中国英语”的大众媒体来“讲好中国故事”。

在我国，具有较强全球舆论影响力的大众传媒（如 CCTV-NEWS，*China Daily*，*Shanghai Daily* 等）是借助“中国英语”传播中华文化的重要媒介。这些大众传媒借助“中国英语”，通过声音与图像的多元视角来传播当代中国文化，提升了中国的世界影响力，增强了我国文化“软实力”。在社会信息化的时代大潮中，新兴媒体包括广播、电视、电影、网络等具有高时效性，宽覆盖面的特点。应根据互联网、大数据、移动传播等科学技术的新发展，根据受众接受传播习惯的新变化，用好内容、平台、形式、方法等各种创新传播的手段，用最有效的手段、最有用的方式、最快捷的时间将“中国英语”表达的“中国故事”传达给受众。

最后，进行“中国英语”的语料库建设。

“中国英语”具有鲜明的时代性，不同时期的中华文化会呈现出代表该时期特点的“中国英语”。语料库的建设与发展为语言学习提供了便利，也为系统研究“中国英语”提供了有力的平台。中国英语语料库的建设可以从两方面进行。一是“中国英语”文本语料库的建设；二是“中国英语”有声语料库的建设。“中国英语”语料库建设还可以按不同时期的文化，从政治、经济、科技、体育、娱乐、医学等方面，分门别类地、系统地进行归纳总结，运用计算机语料库统计分析软件对语料样本严谨统计。“中国英语”语料库的建设与不断完善能够更加立体、多维地彰显“中国英语”的本土性、民族性，它既是英语学习者、翻译工作者的得力助手，也必将极大地提高“中国英语”的国际地位，从而加快并且夯实中华文化走向世界的脚步。

总之，“中国英语”的出现与崛起是中华文化实力的必然结果，更意味着中国在世界舞台上有了自己的文化认同。“中国英语”阐释中国理念，在多元文化交流互鉴中向世界人民表达中国精神、体现中国价值、展示中国力量、弘扬中华文化，为全球治理提供中国观点、中国方案，坚定文化自信。

——载于《光明日报》2017 年 12 月“思想理论成果数据库”

提升国家语言能力，保障国家安全发展

——美国国家安全语言战略的启示

国家语言能力是指一个国家掌握利用语言资源、提供语言服务、处理语言问题、发展语言及相关事业等方面能力的总和。国家语言能力不仅已经成为一种软实力，也正在成为一种硬实力，是国家综合实力的重要组成部分。近年来，世界上不少国家纷纷实施全面的国家语言战略，着力提升国家语言能力。美国在长期拥有语言优势的背景下，为进一步谋求全球政治经济利益，巩固其世界霸权地位，采取了一系列实施国家语言能力提升计划的具体举措。随着国际竞争的日趋激烈和“一带一路”建设大格局的形成，中国作为世界上举足轻重的发展中大国，进一步提升国家语言能力已经成为维护国家政治、经济、文化和军事安全的紧迫任务。在这方面，西方国家尤其是美国的一些做法值得关注。

美国的国家安全语言战略

美国发动的伊拉克战争以及“9·11”事件后，美国高度重视国家安全语言战略问题，将国家语言战略的制定和实施放在了非常突出的地位。主要有以下几个特点：

第一，将语言问题纳入国家非传统安全的视域。在2006年全美大学校长峰会上，时任美国总统布什提出的“国家安全语言倡议”（National Security Language Initiative），着眼于培养国家安全急需的“关键语言”高级专门人才，以保持美国的全球竞争力和国家安全利益。这个倡议体现了美国国家安全语言战略的目标追求，即维护美国的国家安全，应对美国面临的新威胁；维护美国的经济利益，适应贸易全球化的新需求；打造“语言战略武器”，推销美国的价值观和意识形态；为海外军事情报人员和外交人员装备“语言武器”，以满足海外战场军事、外交和情报需求。

第二，建立国家安全语言战略预警管理机制。国家必须在语言安全化的背景下，建立国家安全语言战略预警管理机制。所谓“语言战略预警管理”是指政府机构对国家语言战略的制定和实施进行动态、预控管理，以避免语言战略危机的发生。其主要功能包括对语言战略管理行为和活动的监测、诊断、预警和控制。美国推出国家“关键语言”战略后，其国会议员多次提交议案呼吁建立“国家外语协调委员会”，并建议由总统任命国家语言顾问领导该委员会，以监督和协调国家安全语言战略的实施。提出这一议案的议员们认为，如果国家没有一个协调各级机构落实关键语言战略的委员会，美国的国家和经济安全将会再次陷入危险境地。

第三，外语教育与区域国别研究相结合。2001 年美国《国土安全教育法案》指出，国家外语能力对提高美国的经济竞争力、保障国家安全至关重要，因此有必要从数量和质量上大力提高大中小学外语教学水平；强调每一个美国人必须具备全球视野，了解身边的世界，熟悉外国语言、文化和历史。把外语教育与区域研究（area studies）和国际问题研究（international studies）联系在一起，是美国关键语言人才培养的重要特征，其培养目标在于学生不仅要掌握关键语言技能，还必须同时具备区域知识和国际视野。与单纯的语言研究不同，区域研究更加强调对不同国家和地区人文、政治、宗教、意识形态、哲学和文化等的学习，鼓励学生从多维视角运用灵活的思维，结合专业知识和技能对某些区域问题开展深入的综合性研究。区域研究人才能够在美国国内和国际组织、商业和贸易机构，以及外交、通信、媒体等行业领域就业，因此美国政府支持更多院校开设区域研究的本科学位课程。同时，美国政府积极鼓励学校开展国际化研究，而不仅仅是简单地招收更多海外留学生。此外，美国政府也积极支持美国大学与国外大学发展长期合作伙伴关系，向在校大学生提供海外交流学习的机会，使外语学习成为学校核心课程常规教育的一部分。

对提升我国语言能力的启示

国家语言能力对于推动社会进步和文化传承、促进经济发展和科技创新、保障国家安全和国际化发展等都具有十分重要的作用。目前，我国国家语言能力建设相对滞后，制约了一些相关领域的发展，也潜藏着一些安全风险。因此，全面提升国家语言能力已成为当务之急。

第一，外语学习要满足国家“走出去”的战略需要。“一带一路”倡议旨在建立沿线国家间政治互信、经济融合、文化包容的利益共同体、命运共同体和责任共同体，其内容包括实现道路联通、贸易畅通、货币流通、政策沟通、人心相通等“五通”。但是，“一带一路”所有愿景与规划的实现，都要以语言为基础，语言相通才能心灵相通。中国目前能够开设的语种教学为 50～60 种，经常使用的只有 10 余种，外语运用能力还很有限，与“一带一路”倡议这个大背景之下国家实施“走出去”战略很不相称。因此，我们必须充分认识国家外语能力的重要性，认真反思和研究现行语言规划及语言教育（包括外语教育）中存在的问题，既要确定关键外语的数量和语种，又要努力提高外语教学质量，从而满足国家实施“走出去”战略的需要。

第二，提升国家的语言能力是一项系统工程，需要国家和社会各方面协同努力。国家语言能力是国家安全的重要保障。我国提升国家语言能力的最近目标应该是“世界任何地方发生事件，我国都能得到合适的语言支持”；长远的目标应该是“在国家发展中充分获取政治、经济、外交、军事、文化、教育、科技等方方面面的‘语言红利’”。当然，国家语言能力的提升是一项系统的、长期的、艰巨的工程，其前提是要增强全民的语言能力意识、语言规划意识、语言安全意识、语言维护意识、语言科学传播意识等。首先，国家应该重视军队官兵外语能力的培训，建立一支能够流利地使用关键外语的军队，以有效应对未来反恐战争与国际突发事件，维护国内少数民族地区特别是跨境地区的安全。其次，国家外语能力的提升必须从幼儿抓起。英语教育以及关键语言区域的小语种教育都应该从儿童抓起，为国家赢得未来竞争储备外语人才。再次，要重视对外汉语的国际传播。培养了解中国、对中国友好的汉语人才，使他们能够成为沟通中外文化、消除中外“认知鸿沟”的桥梁，有利于我国进一步改革开放，并在国际事务中发挥大国的功能和作用。

第三，重视对“语言+区域国别知识”的复合型人才的培养。与单纯的语言研究不同，区域研究更加强调对不同国家和地区人文、政治、宗教、意识形态、哲学和文化等的学习，鼓励学生从多维视角运用灵活的思维，结合专业知识和技能对某些区域问题开展深入的综合性研究。目前，我国几乎所有的高等院校都开设了英语专业，但外语教育目前所面临的形势是：一方面，单一外语人才严重过剩；另一方面，由于缺少思辨能力、管理能力、创新能力，外语专业人才的社会适应性差，薪资较低，职场成就感低。可见，传统的以语言技能为主的纯语言型人才培养旧模式，早已不能服务于经济全球化，更不能服务于“一带一路”建设。因此，为了满足国家在国防、外交、经济和社会发展等方面的迫切需要，我国急需加强“语言+区域国别知识”的复合型人才的培养。

早在21世纪初，国家语言能力、语言规划和语言教育的安全价值就在国际上引起了较多的关注。美国等西方国家把国家语言能力纳入国家安全和全球战略范畴，对我国国家安全带来了潜在的威胁和挑战，但也为我国制定和规划国家安全语言战略提供了参考和借鉴，因此我国需要进一步重视提升语言竞争力。

——载于《中国社会科学报》2018年3月13日第3版

法庭口译人才培养及其制度建设

——美国法庭口译规范化的启示

法庭口译，指在审理案件过程中由法院提供的翻译服务，或指在诸如法庭和律师办公室进行的法律程序和行为的翻译。法庭口译是实现法律平等和司法公正的重要手段，它要求译员不仅具备两种语言的转换能力，还需具备专门的法律知识。

美国法庭口译的规范化

美国是移民大国，移民潮导致了大量说各种语言的人员涌入，使得对法庭口译的要求日益增加，法庭口译也逐渐成为法庭中必然存在的形式。因此，规范法庭口译制度十分重要，美国在这方面具有一定的优势。

第一，重视学术理论的研究与专业培训。美国学者认为，法庭口译学术方面知识的健全和完善有助于法庭口译进一步发展，学术理论上的积淀则有助于法庭口译规范化，法庭口译规范化不仅有利于法庭译员的学习与提高，也有利于整个法庭口译事业的发展，最终促进社会公正。有了专家学者对法庭口译的理论研究，落实到实际参与者身上便是要求极为严格的法庭口译培训与实践课程。

第二，考核的规范化。1978 年美国《法庭口译人员法令》通过后，议会便要求美国行政管理办公室设置考核基于法庭口译能力的测试。而最著名也被广为认可的是“联邦法庭口译员资格考试”。这些考试有以下几大特点：译员必须展示同传、交传、视译三种技能，考试必须按照国内通用司法或法规条例设置，考试必须由独立第三方测试检验通过，考试数据由行政机关保存以确保其真实可靠性。

第三，行业规定的规范化。美国法庭口译也是在没有任何守则和规定的基础上发展起来的，译员们碰到类似的问题并给出类似解决方案后，司法部门就逐渐统一意见，最终形成了道德规范等一系列规定，用以规范译员的行为，以便最终保证公平正义的判决。法庭口译协会也是规范口译事业发展的一个要素。

协会无论对于译员还是口译事业都是非常有益的。在协会中，译员们可以互相支持与信任，并且进行一些集体学习活动。

第四，国家法律条令的规范化。除了守则和协会规定，国家出台的法律条令则是维持行业健康发展的根本。《法庭口译人员法令》出台后，于 1988 年进行了修正，对译员的认证、译员的安保、同传服务特定情况等问题做出了进一步修改。该法令明确阐明：忠实和准确是法庭口译的最基本要求。达到忠实和准确，译员要完整地、一字不差地传译说话人的话语，不得随意增加、删减、解释、改述，也不能有遗漏、曲解、误传等现象发生。中立、保密是法庭译员的职业道德。回避原则是使法庭译员保持中立的有效方法。该法令规定：法庭口译人员和控辩双方不应有任何私人关系或其他能够影响译员中立立场的特殊关系。

构建我国法庭口译制度

伴随着“一带一路”建设的深入推进，来华长期居住的外国人必将越来越多，涉外案件也日益增多，外国公民在我国的合法权益受到我国法律的公正保护，其违法行为也应相应地受到法律公正的制裁。但我国目前在法庭口译人员的筛选标准、法庭口译的操作程序和法庭口译质量评价上尚无章可循。因此，借鉴美国法庭口译规范化的经验，构建我国法庭口译制度，加大法庭口译人才的培养是当务之急。

第一，加强法庭口译制度的立法。就目前我国法律法规对法庭口译的规定，主要涉及翻译作为诉讼参与人的义务的规定，但未对如何选择和聘请翻译人员，翻译人员应当具有的资格、翻译性质、翻译操作过程等进行专门规定。我们认为，必须首先明确我国法庭口译制度的法律，之后根据相关规定，法庭在挑选口译人员时必须从持有口译资格证书的人员中指定，而不得聘用无证人员。我们可以从建立法庭口译人员培训制度和登记制度两方面解决此问题。

事实上，我国并不缺乏高水准的口译人才，也不缺少高素质的法律人才，但既懂法律又能进行外语口译的复合型人才严重不足。因此，在建立法庭口译制度方面，需探索一条具有中国特色的道路。如在口译人员的培训认证制度方面，可以扩大渠道，即可以规定，获得翻译资格证的人员还应通过一定的法律专业知识培训，方可从事法庭口译。

第二，加强法庭口译理论研究和人才培养。相比而言，中国的法庭翻译研究起步较晚，目前还处于初步阶段。高素质的法庭口译人才培养也是我国目前急需做的一项重要工作。我们建议，可以在涉外审判较多的省市的高校开设法庭口译相关课程，可以在法学院和外国语学院的院系中设置法庭口译的专门系别，如对法学院的学生加强外语教学，以及对外国语学院学生加强司法教学。

第三，引入相应的资格、能力测试，制定规范性标准。引入能力考试，以加强对译员在法律知识和语言知识方面的考核，并为法庭译员颁发证书提供法律依据。根据我国的具体国情，先以英汉互译为考核内容，将资格考试分为口试和笔试两类。在评议时，参试者须达到一定的准确率方可通过，以确保获得资格证书的译员顺利开展工作。

总之，我国法庭口译制度的构建与人才培养，必须本着从中国国情出发，并由国际惯例接轨的原则来确定。西方国家尤其是美国在法庭口译中规范化的丰富经验，无疑可以为我们提供借鉴。

——载于《中国社会科学报》2018 年 4 月 2 日第 7 版

语言政策构建国家认同

——俄罗斯语言政策的调整及启示

语言政策是多民族国家政策的重要组成部分，在调节民族关系、维护社会稳定和国家统一中发挥重要作用。

俄语是世界上使用最广泛的语言之一。作为第四大国际通用语言，在苏联解体前，俄语不仅是苏联15个加盟共和国的官方语言，同时在东欧及巴尔干国家广为普及。苏联解体之后，伴随着俄罗斯国际地位的变化，俄语的地位也相应发生了变化。

近几十年来，随着全球经济形势的改变，世界各国越来越认同文化软实力的地位和重要性，语言作为文化的主要载体，其重要性日益受到重视。出于国家战略的需要，俄罗斯也不断对其语言政策做出相应的调整和完善。

21世纪以来，俄罗斯在保障各联邦主体民族语言平衡发展的同时，不断强化俄语的国语地位和国语功能，提高俄罗斯民族文化素养，在各个领域对俄语进行保护和发展。

俄语的国语地位被写入《俄罗斯联邦宪法》

苏联解体后的俄罗斯社会动荡，统一的政治、经济、文化、语言空间遭到破坏，独联体国家实行的“去俄罗斯化”政策、俄罗斯联邦境内此起彼伏的地方民族主义运动和西方语言文化的冲击与影响等因素，大大削弱了俄语的联邦国语地位和作用，俄罗斯的国语安全受到了威胁。

俄语首次被定为俄罗斯联邦国语的文字表述见于1991年出台的《俄罗斯联邦民族语言法》，1993年“俄语作为俄罗斯联邦国语”被写入《俄罗斯联邦宪法》，联邦国语（俄语）具有了法律依据和保障。

进入21世纪，随着国家综合国力的增强，俄罗斯巩固了俄语作为联邦国语的法律地位。2005年俄罗斯联邦颁布《俄罗斯联邦国家语言法》（以下简称《国语法》），旨在保障俄语在俄罗斯全境的使用，保障公民使用联邦国语的权利，保护和发展语言文化。该法强调了俄语作为俄罗斯联邦国语的重要作用和意义，对国语的使用领域、保护和支持国语的措施、保障俄罗斯公民使用国语的权利和违反国语法应承担的责任等做出了明确的规定。

《国语法》指出，俄罗斯联邦国语能够增进各民族间的相互理解、加强民族间的联系，保护和支持俄语有助于丰富俄罗斯联邦各民族的精神文化。在保护和支持国语的措施方面，《国语法》强调国家权力机关负责制定并实施保护和支持国语的专项规划纲要，完善教育体制，保障公民在国家和地方教育机构接受俄语教育。《国语法》的颁布，标志着俄罗斯联邦国语的文字工作已纳入法治化轨道，为俄语在社会生活中更好地发挥作用提供了有力的保障。

尊重、保护少数民族的母语权利

虽然俄语是俄罗斯联邦所有主体唯一的官方语言，但《俄罗斯联邦宪法》中也规定共和国有权规定自己的国语，俄联邦自治主体也有各自的法律法规规定本民族语言的官方地位。

《俄罗斯联邦宪法》第 26 条规定：每个人都有使用母语，自由选择交际、教育、学习和创作语言的权利。第 68 条规定：共和国有权规定自己的国语。在共和国的国家权力机关、地方自治机关和国家机构中，共和国国语和俄罗斯联邦国语一起使用；俄罗斯联邦保障俄罗斯各族人民享有保留本族语言、建立学习和发展语言条件的权利。

1991 年颁布的《俄罗斯联邦民族语言法》中规定，俄罗斯联邦各民族的语言是俄罗斯国家的民族财富，各民族语言均受到国家的保护，国家在联邦范围内促进民族语言、双语制和多语制的发展。其中第 9 条规定：俄罗斯联邦公民有自由选择教育和学习语言的权利；对少数民族，不论其人数多少，按照其需要，国家对该民族语言教学提供帮助。

此外，有不少学者充分意识到俄罗斯境内民族语言所面临的消亡危机，俄罗斯编订了《俄罗斯濒危语言红皮书》。2012 年签署的俄联邦总统令《2025 年前俄罗斯国家民族政策的战略》也充分体现了俄罗斯对民族语言的扶持政策。它赋予每个公民自由选择交流语言、学习母语、接受母语教育、传播民族语言印刷品和音像制品，甚至将俄语文学作品翻译为民族语言的权利。

实施积极的语言教育政策

俄罗斯在民族地区的学校教育中一直推行和谐的双语制（民族语—俄语，俄语—民族语）教育。据不完全统计，在俄罗斯教育系统中共使用 89 门语言（其中教授30门语言，另外使用59门语言讲授知识课程），可见俄罗斯非常重视保护公民的语言与文化的多样性。

2012年俄罗斯新修订的《教育法》（2013年9月1日生效）强化俄语在联邦教育教学活动中的主导地位，加大俄语的普及力度。根据新《教育法》，俄罗斯联邦国语和共和国国语的教授和学习必须按照联邦国家教育标准和国家批准的教学大纲执行，俄联邦境内民族地区的公民有权选择使用母语（包括俄语）接受教育，各共和国的国语不再是必修课程。此外，自2008年起，俄罗斯就开始实施国家统一中考考试制度。2009年起，又开始实施国家统一高考考试制度，其中俄语是统考（中考和高考）的必考科目之一。

该政策有助于进一步推动俄语的发展与普及，加强俄语在民族地区教育中的地位，提高公民的俄语水平，发挥俄语向心力的作用，促进民族团结，增强相互交流、相互理解，营造健康和谐的多民族多语言融合的环境。

国家语言是国家认同的“语言纽带”，是构建和强化国家认同的有力工具。国家认同需要政府对统一文化和语言（国语）的推广和特殊扶持，构建民族国家精神，增强民族间的包容性，树立公民的国家认同感，淡化民族间的差别，夯实认同的基础，维护国家的凝聚力和公民的整体归属感。

通过对21世纪俄罗斯语言政策的考察，我们深刻意识到，国家认同的危机和语言民族主义的滋生是俄罗斯语言政策调整的两个主要因素。语言政策是维护国家统一和民族团结的重要基础和有力保障，是构建国家认同的重要手段。纵观俄罗斯语言政策的演变历程，其成败得失对我国制定国家语言政策具有一定的借鉴意义。

——载于《中国教育报》2018年4月13日第5版

高职单招：火热中要注重规范

今年是高职单招进行的第十一个年头。眼下，各省高职单招正在火热进行中。

高职单招，也称高职分类考试、提前考试等，是除统一招生考试外，考生进入高职院校的另一途径。通过单招被录取的考生与参加高考被录取的考生并无区别，可享受同等待遇。

不做本科“接盘侠”

2007 年是高职单招元年，教育部批准在江苏、浙江、湖南、广东等 4 省共计 8 所国家示范性高职院校率先进行单独招生试点。11 年间，单独招生试点院校逐步由国家示范性高职院校扩展到国家骨干高职院校、各省级示范性高职院校、国家高等职业教育综合改革试验区内高职院校。

值得注意的是，高职院校单独招生属于国家计划内招生，时间是在全国统一高考之前完成，被录取的考生不能再参加全国统一高考，若未被录取则可继续参加高考，这样，高职院校就不再是本科院校的“接盘侠”。

高职院校单独招生考试是我国高考的组成部分，也是促进国家教育发展的一项重要举措，单独招生打破了传统高考“一考定终身”的局面。

形势喜人，仍存问题

据了解，今年的单招形势喜人，优质高职院校的招生形势普遍好转，大多院校生源充足。但整体情况仍不容乐观，还存在一定问题。

首先，在不少人眼里，高职院校是本科院校“接盘侠”，这种观念在一定程度上依然存在。有的人觉得差生才会去考高职，有的人甚至觉得上了高职还不如不上，所以一心只想参加全国统一高考，尽管通过单招更容易进入高职。有专家指出，现在国家弘扬工匠精神，重视技能人才，高职院校也有了新的发展，但不少家长和考生的观念还停留在几年前，其中原因还是学校、老师宣传不够。

其次，为了抢生源，有些院校甚至谎称部分高职院校的报名人数已“爆仓”，意在吓退一些想报考这些院校的考生，以达到自己抢生源的目的。因此，教育部门应加强高考改革相关政策的宣传，使考生及家长能够了解高职院校分类考试，能够正确面对高职单招，同时学校也应通过各种途径向中学老师、考生及家长普及高职单招相关的政策和具体实施方案。

规范流程，提高声誉

首先，要让考生和家长了解单独招生的优点，高职院校要结合学校的实际和特点介绍学校学生的就业状况，解答他们对单独招生政策的疑惑。实际上，高职院校应该加快完善自身条件，提高教学质量，使学生能够真正学习到知识和技能，增强学生的自信心，学生和家长满意了，必然会相互推荐，从而提高学校的诚信度和知名度，这也是一种有效的宣传方式，并且这种宣传方式比普通的媒体宣传更加有效。

其次，应明确单独招生的标准，规范招生流程。单独招生也是一种人才选拔的方式，其目的是选拔有技能特长的人才进入高职院校学习。科学制定入学标准是保证招生质量的关键，也是单独招生的根本出发点。以江苏省为例，实行“文化联测+综合素质测试”综合考核。文化联测以笔试形式，考核科目为语文、数学、外语，依据高中课程标准，由省教育考试院组织命题、考试和阅卷；综合素质测试以面试形式，主要考核考生的理解交流、创新思维、心理健康、职业倾向等基本素质。

最后，教育主管部门应加强监督和管理。教育主管部门应用法治化思维保障招生有序、公开、透明，保证招生信息及时公开，杜绝任何“买生源”“给回扣”“虚假宣传”“被志愿”等腐败现象。主管部门还应提高单独招生的门槛，适当收紧单独招生院校的名额，同时加强对单独招生工作的规范评估，将高职单独招生的声誉管理纳入考核范围之内，及时启动问责、追究措施，对于出现声誉问题、在社会上引起恶劣影响的院校，责令整改，严肃处理相关当事人。

总之，高职院校的单独招生不仅是国家赋予院校招生的自主权，更是一种责任。高职单独招生的根本目的在于，全面推进素质教育，突出高职教育特色，积极推进高考招生制度改革，选拔综合素质高和具有创新能力、实践能力、特殊才能的优秀人才进入高职院校学习。随着国家高等教育的发展，高职单招的规模正在逐步扩大，已经不再是试验阶段，应该逐渐规范化。

——载于《中国教育报》2018 年 4 月 17 日第 9 版

民间力量：中国文学“走出去”的重要推手

中国现代文学作品的外译研究是当前中华文化对外传译的重要内容之一，对构建中华文化形象具有战略意义。多年来，学术界偏重外来文学的译入，对我国文学作品译出的研究明显不足。随着我国综合国力的提升，以及“一带一路”倡议的深入推进，国际社会对中华文化、中国文学充满了兴趣，从而加剧我国文化建设正从“引进来”向“走出去”转型。推进国际传播能力建设，讲好中国故事，展现真实、立体、全面的中国，已经成为一个现实且紧迫的任务。

毋庸置疑，用文学来塑造中国形象比其他任何宣传方式都要更直观、更能表达感情、更有穿透力，因为很多人是通过文化产品包括文学作品来了解一个国家的。中华文化“走出去”是国家的重要战略，译介中国文学则是实现中华文化“走出去”的途径之一。

中国文学早前主要以两种不同的方式对外译介：一是汉学家主动译入，翻译中国的文学作品；二是中国政府机构对外翻译，推介中国文学。比如，熊猫丛书 1981 年由中国外文出版发行事业局支持翻译出版，如果将再版译本算在内，该丛书出版的英文版图书至今共计 200 余种。由政府机构支持的翻译项目在经济层面上有着天然优势，但是也存在异域读者群狭窄、丛书传播渠道狭窄等问题。

在文学对外译介的过程中，民间力量也不容小觑。不少汉学家出于对中国文学的爱好和兴趣，也会主动译介有影响力的中国文学作品。在欧美，也有不少文学专业机构、大小型的商业出版公司和大学出版社，都在从事世界文学的翻译和出版工作。今年 2 月 22 日，金庸小说《射雕英雄传》的首部英译本第 1 卷《英雄诞生》（*A Hero Born*）由英国麦克莱霍斯出版社（Maclehose Press）面向全球出版发行。其译者是英国人安娜·霍姆伍德（Anna Holmwood，中文名为郝玉青）。之所以选择翻译《射雕英雄传》，这与译者对中国古典文学的偏爱和自己的翻译旨趣不无关系。金庸的武侠小说可以说是对中国古典文学的传承，其中蕴含了大量的中国历史、文化习俗和中国元素等，是中华文化的一个集合，而在西方国家，有不少读者已经对中国的武术、功夫电影有浓厚兴趣，这些都是促成译本产生的因素。不可否认，《射雕英雄传》英文版诞生的最大意义就在于借助充满想象力的武侠小说，以传播中国古典文化。

此前，风靡美国的科幻小说《三体》，也是借由民间力量主动翻译并进行海外推广的。考察其译介模式，与《射雕英雄传》英译本的诞生似乎有着异曲同工之妙，其译者是美国华裔科幻作家刘宇昆，他自称“继承了一点儿中国文化”，也一直致力于将中国青年科幻作家的一些作品译介到西方科幻读者面前。不过，《三体》之所以在美国广受欢迎，也有赖于国内本土民营企业——中国教育图书进出口有限公司前期在海外营销、市场推广和谋求国际合作等方面做出的大量努力。《三体》在国外的译介和传播，也让国外的读者认识到中国科幻文学的水准已经达到了一定的高度，从而在世界科幻文学作品之林赢得一席之地。

民间力量主动参与中国文学对外译介和推广，其成功经验给了我们一些启示：民间参与多是出于自我发展和相互交流的需要，并采取市场运作的模式，避免出现政府译介模式中的一些弊端。中国文学要“走出去”，在政府单方“自选、自译、自推”的译介模式基础上，还需要调动多方力量，积极联合和依靠国外广大从事中译外工作的汉学家、翻译家，加强与他们的交流与合作，吸引更多国内外民间专业机构和专业人士的参与。

当然，政府和民间要找到合作的契合点，形成优势互补、战略合作的伙伴关系。首先，政府可以向国内外大小型商业出版社提供资金支持，设立专项资金支持中国文学的对外译介；其次，政府要把选材、译者选择、编辑和出版的权利交给国内或是异域的专业机构或专业人士，毕竟，他们敏锐的眼光、丰富的行业经验，会为文学作品在异域更好地传播“保驾护航”；再次，政府还可以通过设立多种基金，比如“文学翻译奖”“文化传播奖”等，表彰和奖励国内年轻译者，也可以鼓励更多异域汉学家主动参与翻译工作，或是和国内译者合作翻译，既避免国内译者“单打独斗”，又能够符合国外读者的阅读口味，让译作在异域更好地被接受；最后，希望能有更多有实力的民营企业参与到支持和奖励译者的行列中，为我国文学“走出去”贡献力量。

总之，随着中国的综合国力、国际地位逐步提升，中华文化的“软实力”也需要紧追政治、经济等“硬实力”的步伐，在国际社会充分树立起文化自信。让中国文学更好地“走出去”，讲好新时代的中国故事，无疑需要政府主导，发挥更多民间的力量，多方共同努力，以促进中国文学的世界性阅读，最终促进世界各民族的文化交流和互鉴。

——载于《中国社会科学报》2018 年 5 月 3 日第 3 版，与胡波合作

澳大利亚语言教育政策突出多元融合

语言教育政策一般涉及强势语言（共同语）、少数民族语言、外语三部分的教育。语言教育政策关乎一个国家的政治、经济发展以及国际交流等方方面面。因此，各国都非常重视语言教育政策的研究、制定和实施。澳大利亚是一个典型的多语言、多民族国家，近半个世纪以来，澳大利亚政府的语言教育政策在经历过放任政策、同化政策、文化多元政策和优先化政策后，其规划模式在当今世界范围内得到了接受与认可，是世界公认的语言政策制定较为成功的国家之一。有学者就曾表示，澳大利亚的语言政策为美国、新西兰等英语国家树立了一个典范，为澳大利亚解决语言教育的问题和促进国家的政治经济发展起到了重要的作用，值得其他多民族、多语言的国家认真研究和借鉴。

澳大利亚语言教育政策的演变

澳大利亚在 20 世纪 70 年代以前，一直奉行“白澳政策”（White Australia Policy），即对移民实施同化教育，英语是在学校使用的唯一语言，限制或禁止教师用其他语言授课。70 年代后，政府开始推行多元文化政策，并制定了《关于多元文化的澳大利亚议程》。1987 年澳大利亚联邦教育部第一次颁布了《国家语言政策》，宣布英语为澳大利亚的正式官方语言，承认居民使用除英语之外的其他语言的权利，要求学生除英语外，至少学习一门其他外语，且外语教育贯穿义务教育的全过程。该语言政策肯定了其他语言的价值，结束了英语是澳大利亚学校唯一语言的现状，实现了多语言、多文化的并存，是澳大利亚教育史上最有影响力的革命性文件之一。

总体来看，澳大利亚语言教育政策有以下几个特点：第一，以国家利益为主导，保持英语的重要地位。语言教育与语言政策大多是由政府制定的，不可避免地与政治有着密切的联系。在不同时期，澳大利亚政府会随着国家利益的调整，制定与社会发展相一致的语言教育政策。澳大利亚不同时期的语言教育政策表面上是为了解决语言和教育问题，但实质是为了保障国家的政治、经济和安全等利益。从澳大利亚语言教育政策发展的历程可以看出，英语作为澳大利亚的主要语言，是各个时期语言教育政策的重点，一直以来是澳大利亚民族认同、增强民族凝聚力的重要工具。因此，无论是建国之后，还是优先化语言政策时期，澳大利亚总是推行以英语为主的语言教育政策。

第二，重视语言的经济价值，加强发展亚洲语言的外语教育。语言是一种重要的人力资本，个人和社会可以对其进行投资而获得收益。有意识地获得某种语言技能可以被看作一种具有经济优势的资源。在澳大利亚，语言也被看作一种具有经济优势的资源。该国非常注重语言的经济价值，所颁布的一系列语言教育政策都较为充分地体现了这一点。1991 年，澳大利亚颁布了《澳大利亚的语言：澳大利亚语言与读写能力政策》白皮书。该政策旨在强调英语在澳大利亚社会发展中的重大作用，认为澳大利亚人的英语水平对提高澳大利亚教育质量、增强其国际竞争力至关重要。伴随着澳大利亚经济逐渐融入亚太经济与贸易圈，为了实现澳大利亚在亚太地区经济利益的最大化，维护亚太地区相对稳定的环境关系到澳大利亚国家利益，因此发展亚洲语言教育便成了澳大利亚历届政府制定语言教育政策所考虑的重要因素。澳大利亚分别于 1998 年和 2009 年颁布了亚洲语言学习与教育政策，对亚洲语言教育给予资助。《澳大利亚国家学校亚洲语言与研究战略》更是从国家战略的高度，指出要促进澳大利亚人对汉语、日语、韩语和印尼语四门亚洲语言的学习。

第三，语言是有价值的资源，加强对土著语言的保护。自 20 世纪 70 年代以来，澳大利亚逐步认识到土著语言是澳大利亚珍贵的文化遗产，并采取措施保护土著语言。1987 年《国家语言政策》制定，澳大利亚全体居民，包括外来移民和土著居民的基本语言权利得到保障，在明确英语母语地位的同时，切实对土著文化与语言、社区文化与语言给予了尊重与保护，对濒危语言和文化进行政策支持与经济援助，在促进语言的生态平衡方面为世界其他国家提供了借鉴。

加强语言教育政策的统筹规划

作为一个移民国家，多种语言的涌入对澳大利亚官方语言造成了冲击，澳大利亚政府为此制定的语言教育政策，对包括中国在内的多民族国家的语言教育政策的制定有一定参考价值。

首先，我们在制定语言教育政策时，应注意合理分配普通话（汉语）、少数民族语言、外语的教育权重，重视普通话教育，维护普通话的主要语言地位。外语教育的发展不应该以牺牲民族共同语言为代价。美国和澳大利亚虽然重视外语教育，但也极力维护其官方语言英语的民族共同语言地位。目前，有一些人觉得只有学好外语才有好的前途，这是极为错误的观点。汉语是我们语言教育政策的基础和核心，只有完善的普通话教育政策，少数民族语言和其他外语语言的发展才能得到保障。学习外语和发展自己的民族语言并不矛盾，两者相辅相成，缺一不可。

其次，树立语言资源观念，促进语言生态平衡。语言是文化载体，也是使用这种语言的人们共同的文化记忆。人类文化只有通过语言构成知识体系才能得到完整的保存和流传。语言的源泉来自民族或族群所栖息的自然和社会环境。保护少数民族和族群的自然生态和社会生态的完整性，对于语言和文化的生存与发展非常重要。我国民族众多，少数民族的语言文化是我们国家文化多样性的重要体现，是传承至今弥足珍贵的文化资源。政府通过法律法规的设立、政策上的积极扶持与倾斜，对濒临灭绝的语言文化资源加以保护、开发与利用是现阶段有效解决语言问题的方法之一。

再次，倡导并实施多样化外语教育理念，制定长期、连贯和统一的政策。国家首先要有一个长期的外语规划，各级部门和地方教育机构应在国家的大政方针基础上根据具体情况制定相应的地方政策，具体问题具体分析。各个级别的外语教育政策不应相互隔离或重叠，而应相互关联，有连续性且可持续发展，应贯穿小学、中学和大学等不同的教育阶段。此外，要设立专门机构，定期对外语教育现状进行调研，了解语言发展动态，为政府制定或调整外语政策提供依据。

最后，注重语言产业开发，满足汉语学习的国际化需要。一种语言文字在世界范围内的需求体现了一个国家和民族在世界上的地位和影响力，体现在其他国家对它未来前景及综合国力强弱的预测。借着中国经济近年来势不可当的强劲发展趋势，“汉语热”在世界范围内持续升温。因此，在对外汉语教育方面，应大力促进汉语和中华文化的对外传播，提升语言的感召力和文化的影响力，在政策层面应积极探讨促进汉语传播更加有效的模式和制度。同时，也须加大孔子学院的制度创新建设，充分利用互联网的平台和资源促进汉语在全球的发展。

总而言之，我们要从国家战略高度对语言教育政策进行统筹规划，更好地维护国家语言文化主权与文化安全，提升语言文化认同度，促进语言文化传播。对外能够达到国家语言文化传播的核心目标，维护国家文化利益；对内能够维护民族认同，保障民族利益，构建和谐生态的语言社会。

——载于《中国社会科学报》2018 年 5 月 21 日第 6 版，与孙茂华合作

文化话语权事关国家安全

中国特色社会主义进入了新时代。在这样的时代节点上，维护全球语境下我国的国家安全，凝聚价值共识，增强文化软实力，促进我国社会的改革、发展、稳定，实现中华民族伟大复兴，提升我国文化话语权无疑具有战略价值。

习近平总书记在党的十九大报告中明确提出，要“坚持总体国家安全观”“国家安全是安邦定国的重要基石，维护国家安全是全国各族人民根本利益所在。”我们要走出一条中国特色国家安全道路。当今世界，国家安全已不仅仅囿于政治、军事安全等传统领域，文化安全、信息安全、社会安全等非传统安全领域亦成为国家安全不可或缺的重要内容。传统安全领域与非传统安全领域紧密联系，二者相互配合、动态作用，才能保障国家在当今世界的国家安全需要。

作为一种国家力量，文化话语权是一个国家自主提出、表达、传播本国文化话语，维护本国文化安全，主导本国文化发展，维护本国文化权益和根本利益的权利和权力。当今时代，各个国家在文化领域的竞争从根本上说是意识形态之争，领土有界线之隔，但是意识形态领域却没有国界边疆之防。经济全球化进程中，西方国家霸占着全球语境下的文化话语权，凭借国际体系、传媒优势和技术优势，借助文化的市场准入，为价值观准入开道，将本国的文化观念、意识形态作为流行的文化产品来推广、消费，潜移默化地进行价值观渗透。

当前，我们为了维护全球语境下我国意识形态的安全，提升我国文化软实力，扩大中华文化国际影响力，促进我国社会的改革、发展、稳定，提升我国文化话语权，须从以下几个方面予以应对。

第一，要善于应对不同文化话语权的挑战。

各个国家、各个民族都有自己独特的文化。当今世界，国际文化交流交往呈现出丰富多彩而又相互激荡的图景。对于一个国家来说，在文化话语权竞争中占据有利地位，对于促进文化发展、保护经济利益、维护政治稳定和国家安全具有重要意义。世界还存在文化霸权主义，以美国为代表的西方强势文化咄咄逼人，企图运用强大的文化话语权对其他国家文化进行渗透、干扰、压制，在文化交流的过程中潜藏着意识形态的暗战，思想文化交锋也已成为文化话语权竞争的重要方式之一。因此，在文化话语权的斗争中，坚持合理、合法、合情的辩证统一，通过积极的准备与斗争，争取于己有利的局面，在价值观冲突与话语权角力中保护、巩固我国的国家文化主权和意识形态安全就显得十分重要。

第二，要发挥我国文化话语权的独特优势，进行中国特色社会主义文化的话语创新。

作为世界文明大国，中国不能没有自己的话语权，更不能缺少引领时代发展和世界潮流的话语权。新时代中国硬实力的提升为中华文化话语权的增强提供了很好的机遇。习近平总书记指出："提高国家文化软实力，要努力展示中华文化独特魅力。……把继承传统优秀文化又弘扬时代精神、立足本国又面向世界的当代中国文化创新成果传播出去。""中华优秀传统文化是我们最深厚的文化软实力，也是中国特色社会主义植根的文化沃土。"在这里，习近平总书记强调通过继承优秀传统文化并与时代精神相结合，以促进文化创新的方式来提升文化软实力。当前，发展中国特色社会主义文化，建设社会主义文化强国，已经成为重要国策，文化建设已经成为国家"五位一体"总体建设布局的重要一维，这是提升我国文化话语权的强大支撑和重要契机。只有抓住机遇，乘势而上，创新和传播文化话语，善于将我国丰富的文化资源转化成增强中华民族凝聚力和国际社会吸引力的有效载体，才能进一步发挥我国文化话语权的独特优势。

第三，要牢牢把握现代信息领域的文化话语权。

随着现代信息科学技术的发展，网络已然成为人们不可缺少的生活空间，这一信息集散最快、最多、最复杂的领域已成为文化话语权的必争之地。

中国网民队伍之庞大，网络信息流速之快、数量之多、类型之杂、影响之广，网络与现实生活联系与互动之密切，无一不加剧着掌握和提升网络文化话语权的难度。除此之外，一些西方国家凭借强大技术优势及其在互联网领域的有利地位，将互联网打造成实现其政治目的、增强其强权政治的工具，在所谓"网络自由""信息自由"的幌子下，推销其资产阶级的价值观念和意识形态，制造文化冲突、思想混乱和社会动荡，危害极大。

首先，要积极参与网络话语体系的构建。网络话语不仅是人们在网络空间的交流工具，而且是反映舆情和网民心态的重要信息载体。要把握网络话语与日常生活用语的联系与差异，推动话语体系的"新陈代谢"，引导网络流行话语的变动和发展，为增强网络文化话语权奠定坚实基础。其次，积极设置与引导网络文化议题。通过设置重大网络议题，在信息海洋中点亮聚焦人们目光与思想的灯塔，吸引公众参与健康、积极的话题，引导议题正向发展，以议题为舆论引导的据点，唱响主旋律，传播和放大正能量。最后，提升网络文化信息的调控能力。加快网络文化安全的机制建设，净化网络环境，摒除有害信息，清除杂音、噪声与谣言，保证网络空间活力，增强网络文化话语权的接受度与实际效果。

第四，要增强主流意识形态对青年一代的教育和影响。

青年是国家与民族的未来，肩负着实现中华民族伟大复兴的历史重任。当前，风清气正的网络空间正日渐形成，但不容忽视的是，一些网络乱象对青年群体造成的负面影响仍然存在。在开放的网络空间，来自国内外的各类异质文化借助社交媒体平台强势推行和广泛传播，并在文化交流中妄图控制话语权，形成“文化渗透”；一些商业网络平台传播低俗、庸俗、媚俗的信息内容，攻击主流意识形态。如此种种，不仅冲击着我国的主流意识形态、核心价值观、传统文化和社会道德，而且严重危害青少年身心健康，影响青年群体社会主义核心价值观的形成和发展，并导致青年群体在参与网络公共讨论时呈现出缺乏理性表达的特点。因此，掌控文化话语权，基于生动的社会实践创新话语载体、更新话语体系、把握话语主导，对于增强主流意识形态对青年的影响力至关重要。

第五，要形成具有原创性、自主性的中国哲学社会科学话语体系。

意识形态方面文化话语权的形成离不开哲学社会科学研究。当前，我国在文化话语权上的不足反映出哲学社会科学研究还存在滞后问题。我国近代以来的哲学社会科学只有百余年历史，曾经引进了大量西方概念和理论，而中国特色社会主义伟大实践探索与巨大成就，不可能套用西方理论和话语来解释。因此，对我国哲学社会科学研究来说，当务之急是从对西方理论的“注经”中走出来，以高度的理论自觉和理论自信，打造具有中国特色、中国风格、中国气派的哲学社会科学学术话语体系。构建中国哲学社会科学话语体系，不仅是当前我国文化安全领域面临的一项重大而紧迫的任务，也关系到我国综合国力、国际地位的提升，甚至关系到中国立场、中国智慧、中国价值的理念，主张和方案能不能为世界知晓和接受，关系到中国能不能为解决世界性问题提供思路和办法，为构建人类命运共同体提供正确的精神指引。

——载于《中国教育报》2018年6月21日第5版理论周刊

明确定位目标：大众文化从“走出去”到“走进去”

“一带一路”建设不仅是国家之间经贸合作的良好机遇，也为中华文化“走出去”提供了新的契机，“一带一路”沿线国家宗教信仰、风俗习惯、政治制度呈现出多样化，而国家之间的文化交流、沟通和理解则是化解安全风险的“润滑剂”。文化交流在“一带一路”建设中是民心工程，也是先行工程，文化传播是民心相通的基石。

近些年，我国的文化，尤其是以大众文化为代表，在“一带一路”沿线国家交流中产生了不小的影响。比如，自 20 世纪 90 年代以来，一批中国电影和电视剧在越南热播并经久不衰，越南很多观众都看过《还珠格格》《射雕英雄传》《宰相刘罗锅》《橘子红了》等电视剧；2012 年前后，中国电视剧《媳妇的美好时代》在坦桑尼亚以当地语言播出，曾引发“万籁无声”。2013 年，习近平主席在坦桑尼亚发表演讲时特别提到过这部电视剧；同年，李克强总理在泰国国会演讲时，也特意提到了电影《泰囧》，说该影片“为中泰友谊做广告”。

但大众文化“走出去”的过程中，有一个很有意思的现象：同样优秀的作品，在不同国家可能会有不同的传播效果。实际上，大众文化“走出去”不仅仅是把中文翻译成另一种语言，而且是一个跨文化传播的过程，文化作品要想获得观众的认可，首先要明确目标定位，即“走进去”。因为文化背景不同的人，理解力、兴趣点必然有差异，如果不能明确定位目标，根据目标人群选择相应的传播内容和策略，文化作品传播的有效性就会大打折扣。

习近平总书记在党的十九大报告中提出，要“推进国际传播能力建设，讲好中国故事，展现真实、立体、全面的中国，提高国家文化软实力”。因此，“一带一路”建设过程中，文化作品的对外传播要找到能够突破地域空间局限的共同价值，减少因语言、历史背景、文化传统、社会制度的差异所带来的“文化折扣”，同时利用好中国元素以保持民族差异性，进而激发当地观众的好奇心。

中国有着五千多年的悠久历史，其间产生了具有深厚底蕴的哲学、思想、审美和价值观。我国向来重视传统文化和精英文化的国际传播，传统文化更能传递出中国的核心价值，而精英文化也更容易成为文化“走出去”的座上宾，是国际传播首推的文化工程。然而，中华优秀传统文化的历史感、距离感、陌生感导致其传播本身存在着“文化折扣”，并不能展现一个真实、立体、全面的中国，中国民间更有着生命力强大的“大众文化”，大众文化本应和精英文化并行不悖，却往往被认为是“不登大雅之堂”。

必须承认，大众文化也是助推全球化进程中一个不容忽视的影响因素，毕竟，大众文化是每个国家文化市场消费的主体，扮演着文化传播的“急先锋”。以美国为例，我国普通民众对美国文化认知更多的不在于美国的精英文化，而是典型的大众文化，如“好莱坞”大片、迪士尼、肯德基、麦当劳等文化符号，而且对迪士尼的认知已经从过去的卡通人物形象，转变为当下上海、香港的主题公园，这是美国大众文化、流行文化在全球广泛传播的一种创新活力；再如，日韩文化在中国的流行，也多以日剧、韩剧走红为主，动漫、鸟叔等也已成为日韩文化一种显著的标签。

因此，中国很有必要借助大众文化，在风俗、心理和文化环境相近的国家之间促进“民心相通”。大众文化的传播有其自身的特性：一者，具有时代感，往往更能反映当下中国年轻人的主流思想、生活方式和价值观；二者，大众文化由于其通俗的特征，更容易被异域的受众所接受和理解，较少产生“文化折扣”，其传播的路径也更为灵活，电视、网络、视频等文化承载的媒介更为丰富和多样；三者，大众文化的传播多是借助于直观化、形象化、情感化的表达，更容易产生一种共鸣，达到较好的传播效果。

新时代面临着国际文化传播的新机遇，雅俗文化要齐头并进，大众文化的传播因为其具备鲜活的生命力，更应该受到足够的重视：一者，要在传播内容上加强创新，提升中国故事的原创能力，同时充分利用视频、影视、动漫、游戏等新型媒介，创新传播的方式；二者，要立足国内市场，创作出更多优秀的大众文化产品，传递出中国主流的价值观，展现出一个更加丰富、立体的中国形象，唯有扎根、扎稳国内市场，首先在国内的年轻人中间催生出一种内在、较强的吸引力，才能为大众文化的对外传播打下坚实的基础；三者，要借助民间力量，推动更多的民间文化“走出去”，以展现真实、立体的中国。

——载于《中国社会科学报》2018年6月22日第5版，与胡波合作

地方职教立法别只做“复读机”

为进一步推动职业教育的发展，近年来各省市出台了不少职业教育相关办法、意见或条例等。法律是一个多层次、效力有高低、调整范围有大小的体系，这样一个体系需要不同层次的立法权力存在，以达成较好的效果，这是法律发展细化的必然需要。换句话说，推进职业教育稳步发展，既需要居于上位的国家立法的存在，也需要居于下位的地方立法的存在，为地方实践形成制度与规范上的保障。

职业教育是与区域经济结合最为紧密的教育类型。由于我国国情复杂，各省市经济发展程度不一，国家不可能制定出一个适用于所有地区的上位法，地方立法是对国家上位法的一种补充、实践和探索。这就意味着，地方立法具有相对独立的价值，在不与上位法相抵触的情况下，有权从本地方的具体情况和实际需要出发，发挥主动性、积极性和创造性，自主调整本地职业教育发展中的社会关系，处理与本地职业教育相关的事务。此外，面对一些新情况以及复杂多变的社会形势，国家层面的立法对某些社会关系的调整也会出现空白和缺位，而地方通过立法可以发挥先行一步的创新性、开拓性与实验性的作用，填补国家立法的空白和缺位，成为国家立法的智慧之源。

地方为职业教育立法的重要性不言而喻。然而，考察一些地方所公布的法律法规文件，差距不小。有的地方所发布的文件内容较为细致，具有一定的指导性、可操作性，甚至还有不少“亮点”，受到业界的一致赞誉与好评，而有的地方所发布的文件，不过是对职业教育进行理论性再阐释，所规定的内容停留于常识性的层面，“亮点”乏善可陈，也不具备可执行性，似乎仅仅是为了找到一种“存在感”，并不注重效果和反馈。这样的立法不仅是低效的，还会降低政府及相关部门的社会公信力。

《中华人民共和国立法法》第六条明确规定，法律规范应当明确、具体，具有针对性和可执行性。事实上，职业教育立法的效果，不仅体现出地方政府对职业教育的重视程度，也体现了相关部门对职业教育内涵的认识与理解的程度，更体现了政府部门对立法程序与工作规范是否有效践行。有学者曾指出，由于长期以来偏重于立法实体建设，忽视立法程序的完善，我国诸多法律法规突出地存在着程序不完善、程序虚置和程序非法制化等一系列问题。

事实上，一些发达国家对职业教育进行立法的实践，已给了我们不少启示。比如，美国联邦职业教育法案的立法程序，包括了立法预测、立法规划、立法起草、议案提交、议案审议，通过立法、立法颁布等多个步骤，涵盖了科学性、民主性、多元主体参与、权力制衡与博弈性的特征；德国的职业教育法律体系不仅法律法规种类繁多，而且层次完整，职业教育法的结构基本上由一个基本法、若干个单项法和地方各级职业教育法组成，更为重要的是，德国还有一套包括立法监督、司法监督、行政监督、社会监督在内的职业教育实施监督系统，这就为职业教育真正建构了有法可依、依法治教的法制体系。

前段时间，国务院办公厅下发《关于加强行政规范性文件制定和监督管理工作的通知》，要求各地区、各部门发布行政规范性文件，必须规范制发程序，确保合法有效，同时要加强监督检查，严格责任追究。毫无疑问，这对地方为职业教育立法也提出了新的要求，地方不仅要立足于区域经济发展的实际，进行充分调研，也要借鉴发达国家的经验，设置一套完善的立法程序，严格执行评估论证、公开征求意见、合法性审核、集体审议决定、向社会公开发布等程序，保证立法公开、透明、科学、民主，构建适合于地方职业教育的可行性方案，保障立法能够真正调整区域社会关系、规范职业教育发展，从而让地方性法规规章达成公平、正义、效率的社会价值。

总之，地方为职业教育立法不能只起“传声筒”“复读机”的作用，应该健全一套立法监督机制，让社会公众主动参与，并充分吸收专家的专业性意见，加强对立法程序的民主监督，对于不认真履行职责，不严格按照程序办事的机构也应当追责，以避免低效、重复性、恣意性的立法，确保地方为职业教育立法取得实效。

——载于《中国教育报》2018年6月26日第9版职教周刊，与胡波合作

法律翻译为全球治理贡献中国智慧

进入新时代的中国法治建设，以其富有逻辑力量的崭新的法治理念、健全的法制制度和鲜活的法治实践，鲜明地展现了中国经验、中国方案与中国道路的独特魅力。正如习近平总书记在党的十九大报告中指出的那样，中国特色社会主义进入新时代，“意味着中国特色社会主义道路、理论、制度、文化不断发展，拓展了发展中国家走向现代化的途径，给世界上那些既希望加快发展又希望保持自身独立性的国家和民族提供了全新选择，为解决人类问题贡献了中国智慧和中国方案”。

从传播的角度看，国家法律领域的话语体系只有通过国际传播才能争取国外公众的理解、支持与共鸣，才能在国际社会中树立中国法治国家的形象，也才可以为全球治理贡献中国智慧和方案。

法国后现代学者福柯说：“话语即权力。”他认为，历史的塑造掌控于权力和知识的拥有者手中。长期以来，国际法律领域话语体系为西方掌控，发达国家既是世界法律话语的主产地，又是法律理念传播渠道的主控者，内容与手段双重操控所形成的话语霸权塑造了西方法律话语霸权的现实图景。

法律翻译是法律思想观念、法律语言文化、法律规范和法律文本的跨法系交流行为和跨语系交际行为，是我国法律话语体系走向世界的重要手段。通过翻译，全面总结中国法治建设经验，在国际平台上传播我国的法律话语，展示我国法治发展的成就和方向，不仅有利于进一步挖掘我国法律话语体系的独特内涵，为应对纷繁多变的世界局势贡献中国智慧和中国方案，而且有利于占据人类和平共处共同发展的道德制高点，最大限度整合一切有利于中国发展、有利于世界和平与发展的力量，在决定国际舆论和学术评价走向方面掌握主动权。

综观自近代起源的中国法律翻译史不难发现，法律翻译不同于其他实用文体的翻译。科技翻译、经贸翻译、新闻翻译、广告翻译、旅游翻译、政论翻译等诸多文体在内的应用翻译，均以信息的有效传递为根本目的，通过目的语言的流畅表达，并运用一定的翻译技巧来实现语篇各自的功能目的。而作为实用翻译特殊分支的法律翻译不仅是一种跨语言、跨文化的交际行为，更是一种跨法系的交流行为。表意的准确性、文体的正式性和词语的专业性成为法律翻译最主要的语言特征，这要求翻译者既要有过硬的语言功底，又要具备足够的法律知识和逻辑。当前，我国法律翻译面临的一个迫切问题是缺乏高素质的复合型翻译人才。当然，必须承认，一个人精通外语或法律其中一门专业已经不易，如果两个方面都出类拔萃，且有丰富的翻译理论和实践经验，的确需要克服更大的困难。

随着中国的快速发展和中外交流广度与深度的日益拓宽，世界对中国的信息需求越来越大，中国各个领域前所未有地全方位呈现在国际社会面前。党的十八大尤其是党的十九大以来，习近平总书记于 2019 年 1 月在中共中央政治局第十二次集体学习时指出："要精心做好对外宣传工作，创新对外宣传方式，着力打造融通中外的新概念新范畴新表述，讲好中国故事，传播好中国声音。"这一系列新理念、新思路、新要求，对更为有效、更深层次地推进对外文化交流和国际传播能力建设，对翻译工作特别是"中译外"（由中文译成外文）能力和水平确定了明确的新目标。因此，高度重视法律翻译工作，进一步提高法律翻译水平，推动中国法律话语"走出去"，为全球治理贡献中国智慧和方案，应当成为一项重要的国家战略。

第一，推动中国法律话语"走出去"，是一项复杂的系统工程，需要方方面面共同努力。从国家层面看，要从增强国家文化软实力和中华法律文化国际影响力的战略高度，把提高法律翻译能力和法律翻译人才培养作为一项长期、系统、战略性的工作来抓，从教育资源安排、学科设置、重大国家级翻译项目的策划、翻译事业与翻译产业的规划与管理、翻译水平评价体系与权威发布等诸多方面进行统筹规划，科学布局。首先，立法、司法、执法、外交、外经贸、外宣等部门要与学术研究机构紧密配合，构建跨部门协调机制，制定规范的法律法规翻译参考文本，确保翻译工作的权威性。其次，在高校及科研机构中进一步投入力量加强有关学术研究，注重法律和外语复合型人才培养，着力推出一批既具有良好外语素质又了解不同法系特点，且有翻译理论和实践经验的法律翻译专家。

第二，推动中国法律话语"走出去"要解放思想，树立国际化法律翻译人才观。在思考"中国法律文化如何走出去"的问题时，要树立国际合作观念，团结和依靠国外广大从事中译外工作的汉学家、法学家、翻译家，加强与他们的交流和合作，摒弃那种以为向世界译介中国法律文化、传播中国法律话语"只能靠我们自己""不能指望外国人"的传统偏见。为了让中国法律话语更有效地"走出去"，一方面要鼓励专家学者创造出更多反映我国现实状况的独创性成果，注重对中华法系传统法律文化中精华部分的研究和借鉴，明确我国法律领域独特的价值和理念，在国际社会中获得认可并扩大传播。另一方面要加强与国际一流翻译学院和专业法律翻译机构的交流与合作，创办具有中国特色的高端法律翻译研修学院，加大对包括海外汉学家、法学家、翻译家在内的“中译外”高端法律翻译人才的研修培训和继续教育，提升他们对中国国情、中国法律文化的认知水平和对中外文化与语言的驾驭能力，研讨解决他们在跨文化交流和双语翻译中遇到的困难与问题，不断提升“中译外”法律翻译高端人才的素质与水平，并由此建立起中外法律翻译专家优势互补、资源共享、紧密合作的机制，拓展高端“中译外”法律翻译人才队伍的内涵和外延，为中国法律翻译、法律话语传播事业的发展提供丰厚的资源和扎实的基础。

第三，推动中国法律话语“走出去”，要加强对法律翻译队伍建设和法律翻译事业发展的统筹规划，特别是加大对“中译外”法律翻译人才队伍建设的重视和支持力度，通过组织、策划更多的国家级“中译外”法律翻译项目，广泛吸引和凝聚海内外汉学家、法学家、翻译家的积极参与；通过制定、完善、规范法律翻译产业与法律翻译事业发展相结合的标准与条例，建立中译外高端法律翻译人才遴选机制、优秀法律翻译作品评选机制以及“中译外”初译、译审、定稿机制等一系列高端法律翻译工作机制，为鼓励更多高素质人才长期投身“中译外”法律翻译事业，激励高端法律翻译人才队伍建设，提供良好的制度环境和资源支持。

——载于《中国社会科学报》2018 年 6 月 26 日第 3 版

Legal Translation Provides Chinese Solution to Global Governance

Legal translation is a cross-legal system and cross-language communication between the ideas, languages, cultures, norms and texts within the field of law. An important means by which Chinese legal discourse system "goes global", legal translation is not only conducive to further exploring the connotations of Chinese law but also to contributing Chinese solutions to tackling the world situation that is undergoing constant changes.

As French post-modernist Michel Foucault put it, "Power is diffused and embodied in discourse." He contended that the form of history is mastered by the hands of those with power and knowledge. For a long time, the international legal discourse system has been dominated by the West. Western countries are the places where global legal discourse is produced, and they control the channels by which legal concepts are communicated. The manipulations of legal content and tools have enforced Western hegemony over discourse.

An overview of the history of Chinese legal translation that originated in modern times shows that legal translation differs from other translations of practical texts. The effective transmission of information is the fundamental aim of translations of science and technology, economy and trade, news, advertisement, tourism, political theory and other types of practical translations. The functionality of the text is realized through the fluent expression of target language and the application of certain translation skills.

But legal translation, as a unique branch of practical translation, is not only an act of cross-language and cross-cultural interaction, but also an act of communication between the legal systems of the source and target texts. Accuracy of meaning expression, formality of style, and the professionalism of the words constitute the main linguistic features of legal translation.

This requires the translators not only to have an excellent mastery of language skills but also a sufficient knowledge of the law and legal logic. One pressing issue that legal translation in China faces is a lack of high-quality talent with a diverse range of skills.

It is already difficult to become proficient in either a foreign language or law. It is even more a challenge to excel in both specializations while having rich experience in both translation theory and practice.

As the scope and depth of China's international communication expands, the world is expecting a growing amount of information from China, which presents itself in an all-dimensional way to the international society. To tell China's stories and make China's voice heard, it is crucial to effectively promote China's international communication, which requires higher standard for the job of translation, especially the translation of Chinese into foreign languages.

First, it is necessary to take it as a long-term, systematic undertaking to improve the ability of legal translation and cultivate higher-level talent in this field. Overall planning should be formulated for the allocation of education resources, discipline setting, and major national translation program, translation industry management, evaluation system and authoritative document release. The departments of legislation, judiciary, law enforcement, foreign affairs, foreign trade and economic cooperation, and publicity should closely cooperate with academic research institutes and establish inter-departmental coordination mechanism. In addition, standardized reference texts for law and regulation translation should be compiled.

Furthermore, cooperation with the overseas sinologists, law experts, translators who have long been dedicated to Chinese language translation is important. On the one hand, experts and scholars should be encouraged to come up with more novel, original research fruit which reflect the realistic condition of China. The refined portions of traditional Chinese legal culture should be further studied to draw salutary lessons from them. On the other hand, cooperation with the world-class colleges of translation and legal translation institutes should be strengthened so that a mutually beneficial mechanism for sharing resources between Chinese and international scholars can be established.

——载于《中国社会科学报》2018 年 7 月 5 日国际英文版

西方教育思想的后现代主义特征

后现代主义的产生有其理论渊源。一方面，在动摇传统世界观的过程中，科学起了不可估量的作用。现代自然科学所揭示的现实事物的相对性、非确定性、不完全性，打破了人们旧有的确定性的世界观，为后现代主义思维方式的形成做好了铺垫。另一方面，后现代主义并非无本之木，它是植根于西方文化传统之中的。因为后现代主义思想的本质特征就是对起源于希腊的西方哲学传统，特别是继承和发扬这个传统的“现代主义哲学”的全面批判，这标志着当代哲学思维的一次重大转向。

后现代主义思潮是一种新的认知范式，其矛头直指现代主义文化中的教条主义、形式主义、经验主义、实证主义、理性主义，是彻底反传统、反权威的。它由逻各斯中心主义转向非中心的多元主义，从纵向思维转向横向思维，由深度模式转向平面模式，由以人为中心转向反对主体性和人道主义。后现代主义思潮的主要特征表现在：反主体性、反理性、反普遍性和反同一性、反宏大叙事和元话语。西方教育思想的后现代转向是对现代教育的颠覆，它的矛头直指现代教育领域中的方方面面。我们认为，尽管后现代转向后的西方教育思想有各种不同的形态，并且每一种形态有其深刻内涵，但是，由于它们均源自 20 世纪六七十年代以来西方后现代主义思潮的巨浪中，所以，我们还是可以概括出它们共有的一些思想特征。

教育的多样性和差异性

西方哲学思维的传统是建立在形而上学的二元对立基础上的，哲学家强调的是统一性、同一性和直接性，而排斥矛盾性、不确定性和差异性。后现代主义则崇尚差异性、偶然性以及文化多元主义，认为“教育从不同的文化背景中得到暗示，不是从普遍的、一般性的逻各斯中心主义标准中得到暗示。它不是寻求把教育上的所有东西都变得具有‘同一性’，而是强调各种各样的‘差异性’。它寻求各种‘不同的声音’，而不是现代主义下的一种‘权威的声音’”。我们说，德里达的“解构”概念，实际上就是对语言符号的意义进行批判性解释。其用意在于倡导一种多视角看问题的思维方式，避免思维视角的单一和僵化。在教育观念上后现代主义教育家一直反对存在统一的并为所有人都遵守的理念和规范，反对存在超越于具体的抽象的普遍的个性观，强调发展维护个性的多样性和差异性的教育方式；人不是超验及本体界的存在体，而是社会与历史性的存在体。教育没有预设的终极目标，而是从每个儿童的差异性出发，从社会与历史现实出发，努力塑造出具有丰富内容的自由个性的主体。换言之，教育学应该成为能动的教育学，教育应该成为解放的教育。教育的解放是后现代转向后西方教育一直追求的最终理想。人的目的不是物化和统治，而是主体间无压抑的交往。人的解放首先是要把人从异化了的劳动中解放出来，恢复人的完整性，使人得到全面的和谐的发展。教育学的根本使命在于使个人摆脱权力的控制，把个人从他人的操纵中解脱出来，充分发挥个体的能动性，掌握自己的命运，取得控制自己生活的权力。而这一切则取决于一种多元多样的教育实践形式的建立。也就是说，后现代思想在教育观念上寻求各种各样的“不同声音”，不是寻求把教育上的所有东西都变得具有“同一性”，而是强调尊重个体的“差异性”。

教育的对话性

后现代思想家推崇“对话”，认为所谓“对话”，绝非内心的独白，而是一种实际发生的过程，它包括现在和过去的对话，解释者与文本的对话，解释者与解释者的对话，这是一个无限展开的过程。

对话的本质并非用一种观点来反对另一种观点，也不是将一种观点强加于另一种观点之上，而是改变双方的观点，达到一种新的视域融合。其目的是试图推翻居于中心地位的认识主体，倡导不同观察者和认识者之间的平等交往关系。后现代思想的教育学学者多尔、罗蒂等认为，教育领域应该“去中心”，消解教师的绝对权威和师生关系的不平等，建立一种师生平等对话的新型关系。而罗尔更是将教师的角色定为“平等中的首席”。

教育的生命性和创造性

后现代倡导超越现代的、非线性的、开放性的思维方式，反对机械化、模式化、秩序性。后现代教育认为教育是由生命活动构成的，生命是教育的根本所在，教育的本质是提升生命，教育生命机制的核心是人的学习和思维的本能，教育者的任务是认识和依托这种本能，提供引导和启迪创造性活动、创造性人生，以造就富有创造性的人。教育在于激扬生命，而不是控制生命。后现代教育不赞成对学习者进行习惯性评价，因为这种评价会把整个教育改变为可视性教育，而教育的可视性是对教育生命性的否定，教育的核心部分是不可外视的也不需要外视的，教育的主旨不应该追求展示性。

创造性是后现代主义的一个极为重要的特征。后现代的教育观认为“旧课程内容不再作为绝对客观的稳定不变的知识体系，课程目标不再是完全预定的，课程是师生共同探索新知识的发展过程”。因此，后现代教育提倡学习过程中知识的重构，提倡重构中得到新的生命发展。当然，重构意味着学习不是知识由教师向学生传递，而是学生自己建构自己知识的过程，也意味着课程不只是传递知识的工具，而是创造我们和再创造我们的文化工具。

教育的生态意识

后现代主义认为，自然界的生态危机揭示了畸形的人与自然的关系，因此要求人类自身的合目的性活动必须符合人所属的自然生态系统规律，必须遏止人类实践主体需要的过分扩张和忽视自然规律的人类中心意识，以达到人类的合生态性生存。人类要进行合生态性生存，就要从传统社会的“经济人”向“生态人”转化。

后现代主义生态意识下的教育目的在于强调建立一种文化与社会环境和睦相处的社会文化背景，培养学生的生态意识。认为培养具有生态意识的未来公民，摆脱了理性主义的统治地位，摆脱了欧美优势文化的控制，从而建立起一种与自然相和谐的环境教育。反映在教育目标上就是要培养个人的道德意识以及对自然、土地的伦理概念，与自然和谐共处。

总之，后现代主义教育思想使立基于“科学理性”的一套现行的教育话语摇摇欲坠。这在某种程度上是新的教育理论模式、教育研究方法的诱发剂和生长点，但同时也需要警惕其解构性大于建构性的面向。

——载于《中国社会科学报》2018 年 7 月 19 日第 4 版教育学版，
与孙茂华合作

高校外向型智库推进外语学科建设

近年来，我国高校外语学科建设内部“文化自觉”意识逐渐觉醒，外语学科知识在翻译学、比较文学、跨文化研究和区域国别研究等领域不断地深化，交叉性、跨学科发展与提高外语人才的国际竞争力已成为外语学科发展的重要诉求。一流的外语学科支撑和孕育一流的高校外向型智库，而一流的高校外向型智库又会反哺和引领外语学科建设以及“外语+”复合型人才培养。毫无疑问，加强高校外向型智库建设是提升外语学科内涵建设、促进外语学科话语体系转型的重要抓手。为此，需要从以下几个方面着手。

第一，加强顶层设计，明确外向型智库定位。加强高校外向型智库建设，仅靠高校二级学院外国语学院自下而上单兵突进并不现实，更应该上升至学校以及教育主管部门的层面，做好顶层设计，自上而下推动。上级主管部门可以鼓励综合性大学的外语学科与教育学、社会学、传播学、管理学等学科协同进行高端智库建设，开展国际教育比较、区域与国别、国际传播等方向的研究，或者鼓励有行业特色背景的院校进行专业性、特色化的高校外向型智库建设。高校外语学科更要根据自身优势和基础条件，依据国家战略需要，整合不同学科资源，明确研究领域和方向，处理好问题导向与学科导向、基础理论研究与应用对策研究、地方研究和国家研究之间的关系。

第二，建立和健全高校外向型智库协同创新机制。与国家战略需求相关的重大理论和现实问题，往往都需要开展多个研究机构的协同攻关，凝聚多方智慧，开展多学科的交叉研究。在横向上看，可开展校内、校外协同创新，校内诸多学科之间可以实现整合、交叉、综合性发展，校外既可以联合校际研究所的力量，或与行业、企业深入融合，也可以在国外高校建立分支机构，谋求国际合作，提升国际化水平；在纵向上看，需要国家部委、地方政府部门支持，加强纵向合作与沟通，畅通研究成果的发布、上报机制。高校外向型智库建设只有从更高的战略层次、更广阔的国际视野出发，凝聚更多元的主体思维角度，才能有利于形成更高层次、更高水平的研究成果。

第三，完善人事制度，加强人才队伍建设。高校外向型智库要真正发挥科学研究、咨政服务的功能，就需要打造一支专业化、职业化的人才队伍。大多数外语学院的研究中心和科研机构的管理人员和研究人员均由外语学院的行政人员、教授、教师兼任，他们本身承担的管理、科研与教学工作已经占据了其过多的精力。智库的运营和专业化管理不仅需要研究人员对政策加强分析和应用研究，还需要加强资源建设、实践平台建设以及研究成果的影响力和传播力建设。专业化的外向型智库建设还需要一支学科基础来源广泛、分工明确、协同共进、适应现代智库管理与运作的专业型人才队伍。因此，高校应完善人事管理制度，在学科建设与智库建设之间建立灵活、共融相通的岗位流动机制。

第四，建立合理的评价与导向机制。合理的评价体系可以起到规范、引导和激励的作用，能够加强智库人员的认同感，激励智库人员的自觉性和提高智库本身的被认可度。对高校外向型智库的评价既要能够与主流的学术评价标准相对接、可转换，又要呈现出一定的独立性、自主性、创新性，比如增加对咨询报告、媒体报道、参考资料等形式的劳动成果的认定等。教育主管部门和高校要立足实际，打破陈规，改革和创新外向型智库评价体系，完善合理的考核制度，做到奖惩分明，提升研究人员的主体意识、主动意识，激发内生动力。

第五，搭建高校外向型智库建设的多元实践平台。实践平台建设是科研工作的重要支撑和保障，实践活动也是应用对策研究的“活水之源”。推动高校外向型智库建设朝着专业化、特色化和国际化发展，需要建设各级各类平台，形成资源聚合力。比如，创办公开发行的智库期刊；开办高端智库论坛，积极参与国际智库平台对话，形成特色、品牌活动；加强对口国际交流服务，实施国际合作项目研究；面向社会开展各种培训项目，促进区域、国际之间的合作与交流等，提升智库的国际影响力和社会服务能力。

第六，加大经费投入，完善财务制度。建设一流的高校外向型智库是一个庞大、综合、完整的系统工程，学术研究、国际交流、田野调查、资源建设等活动既需要人力物力支撑，又需要充足的财力做后盾，稳定的经费投入可以确保智库建设的高质量与独立性。我国高校的资金目前主要由政府财政拨款，少有对智库的专项资金投入，而高校在资金的使用上也并没有多大的自主权，因此有必要将对智库建设的经费筹措纳入有关部门的业绩考核体系，或可以通过项目化方式运作，完善竞争性、激励性拨款机制，推动建立多元化、多渠道、多层次的投入体系。

总之，智库建设与学科建设是相伴相生、并行不悖、协同发展的。高校外向型智库建设需要从分散向聚集、从封闭向开放、从单兵作战向联合攻关、从学术研究向咨政报告转变，不断完善智库的运行和管理机制，提高智库的核心竞争力、社会传播力和国际影响力。引导高校外向型智库建设朝着专业化、市场化、国际化、特色化的方向发展，既要健全机构，强化领导，借鉴国外建设经验，以外部机制创新为保障，又需智库内部自身提升研究能力，以加强成果转化做支撑，努力做到既能“顶天”（服务国家战略），又能“立地”（立足经济社会发展，脚踏实地），讲好中国故事，传递中国声音，真正担当起提升国家软实力的重大使命。

——载于《中国社会科学报》2018年8月9日第2版智库版，与胡波合作

马克思对黑格尔“市民社会”理论的超越

黑格尔的“市民社会”思想集中反映在《法哲学原理》一书中。根据黑格尔的论述，市民社会概念可定义为：由私人生活领域及其外部保障构成的整体。黑格尔认为，市民社会属于客观精神发展的第三阶段即伦理范畴，是介于家庭生活和政治国家之间的一个特殊领域，“市民社会是处在家庭和国家之间的差别的阶段，虽然它的形成比国家晚。其实，作为差别的阶段，它必须以国家为前提，而为了巩固地存在，它也必须有一个国家作为独立的东西在它面前。”

黑格尔首次将市民社会从政治国家中剥离出来，从学理上完成了市民社会与政治国家由重合到分野的历史过程。在关于市民社会的问题上，黑格尔以前的政治哲学中存在着一个共同现象，那就是把“市民社会”与“国家”视为同一个东西。黑格尔反对传统哲学的政治国家与市民社会的等同公式，对社会契约论者把国家与市民社会混为一谈提出了批评，他说，“如果把国家同市民社会混淆起来，而把它的使命规定为保证和保护所有权和个人自由，那么单个人本身的利益就成为这些人结合的最后目的。由此产生的结果是，成为国家成员是任意的事。”

黑格尔把“市民社会”叫作“外部的国家，即需要和理智的国家”，以区别于他所说的真正意义上的国家或政治国家。这里所谓的“需要”即指人们的物质生活、物质利益的需要，它是市民社会中众多个体相互联系的纽带。在市民社会里，独立自足的个人进行生产、交易、消费，以满足各自的需要。黑格尔指出，人与动物的区别就在于他们不是随遇而安，而是通过劳动手段，把自然界提供的原料改造成能够满足他们多样化需要的形式。不难看出，黑格尔所说的市民社会属于物质生活的领域，其中，“需要的体系”即社会经济关系领域，是以法律制度和公共权力为后盾的“外在的”政治秩序，因而它被黑格尔视为“外部的国家”。

当然，黑格尔的市民社会理论亦有其缺点。他在把市民社会与政治国家进行二元区分的同时，仍将司法制度和警察组织等属于政治国家的机构纳入市民社会的范围，明显地暴露出其在分离市民社会与政治国家过程中的不彻底性。黑格尔将政治国家凌驾于市民社会之上，把前者视为决定后者的东西，这种“倒因为果，倒果为因，把决定性的因素变为被决定的因素，把被决定的因素变为决定性的因素”的观点，使他无法超出历史唯心论。此外，黑格尔高扬政治国家、贬抑市民社会，在他那里，政治国家与市民社会体现了“善”与“恶”的两极，前者是善的体现，后者则被贬为“个人私利的战场”。

马克思关于市民社会的研究固然有得益于黑格尔的地方，但二者的差异是主要的。在马克思那里，“市民社会”不再是黑格尔意义上被贬抑、处于被政治国家所决定的从属地位的概念。马克思不仅将市民社会理解为“全部历史的发源地和舞台”，而且把它改造为唯物史观的核心范畴，并从“物质交往”“社会组织”“物质的生活关系的总和”的意义上加以阐释。

在《政治经济学批判》中，马克思批判了黑格尔“市民社会”理论的抽象性和神秘性，并由此步入唯物史观的门槛。马克思指出，“法的关系正像国家的形式一样，既不能从它们本身来理解，也不能从所谓人类精神的一般发展来理解，相反，它们根源于物质的生活关系。这种物质的生活关系的总和，黑格尔按照十八世纪英国人和法国人的先例，称之为‘市民社会’，而对市民社会的解剖应该到政治经济学中去寻找。”马克思始终站在现实历史和社会的基础上，从反映现实经济关系的“经济学”出发，从“物质生活关系”出发来解释“市民社会”。

在标志唯物史观诞生的《德意志意识形态》中，马克思指出：“在过去一切历史阶段上受生产力所制约、同时也制约生产力的交往形式，就是市民社会……这个市民社会是全部历史的真正发源地和舞台，可以看出过去那种轻视现实关系而只看到元首和国家的丰功伟绩的历史观何等荒谬……市民社会包括各个个人在生产力发展的一定阶段上的一切物质交往。”在马克思看来，随着商品经济的发展和完善，“市民社会的等级差别完全变成了社会差别，即没有政治意义的私人生活的差别。这样就完成了政治生活同市民社会的分离的过程”，国家获得了和市民社会并列的独立存在，“市民社会的成员在自己的政治意义方面脱离了自己的等级，脱离了自己在私人生活领域中的实际地位”。马克思认为，“市民社会”既不是人类社会中的永恒现象，也不是资本主义社会特有的，它有其特定的产生和发展的条件。“市民社会”是一定生产力条件下社会经济关系和物质交换关系的体现，是商品经济和私人利益的必然产物。它存在于国家和家庭之间，存在于一切有商品经济的时代，对私人利益和国家普遍利益的矛盾起着调和作用。

对于市民社会和国家的关系，马克思主张“应该到政治经济学中去寻找”。马克思指出“市民社会”这一名称始终标志着直接从生产和交往中发展起来的社会组织。沿着这一思路，马克思把社会存在分为市民社会和国家两个方面。市民社会构成社会存在的物质生活领域，以物质生产活动为主要内容；国家则构成了社会存在的政治生活领域，以政治活动为内容。他指出，物质生产活动的发展是人类历史发展的源泉和动力，是一切人类生活的第一个前提，也就是一切历史的第一个前提。在市民社会与国家之间，市民社会的成员组成了国家；市民社会的经济基础促成了国家；市民社会的目的和任务呼唤着国家。市民社会是国家决定性的因素，是国家产生的前提和基础。马克思通过对市民社会与国家关系的研究，揭示了人类生活和社会结构的两个不同层面的特点和相互关系，并由此得出结论：不是国家决定市民社会，而是市民社会决定国家。这标志着马克思在社会历史领域完成了由唯心主义向唯物主义的转变。

马克思在揭示市民社会与国家之间正确关系的基础上，进一步把两者的关系提升到经济基础与上层建筑的关系的高度。在马克思看来，作为上层建筑的国家，政治制度及思想意识观念是从属性的、第二性的东西，而市民社会和经济关系的领域则是决定性的、第一性的东西；有什么样的市民社会，就会形成什么样的政治国家。马克思说："在生产、交换和消费发展的一定阶段上，就会有一定的社会制度、一定的家庭、等级或阶级组织，一句话，就会有一定的市民社会。有一定的市民社会，就会有不过是市民社会的正式表现的一定的政治国家。"市民社会作为人们在生产和交往过程中所发生的物质关系，以及直接从生产和交换过程中发展起来的"社会组织"，在一切时代都构成国家的基础。生产力和交往形式的冲突决定历史的发展，是通过市民社会的变化和发展来实现的。这是因为：如果人们的分工发生变化，人们的劳动资料、工具和产品的关系发生变化，那么，人们在生产和交往中的物质关系、人们的经济组织关系也会随之发生变化，最终会引起国家及其他上层建筑发生变化。从这个意义上说，"市民社会是全部历史的真正发源地和舞台"。

总之，"市民社会"从一个被黑格尔所贬抑、处于从属于国家地位的概念，到被改造成为构筑唯物史观理论大厦的重要范畴，在这个不断提升的过程中，马克思实现了对黑格尔哲学的历史超越，完成了从唯心主义向唯物主义、从民主主义向共产主义的根本性转变。

——载于《中国社会科学报》2018年8月14日第2版哲学版

《论语》在俄语世界的译介与传播

《论语》在俄语世界的译介、传播和研究可追溯到18世纪初。据可靠统计，《论语》俄语译本至少有 17 种，包括变译本、全译本、叙事性译本和文学性译本等。《论语》的俄译为俄国读者搭建了一座通向中国文化的桥梁，为中华文化在俄罗斯的传播做出了非常重要的贡献。

《论语》在俄译介体现时代特色

《论语》俄语的译介历程大致可分为三个时期：帝俄时期（1721—1917年）、苏联时期（1917—1991年）和俄罗斯时期（1991年至今）。

俄罗斯的汉学研究源于彼得大帝的对外扩张。1715 年，彼得一世下令正式向中国派遣第一批东正教传教团，虽然其任务是进行传教和学习汉语等语言，但实质是刺探中国情报，以此配合其对中国进行的扩张。但不可否认，此举确实培养了众多杰出的俄罗斯汉学家，如罗索欣、比丘林、瓦西里耶夫等。他们在中国访学期间，开始接触包括《论语》在内的中国文化典籍并进行翻译。可以说，驻华传教士团成员为俄罗斯汉学的开创做出了巨大贡献，奠定了俄罗斯汉学的基础。19 世纪下半叶，俄罗斯迎来了第一次中国典籍翻译热潮，瓦·巴·瓦西里耶夫是这一时期的代表人物。1868 年，他发表了《论语》的俄译本并刊登在《汉语文选第二卷试读》上，还将《论语》作为汉学专业学生的必修课，成为把《论语》引入大学课堂的第一人，促进了《论语》在俄罗斯的传播。波·斯·波波夫是瓦西里耶夫的学生，因受老师和牧师家庭背景的影响，也加入《论语》研究及翻译中来。1910 年，其《论语·孔子及其弟子的格言》出版，这是俄罗斯汉学史上第一个最为系统的译本，对《论语》在俄罗斯的传播起到了极大的推动作用。

1949 年，中苏正式建交，苏联开始重视对中国文化的研究。康拉德的《论语选》于 1959 年收入《中国文学选》，而波兹涅耶娃的《论语》节译本于 1963 年收入《东方古代文选》。1978 年，中国实行改革开放，经济迅猛发展，苏联掀起了中国儒学研究的第二次热潮，这个时期涌现了许多关于《论语》翻译研究的大家。其中，卡拉佩基扬茨于 1982 年出版了《中国的儒学思想·理论与实践》，但该书主要介绍苏联各个时期儒学研究的发展状况，并对儒学典籍文本进行比较分析，尚未过多探讨翻译的相关问题。任教于莫斯科大学的伊万·谢缅年科教授于 1987 年出版了专著《孔子的箴言》，书中附有《论语》部分俄语译文。同样任教于莫斯科大学的马拉亚温，于 1988 年出版了专著《孔夫子与〈论语〉》，该书的主要内容是第二部分的《论语》译文及其所做的注释。该译本吸收了历代俄罗斯学者《论语》译本的精华，称得上俄罗斯学术界最完善、最系统的译本，是俄罗斯国内汉学研究的典范。

1991 年苏联解体，俄罗斯学者们重拾对儒学的研究，希望从中汲取对俄罗斯社会经济发展有益的思想，因此《论语》的翻译研究迎来了新的高潮。戈拉瓦乔娃于 1992 年在《边界》杂志发表了俄罗斯第一部《论语》的独立译本。1994 年，谢缅年科根据前作《孔子的箴言》修改和补译成的《孔子·论语》出版，译文的注释更为详尽。他的译本在俄罗斯发行量最大，再版次数也最多，对《论语》在俄罗斯的普及做出了很大贡献。2000 年，亚·斯·马尔德诺夫的《孔子·论语》出版，翌年修订再版并更名为《儒学·论语》。该译本对于儒学特有的文化负载词采用先解释词意再加注括号标注音译的方式处理，推动了儒学文化在俄罗斯的传播。同年，卢基扬诺夫发表了《论语》译著，其排版采用了类似诗歌的方式，语言更为凝练。随着读者理解力的提高和对儒学兴趣的加深，这一时期的翻译侧重点和角度也在改变，在传承思想的同时，也注重形式的对等，从多角度、多维度进行解读和翻译。

中国译者缺席《论语》俄语译介

译介具体来讲分为“译”和“介”，其中“译”是译介主体和译介形式，“介”是译介途径和效果。通过分析，可以总结出《论语》在俄罗斯传播发展历程中译介主体、译介形式、译介途径和译介效果四个方面的特点。

译介主体经历了从传教士到汉学家的转变。帝俄时期是《论语》在俄罗斯传播发展的萌芽和探索阶段，《论语》俄译的主体是向中国派遣的东正教传教团团员，以罗索欣和比丘林为代表的传教士担任了《论语》最初向俄罗斯传播的使者。《论语》俄译本的出现及完善，使俄罗斯开始关注《论语》及其包含的儒学思想。传教士回国后，很多都到大学里教授满语和汉语，同时继续潜心研习儒学经典，这对学生的学习研究方向产生了影响。此后，俄罗斯涌现出了大批研究儒学经典的汉学家，《论语》译介主体实现了从传教士到汉学家的转变。

译介形式经历了从教材到专著的转变。帝俄时期传教士回国后将其译本作为教材。俄译本的出现使俄罗斯读者产生了对文化认识的需要，因此，之后的

《论语》俄译中增加了注疏家对论语的注疏以及汉学家对其的解读，以尽可能使读者准确地理解儒家思想的内涵。同时，《论语》研究方式也从译作评述过渡到思想研究，其呈现方式也从最初的教学用书转变为文学专著。20 世纪末，随着俄罗斯汉学家对《论语》及其思想内涵研究的加深，译本开始大量以译作专著形式出现，发行量与再版数也呈上升趋势。

译介途径以目的语国的翻译力量为主。《论语》被译介到俄国，主要依靠目的语国（即文化接受国）的翻译力量，而很少有中国译者介入。不同时代背景下的译者抱着不同的翻译目的。但不可忽视的是，《论语》在俄罗斯的传播发展过程中，中国学者大都集中在《论语》英译和法译的研究上，对俄译本以及在俄罗斯的译介、传播与接受则关注较少。

译介效果和历史进程与中俄关系息息相关。译作在目的语国（即文化接受国）传播的效果受多种因素的制约，如文化接受国的社会因素、意识形态、道德观念以及某一时期占据主导地位的文化观念等。当译作所反映的价值观念与文化接受国即俄罗斯所倡导和追求的价值观相近或相同时，该译作就更容易得到接受和传播。《论语》在俄罗斯的译介经历了高潮低谷、起伏动荡的演变进程，译本形式由节译到全译，译本内容由简译到详译，甚至附带对注疏的翻译。译本的演化改进，与俄罗斯历史发展和中俄关系紧密相关。

文化输出需要全面系统的传播体系

《论语》在俄罗斯的流传和推广，从一个侧面反映了中国文化在俄罗斯影响的逐渐深入和扩大。“一带一路”建设作为文化交流的媒介，为中国典籍翻译提供了新的契机和平台。《论语》俄语的译介无疑有一定的借鉴意义。

首先，培养目的语翻译人才，满足国家战略和文化“走出去”的需要。中华文化要想真正“走出去”，经典典籍走出国门是第一步，文化“走出去”则需要借助翻译这个媒介，这就需要大量优秀的目的语翻译人才。应抓住“一带一路”的重要机遇，从国家层面进行外语专业的改革发展，切实推进“一带一路”沿线国家主要语种翻译人才的培养。

其次，依靠科技进步，明确文化接受国的需求。在进行典籍翻译工作前，也要做好关于文化接受国的调查研究，明确其文化诉求和国内接受度，合理调整翻译策略和外宣途径，真正做出适合接受国受众和传播效果良好的译作，从而将中国儒学经典典籍更好地推向世界。

最后，深入挖掘中华优秀传统文化，主动融入目的语国家话语体系。随着“一带一路”建设的不断推进和翻译研究的日益深入，中国儒学经典中的特有词汇将直接进入“一带一路”沿线国家各语种体系。不同语言之间的碰撞为中国与“一带一路”沿线国家实现文化交融、互学互鉴提供了机会。中国国际影响力的提升有利于中国争取国际话语权，在一定程度上对国际话语体系产生影响，将中国儒学精神内涵传递到世界各国。

总而言之，中华文化要想真正走出国门，走向世界，仅注重《论语》等经典典籍的译介研究是远远不够的，还要构建全面系统的对外文化传播体系，以“一带一路”建设为契机，更好地推动中华文化走出去，让世界听到中国声音，感受中国故事。

——载于《中国社会科学报》2018 年 8 月 21 日第 3 版
语言学版，与孙苓玉合作

构建外语教育话语体系，增强国家文化软实力

构建人类命运共同体、“一带一路”建设为外语人才培养提出了更高要求。习近平总书记在哲学社会科学工作座谈会上的讲话中指出，发挥我国哲学社会科学作用，要注意加强话语体系建设。作为哲学社会科学的重要支撑，外语学科、外语教育也亟须加强话语体系建设，大力提升学术话语权。

构建外语教育话语体系，应对全球化的需求。全球化时代，以文明为基础的世界正在重构，多极化、多文明的世界不断呈现出文明不断碰撞的局面，文化也被提升至国家软实力的竞争层面。随着文化的碰撞与融合进一步加剧，文化安全、意识形态安全越来越成为关注的热点。语言与文化、语言与意识形态之间有着密不可分的关系，外语学科有着鲜明的意识形态特征，外语教育中面临着本土主流文化、意识形态与价值观受到外来强势文化与意识形态侵蚀的危险。话语即权力，构建中国特色的外语教育话语体系也是树立话语权、对国家文化安全和意识形态安全的积极回应，服务于国家应对国际化、全球化的战略需求。

构建外语教育话语体系是外语学科建设内在意识觉醒的必然。外语学科的属性是思考外语人才培养服务国家战略、国家需求的逻辑起点，外语界一直重视外语学科建设，经过长时期的实践和探索，外语学科正从工具性、应用性向着人文性、创新性转变，外语学科知识不断丰富、完善和拓展，不仅包含中国元素，还在翻译学、比较文学、跨文化研究和区域国别研究等领域不断深化。一方面，进入 21 世纪后短短的十几年间，外语学科不仅进一步深化了学科的内涵与定位，还呈现出多元学科的表征。另一方面，外语人才培养质量还有很多不足，外语学科学术研究的系统性、广度和深度还有很大的提升空间，而新时代构建人类命运共同体又为外语学科的发展赋予了更加丰富的内涵。正是在国家发展战略背景与外语学科现实发展的基础条件之下，构建外语教育话语体系成为外语学科建设内在的“文化自觉”“理论自觉”意识的觉醒。外语教育话语体系建设不仅是为了稳固外语学科自成体系的地位，也是为了提升外语学科的内涵与质量发展，提高相对薄弱的学术话语权，增强在哲学社会科学领域中的影响力。

构建外语教育话语体系对外语人才培养至关重要。外语教育话语是指导思想、价值取向、外语知识、核心理论与概念组成的系统而有效的表达形式，一

定程度上影响到外语专业人才的人生观、世界观与价值观。话语体系建设与人才培养是相辅相成的，话语体系影响人才培养质量，一定程度上也是衡量学科专业影响力的标准，而人才培养质量反过来影响话语的生产力、影响力和传播力。当前，外语人才培养在指导思想、价值取向和培养目标上共识度不强；外语语种教育分布不尽合理；课程体系化建设不足，课程内容的深度和广度有待提高，通识教育课程、跨专业课程与外语教育融合度不高；外语教学偏重知识传授，学生的国际视野、文化自觉、思想深度、思辨能力、跨文化能力、创新能力等都有待提升，外语人才总体的培养质量有待于进一步提高。

外语教育话语体系是建立在一套成熟的外语教育理论基础之上，融合外语教育理念、外语教育价值追求、教育目标、教育内容、教育方法等于一体的有机系统。构建中国特色的外语教育话语体系，需要努力做到以下几方面。

坚持马克思主义指导思想，尤其是以习近平新时代中国特色社会主义思想为根本指导。恩格斯说过，“一个民族要想站在科学的最高峰，就一刻也不能没有理论思维”。任何话语体系都有其政治立场，科学的指导思想是促进学科体系健康发展的根本保障。历史和实践表明，马克思主义深刻揭示了自然界、人类社会和人类思维发展的一般规律，始终是我们党和国家的指导思想，是我们认识世界、把握规律、追求真理、改造世界的强大思想武器。从公开发表的学术研究成果来看，外语学科、外语教育对作为科学指导思想的马克思主义重视不够，坚持不足，发扬不足。中国特色社会主义进入新时代不仅是外语学科的建设背景，更是外语学科建设的战略指南。加强外语教育话语体系建设，要始终坚持马克思主义的认识论和方法论，以习近平新时代中国特色社会主义思想为指导，树立外语学科的学术自信、话语自信。

加强基础理论研究，做好外语学术话语的继承与创新。任何话语建设都不是凭空进行的，都要在之前话语体系建设的基础上进行创新和超越。文化是继承与发展的统一，割裂话语体系也就是在割裂文化。经过长期的实践与发展，外语教育话语体系已经建立了自己的理论、概念，形成了一定的学术话语。长期以来，外语教育理论、学术研究引进了大量的西方概念和理论，这对了解和学习西方理论和话语、开阔视野、丰富学科话语体系建设起到了很大的促进作用。然而，新时代建设性的批判创新是外语教育话语体系建设的本质要求，话语体系的建设是不断丰富和完善的，需要一代又一代人的努力付出。中国特色的外语教育话语体系要求我们必须从对西方理论的“注经”中走出来，在立足于中国实践的基础上，以文化自觉、理论自觉和方法自觉，加强基础理论研究，打造中国独有的新名词、新术语、新概念体系，加强系统性、原创性、自主性的学术研究。

尊重外语教育规律，回归外语教育实践。外语教育话语体系的建设与发展不能脱离其所处的实践阶段。当前，外语学科建设面临着复杂的社会形势，外语人才培养面临着更加多元的目标，既要满足国家战略需求，也要符合经济社会需求以及学生个人发展需求，各式各样的评估排名和以社会服务形式出现的外来诱惑，正在严峻考验着外语界对外语教育教学规律的坚守和尊重。外语教育话语体系的构建既要根植于全球化的社会背景之中，又要始终从变化着的中国社会实践出发，深入研究“外语专业为谁培养人才”“培养什么样的外语专业人才”“怎样培养外语专业人才”三个根本问题，将理论联系于外语教育现实的逻辑，从具体的中国实践中发现新问题，提出新观点，打造出具有原创性、标识性的新概念、新范畴、新理论，力求避免话语的拼盘化、碎片化和孤立化，加强话语建设的贯通性、完整性、体系化。讲好外语教育的“中国故事”，构建中国特色的外语学科体系、学术体系、话语体系，这是争取和壮大外语教育话语权的必由之路。

外语教育话语体系是国家软实力的重要组成部分。然而，相较于目前我国外语教育和外语学科的蓬勃发展之势，外语教育话语体系的建设尚不能与之匹配，还处在落后的境地。构建符合教育规律、具有中国特色的外语教育话语体系是一项系统工程，涉及思想理念、学科体系、学术体系、人才培养体系、国际交流和学者素质等，需要政府主管部门、各相关高校、外语界专家学者的通力合作，从外语教育总体发展的战略高度做出长远规划，面向国际、面向未来，超越本土、超越国际，融通国家对外话语体系建设，体现出中国智慧、中国视角、中国声音，从而推动我国外语教育、外语学科建设进入一个新阶段，为实现中华民族伟大复兴、构建人类命运共同体做出应有的贡献。

——载于《中国社会科学报》2018 年 9 月 6 日第 4 版教育学版，
与胡波合作

《孙子兵法》在英语世界的译介

2 500 多年来，《孙子兵法》在世界各地广为流传。截至 2014 年，已有英、俄、日、法、德、西等 40 多种外文译本问世，其中应用最为广泛、影响最为深远的当属《孙子兵法》的英译本。

译介历程的四个时期

受地理环境、历史背景等因素的影响，《孙子兵法》最先传入的国家是日本，而其英译的历程一直到近代才得以开启，大致可以分为四个时期。

萌芽期：20 世纪初期。1905 年，由英国皇家野炮兵上尉卡尔斯・罗普翻译的首部英文版《孙子兵法》在日本东京出版，开创了《孙子兵法》英译的先河。罗普的译本是在日文译本“十三篇”的基础上二度翻译得来，所以不管是准确度还是完整度都有缺失，在风格上也偏向于“日式”。1908 年，在吸取前作经验教训之后，罗普以《孙子兵法》的中文版本为原本对其进行了二次翻译，并将其命名为《兵书——远东兵学经典》。纵览全书，这部译作没有过多“日式风格”，并且增加了吴起兵法和英文索引，相较前作内容更加丰富。但由于语言和理解的障碍，罗普的译作仍有不少错误之处，所以不能算是成功的译作。

1910 年，英国汉学家和翻译家翟林奈选择以清代《孙子十家注》为原本对其进行英译，书名为《孙子兵法——世界最古老的军事著作》。翟林奈的译本行文流畅，逻辑严谨，且比较准确地传递出原作的兵学理论和哲学思想，因而被后人奉为《孙子兵法》的经典译作，对促进《孙子兵法》在英语世界的广泛传播有不容忽视的作用。

发展期：20 世纪 40 年代至 70 年代。这是《孙子兵法》英译历程的快速发展期，先后共有 6 个英译本问世。第一部是由马切尔・考克斯于 1943 年出版的《孙子的战争原理》。跟随其后的是 1944 年萨德勒的英译本。由于质量欠佳，这两部作品并没有引起太大的反响。1945 年，郑麐翻译的名为《孙子兵法——约写成于公元前 510 年的军事指南》在重庆发表，这也是第一部由中国人自行翻译的《孙子兵法》，对促进中西方文化交流具有重大意义。1963 年，葛振先翻译的《孙子兵法》在台湾出版。同年，塞缪尔・格里菲思的《孙子的战争艺术》在伦敦、牛津、纽约发售。格里菲思本身有着良好的汉语功底，且对《孙子兵法》

有着透彻的研究，所以他的译本拥有极高的完整度，一经发行就获得了极高的赞誉。《孙子的战争艺术》在当年还被联合国教科文组织纳入“中国代表作丛书”，并成为后来转译他国文字最多的英译本，多次出版发行，是影响最为深远的《孙子兵法》英译本。1969 年，唐文长编译的《孙子重编：中英对照本》发表，这是第二部由中国人译著的《孙子兵法》英译本。

繁荣期：20 世纪 70 年代初至 90 年代中期。1972 年尼克松访华开启了中美两国关系改善和发展的新纪元。中美交流的增多使得《孙子兵法》的英译进入繁荣阶段，无论是研究人员、研究领域还是研究成果都有重大突破。1981 年，美籍英国作家詹姆斯·克拉维尔重新编辑出版了翟译本，鉴于其对《孙子兵法》颇具人文色彩的通俗解释和精心编辑，使得该书一经问世即成为发行最为广泛的《孙子兵法》普及读物。1987 年，纽约斯特林出版公司出版了陶汉章将军所著的《孙子兵法概论》英译本《孙子战争艺术》，被列为“20 世纪 80 年代最为畅销的军事理论书籍”之一。1993 年共有三部《孙子兵法》英译本问世。第一部是汉学家罗杰·埃姆斯（中文名为安乐哲）以我国西汉年间简本《孙子》为原本翻译，出版时名为《孙子兵法：第一个含有银雀山新发现竹简本的英译本》。值得一提的是，该译本是最早以汉简为原本进行翻译的译作之一。第二本是拉夫尔·索耶尔出版的《古代中国的七部军事经典》，该书的原本是《五经七书》，《孙子兵法》是其中一章。第三部是 J. H.黄翻译的《孙子兵法新译》。

鼎盛期：20 世纪 90 年代中期迄今。20 世纪 90 年代后，《孙子兵法》的英译达到高潮，除了传统意义上的文本翻译，人们还将其与军事领域之外的其他领域结合，用以指导人们的生活实践。这个时期比较重要的译作有这样几部：第一部是 1999 年加里·加利亚尔迪译著的《兵法：孙子之言》，因其译文之流畅、语言之精美，自出版后便成为各大网站的畅销书，并在 2003 年获得“独立出版商多元文化非小说类图书奖”。第二部是 2002 年著名汉学家约翰·闵福德出版的《孙子兵法》译作，由于其多年研究中国文化，所以这部译作很大程度上做到了忠实于原文。第三部是 2002 年由美国丹玛翻译小组出版的《孙子兵法》英译本，他们在翻译过程中力求保存原文的韵律格调。为弥补其内容上的缺失，他们还在文后附上注释汇总以方便读者理解。此后，汉学家梅维恒、作家卡伦·麦克里迪等人也相继出版了其作品。

译介特点受时代影响

《孙子兵法》的英译历程跨越一个多世纪，从最开始鲜为人知到现在享誉海外，其翻译和传播历程呈现出鲜明的时代特点，具体表现在译介主体、译介目的、译介内容、译介效果和译介方法方面。

译介主体由单一走向多元。美国军官以及汉学家是早期翻译《孙子兵法》的主要力量。20世纪40年代至70年代，《孙子兵法》的英译迎来小高潮，除了美国本土的军事将领和汉学家，一部分华人译者也参与《孙子兵法》的译介过程，如郑麐、葛振先等人。此后，华人学者一直是推进《孙子兵法》对外传播的重要力量之一。70年代后，中美关系缓和促进了《孙子兵法》在美国的传播，作家如詹姆斯·克拉维尔以及一些专家学者也纷纷出版其译作。到21世纪，人们开始不断挖掘分析《孙子兵法》的当代价值，一部分探讨《孙子兵法》在非军事领域应用的著作开始进入人们的视野，译者的身份也愈发多样，多人共译或不同领域人才合作翻译的现象不断出现。

译介目的因译者而异。不同的译者翻译同一作品想实现的目的各不相同。罗普发现《孙子兵法》在日俄战争中对日作战的指导作用，遂决定将其引进西方。翟林奈决定翻译《孙子兵法》，一是源于对中国文化本身的热爱，二是他认为罗普的译文有不少不足之处。格里菲思多年研究反游击战的战略方针，为此他对毛泽东的游击战理论做过深入研究，并发现其思想就来源于《孙子兵法》。又如托马斯·克里利在1988年出版的译作对《孙子兵法》与中国道家的关系做出了探讨，目的是传达其背后的哲学思想。克里利一直热衷研究中国古代佛学和哲学，并陆续翻译了多部禅宗经典，他强调《孙子兵法》是一部具有“丰富人文内涵”的书籍，认为其不仅是一部军事著作，还是一部哲学书籍，因而他在书中也就对《孙子兵法》背后的哲学内涵做了诸多探讨。

译介内容各有特色却大同小异。尽管译者选择的原本各有千秋，但它们大多都可以归属《十家注》系统、《武经七书》本系统以及竹简本三大类，同一系统下的版本遣词造句上或相差万里，但内容大致相当，因而大同小异。

译介效果与大国关系和时代诉求相关。《孙子兵法》的几次翻译热潮都同当时的政治环境密不可分。“二战”结束后不久，美苏争霸期间，美国先后发动了朝鲜战争和越南战争，但这两次战争都以美国失败而告终。战败的现实迫使美国人思考其军事理论的局限性。在当时，美国总统尼克松、美国著名战略理论家约翰·柯林斯等人分别引用《孙子兵法》分析战败原因，一股“孙子热潮”随之而来。塞缪尔·格里菲思的《孙子的战争艺术》是这一时期著名的译作。此后，中美交流的增多推动了《孙子兵法》在英语世界的传播。进入21世纪，和平与发展成为时代的主题，随着西方世界对《孙子兵法》的解读、研究和应用逐步深入，人们不仅关注其军事价值，还将目光投向其背后蕴藏的哲学道理，很多《孙子兵法》与其他领域相结合的译著应运而生。

译介方法由“归化”转向“异化”。随着时代的发展，国外的译者逐渐意识到凸显译文“中国”风味，并最大程度再现原文审美特质和文化意蕴的重要性，所以翻译的策略也逐渐从“归化”转向“异化”。最显著的例子是丹玛翻译小组的《孙子兵法》译本。在翻译时，作者采取逐字直译的策略，在语言风格上也尽力再现原文风格。正如序言中作者所言，其目的是希望通过这种方式让读者在反复诵读之中将声、形、意都引入脑海，体会原文的优美绵长。简而言之，由“归化”向“异化”的转变体现出译者思想的变化，但不管出于何种目的，译者如何在保证可读性的前提下，使读者能够最大限度体会原文的文化精髓和文本特征是他们在翻译时应该考虑的重点。

——载于《中国社会科学报》2018 年 9 月 26 日第 8 版
语言学版，与唐瑭合作

语言战略在美国国家安全中的作用与启示

外语是国家的重要战略资源。语言战略以国家安全和国家发展为目标，以促进国家利益为价值取向。国家语言能力是指一个国家掌握利用语言资源（主要外语资源）、提供语言服务、处理语言问题、发展语言及相关事业等方面能力的总和。国家语言能力关乎国家安全。一方面，语言作为软实力能够成为沟通各国文化的桥梁，具有提升国家形象和国际地位的作用；另一方面，语言也是一种战略资源，成为了解他国文化和战略的基础，是国家安全的重要保障。

美国过去半个世纪以来实施的语言战略都是针对关键历史时期的具体国家安全问题，始终体现“国家安全高于一切”的主题。学者普遍认为，到目前为止，还没有哪个国家能像美国这样把语言战略与国家安全结合得如此紧密。随着国际竞争的日趋激烈，作为世界经济贸易大国，我国也会面临着经济全球化、社会信息化带来的一系列挑战，国家语言（外语）能力的提升已经成为新形势下我国面对挑战，维护国家政治、经济、文化和军事安全的紧迫任务。

外语教育政策要维护国家核心利益

美国外语教育政策是不同历史时期多元文化作用和影响的结果，是对美国当时所处形势的战略性回应，美国国家外语教育政策不仅着眼于当前的国家安全，而且还着眼于未来的全球化竞争，尤其是近十年外语教育政策的出台与风云变幻的国际军事、政治和经济局势紧密相关。最初，美国国家语言会议发表了《国家外语能力行动倡议》白皮书。该倡议书首次提出了“关键语言”的概念，号召美国公民学习与国家安全密切相关的“关键语言”，以适应反恐战争的需要。2005 年，美国国防部颁布了《国防语言变革路线图》，对增强美国国防外语能力以应对防恐、反恐等非常规战争提出了较为全面、详细的规划，这是美国里程碑式的军事外语战略之一。2006 年，美国国务院、教育部和国防部联合召开美国大学校长国际教育峰会，时任总统布什在大会上宣布正式启动以国家安全为直接目标的《国家安全语言计划》。该计划致力于加强美国教育体系中从幼儿园到大学教育阶段的外语教学和人才培养，以大幅增加关键语言（如阿拉伯语、汉语、俄语、印地语和波斯语等）的学习人数，增加精通关键语言的高级外语人才和外语教师的数量，丰富外语教学资源。《国家安全语言计划》在2007年和2008年分别获得了1.14亿美元和2.66亿美元的财政拨款，资助以国家安全为目标的“国家旗舰语言项目”。这是“9·11”事件之后美国出于国家安全和繁荣的考虑对外语教育政策做出的重大调整。此外，为解决反恐战争带来的军事外语人才紧缺问题，美国国防部又于2011年颁布了《国防部语言技能、区域知识、文化能力战略规划：2011—2016》。这一文件与2005年颁布的《国防语言变革路线图》是迄今为止美国军方颁布的两个最重要的外语战略文件。两个文件对美军的外语教育内容进行了明确界定，并对军队外语能力测评提出了要求。

自2009年以来，国际安全形势复杂多样，也对我国的国家安全形势带来一定风险。从维护国家安全的角度，根据中国地缘政治特点，规划出符合我国实际的关键外语以及关键外语人才的培养方案至关重要。目前我国究竟需要设置多少语种才能满足国家现代化建设以及维护国家安全，关系到国家安全的关键语种有哪些，全国哪些部门和行业需要什么样的外语人才等问题值得进一步思考和科学规划。此外，加强军队外语教育和人才的培养，对“关键语种”进行规划，尽快推进国防外语教育立法，提升官兵外语水平。

成立统筹协调机构 推进外语教育改革

2007年，美国国家科学院发布了《国际教育和外语：保卫美国未来的关键》。同年，现代语言协会发布了报告《外语与高等教育：为变革世界的新构建》。这一报告是指导美国高校外语教育变革的纲领性文件，提出了变革的思路和一揽子变革策略与方案，其核心就是整合和创新外语教育。2009年，美国国会通过《高等教育机会法》。这项法案增加了“关键外语”与地区研究领域的奖学金和助学金，为高校学生提供更多出国学习语言和文化的经费，同时增设管理国际和外语教育的副助理部长以协调联邦政府的各种国际和外语教育项目，推动外语教育发展。同年5月，《国家外语协调法案》提出，美国应该建立全国统一的国家外语协调委员会，设立国家语言主任，统一协调教育部、国防部、国务院、国内安全部等部门的外语政策。这一法案使美国政府在教育政策、教育经费投入、教师待遇和教育国际交流等方面向外语教育倾斜，给予外语教育前所未有的资助和扶持，高校外语教育变革也随之启动。

长期以来，我国的外语教育管理机构互不隶属，一直没有一个全国性的统筹协调机构进行外语教育规划。为使外语教育更加高效，国家可成立类似美国“国家外语中心”这样的机构，以便全面统筹全国外语教育管理。例如，可以制定一个涵盖小学、初中、高中直至大学外语教学一条龙式的国家外语教育体系。

外语基础教育和高等教育要在教学目标、教学方式、教学内容、教学要求等方面整体衔接，避免各阶段出现脱节或重复现象，提高外语教育效率，尽最大可能克服外语教育低效难题。教育主管部门还要对不同层次的外语教育质量制定相应的评估标准，以保障外语教育质量的稳步提升。

全面布局非通用语种

“9·11”事件之前美国的外语教育主要以欧洲语言为主，“9·11”事件后，美国政府基于国家安全出台的外语政策，增强了美国人学习外语的意识，优化了语种结构。据美国现代语言协会 2006 年统计，美国大学和中学学习汉语的人数比 2001 年增长了 52%，学习阿拉伯语的人数增长了 127%。学习汉语和阿拉伯语的人数分别排名第七和第十。教授的小语种数量也从 1998 年的 137 种，增加到 2009 年的 217 种。

语言人才是国际化人才不可或缺的重要组成部分。“一带一路”建设、北京 2022 年冬奥会的举办都需要大量的外语人才，特别是非通用语人才。目前，我国外语人才培养存在部分大语种盲目和重复建设，而非通用语种人才缺失的问题。美国的外语语种数量接近 400 种，其中目前教授的外语语种多达 200 多种。与美国相比，我国没有操着不同外语的移民人群，只有 30 多种民族语言，可以说我国外语教育先天不足。就可教授的外语而言，我国外语院校目前能够教授的也只有 50 多种。因此，在语种结构上，我国要合理规划各语种规模，提高“关键语种”的招生比重，专业外语院校可加大引进“关键语种”外教力度，增加可教授语种的数量。同时根据区域特点，发挥地域优势，充分挖掘边疆地区所拥有的跨境语言优势，改变目前语种比例失衡现状，形成符合国家战略利益的语种与外语人才结构。

总之，随着中国的发展，中国参与国际事务以及在国际舞台扮演的角色越来越重要。国家的语言能力建设势必先行，因为未来的经济强国、政治大国必定是一个具有语言竞争力的强国。

——载于《中国社会科学报》2018 年 10 月 22 日第 7 版域外版

发展中国特色翻译学，唱响新时代中国声音

翻译学科建设肇始于 1987 年全国翻译理论研讨会。过去的 30 多年间，翻译学科在争议与矛盾中呈现出蓬勃发展之势，翻译学界整体呈现出学科自觉、理论自觉，翻译学术研究队伍不断壮大，学术研究空间不断拓展，翻译人才培养取得了良好的成绩，翻译学科的社会认可度逐步提升，中国翻译学者的国际影响力逐步增强。经济全球化、世界多极化不仅为翻译提供了广阔的发展前景，也为其赋予了更加宏大的使命。翻译是推动人类文化进步的重要力量，中国特色社会主义进入新时代的历史方位也为我国的翻译学研究提出了更高的要求：不仅要关注翻译理论与实践问题，也要主动肩负服务国家战略的重任。新时代背景下，翻译学研究要确立“三新”意识，立足中国，放眼世界，从宏观、中观和微观三个层次，系统化推进翻译学研究向着更高的目标发展。

新担当：服务国家战略，参与全球治理

新时代的翻译研究与实践不只是为实现不同文化之间的沟通和交流架起一座“桥梁”，也不仅在为社会发展、经济建设、保护文化多样性服务，广大的翻译人员正在通过自己的工作直接或者间接参与全球治理。

中国已经成为世界第二大经济体，在国际社会扮演着越来越重要的角色，承担起越来越重要的责任，然而，中国的国际话语权却与经济发展尚不相称。党的十九大报告提出：“推进国际传播能力建设，讲好中国故事，展现真实、立体、全面的中国，提高国家文化软实力。”讲好中国故事，传播好中国声音，就是一个话语主动建构的过程，通过阐释中国立场和中国经验与贡献中国智慧和中国方案，推动全球治理体系深刻调整，朝着构建人类命运共同体的方向发展。要清除不同文化的藩篱、不同语言带来的误解，就必须实现话语在不同文化环境之间的自由转换，翻译的重要性不言而喻。

中国参与全球治理尚处于初级阶段，还面临着诸多方面的限制与瓶颈，而人才问题则是关键性问题。参与全球治理需要一大批熟悉党和国家方针政策，了解我国国情，具有全球视野，熟练运用外语，通晓国际规则，精通国际谈判的专业人才。毋庸置疑，国家实施全方位“走出去”战略，对翻译人才培养提

出了更高的要求。翻译学科建设要从增强国家文化软实力和提升国际传播能力、国际影响力的战略高度出发，把复合型、专业型翻译人才的培养和提高翻译能力作为一项长期、系统、战略性的工作，从学科设置、资源配置、翻译事业和翻译产业规划与管理、翻译水平评价体系等诸多方面进行统筹规划和科学布局，而翻译学研究也要具有超越学科的开放性，具备国际性的宽阔视野，以国家战略为创新的强劲动力，主动承担起新时代发展赋予的社会责任和历史使命。

新追求：推进译学体系化，提升国际话语权

任何一门学科的形成和确立都要经过学术界的认可，而稳固其学科地位，享有充分的话语权，既需要有核心的理论体系和实践成果，也需要有保证其持续发展的外部条件。经过几十年的建设与发展，翻译学科建立了行业协会团体，拥有专业的学术期刊，在高等教育体系内部有专门的系科、研究所、教授、研究生等。虽然外部条件一派繁荣，但是，羽翼未丰的翻译学科内部仍然有很多问题。

一方面，过去的30多年，西方翻译理论纷至沓来，国内翻译界加快了追赶国际翻译学界的步伐。这场大规模的“理论补课”大大缩小了国内在学术研究上与国外的差距，启发了国内学者进行译学研究的思维，赢得了与国外同行对话和交流的机会，提升了我国翻译界的学术话语权。但是，学术话语的形成都是立足于特定的文化场域、思维结构与本土实践的基础之上，一些国外理论在译介的过程中也出现了水土不服，甚至停滞不前的尴尬，而学界对我国传统译论的研究缺乏系统性和传承性，中国特色翻译理论的创新与发展还处于初始阶段。

另一方面，“泛译学学科化”的倾向虽然不断拓宽翻译研究的疆界，使得翻译学与社会学、心理学、哲学、传播学、政治学、经济学、管理学等学科之间相互渗透，却造成了翻译研究中“学”与“术”的彻底分野——“学”强势扩张，“术”相对萎缩，翻译学科的独立性、边缘化问题不断困扰着翻译学界，翻译学科“自成体系”的夙愿正经受着其他学科的挤压和翻译内部喧嚣之阵痛。

话语是一种权力结构，翻译理论研究是一种话语构建，唯有自成逻辑体系的话语建设才能体现出学科的内在张力和外部影响力。中国传统译学与国外翻译研究属于不同的话语系统。新时代背景下，中国翻译学研究要树立文化自信、理论自信、话语自信，进一步廓清翻译学科的边缘与界限，回归翻译学的本体认知与研究。兼容并包，充分吸收和借鉴国外翻译理论的有益成果，熟悉国际主流的翻译话语，批判性地继承中国文化传统、哲学传统，进一步丰富和完善

前人的研究成果。理顺现有译学研究与话语建设的逻辑关系，实现“秉承中国译学传统、借鉴西方研究成果、总结中国翻译实践”三个维度的多元融合，从而产生出原创性、本土化、体系化的研究成果，建立自己的现代性知识话语体系，搭建起与国外学者平等对话交流的平台，真正走出“学术失语”的困境。

新作为：立足中国翻译实践，创建协同创新合作机制

中国翻译实践是中国特色翻译学研究的源头活水。中国的翻译学研究要形成具有自己特色的发展道路，必须扎根于中国大地，有效解决中国翻译实践中的重大现实问题。主观上忽略解释和解决实践中出现的新现象和新问题，所谓的“体系化”构建将失去应有的学术内涵价值，剩下的只是空头的概念与理论躯壳。

翻译实践活动随着社会需求而变化。新时代的翻译实践中旧有的矛盾并未消解，而新涌现的问题也应接不暇。随着“一带一路”倡议的深入推进，翻译实践正从传统的文学翻译向新兴的应用型翻译大规模拓展、延伸，但文学翻译与非文学翻译之间的区隔依旧存在。工作量巨大、主题广泛、语种繁多、时间紧迫是全球化时代翻译的常态，大数据、人工智能、云计算等技术的发展，翻译业态的变化，工作方式与情境的变革，越来越快速地改变着中国翻译行业的现状。职业化、产业化、信息化带来的翻译实践的变化，正在考验着翻译理论的根基与价值……当然，各个领域的翻译实践都是翻译自成体系建设之“源”，本土翻译，中国实践中所遭遇的新问题、新情况，不仅为翻译体系化的构建带来了挑战，也为翻译的学术研究带来更多创新的机遇，中国的翻译学研究更应该脚踏实地，胸怀理想，直面问题，在提升理论水平和服务实践需要方面下更大的功夫。

翻译学科内部，理论与实践脱节的现象由来已久。要融通两者，就要打破学术“象牙塔”与政府实务部门、翻译机构、企业之间的界限，探索学术机构体制机制改革的新思路，构建学科、政府、企业、市场要素互动的新模式，建立起协同创新的合作机制。翻译学研究要对接国家发展战略，就应该重视国际化协同和跨行业合作，提高人才培育的国际化水平，提升学术成果的运用水平与实际成效。翻译学研究要服务地方发展战略，就应该加强校企协同机制建设，搭建校企联合创新平台，共建研究中心、创新基地、社会实践基地等，实现学术研究成果的本地化转化。积极开展区域经济合作与发展的国际性论坛，加强国际合作与交流，促进优质合作项目在区域、本地落地生根。实现校企双方互惠互利，共同发展。新时代要立足于中国实践，通过体制机制的变革与创新，

全方位，综合化开展学术研究、人才培养、国际交流、社会服务等，推进翻译学理论体系与人才培养创新模式的逐步形成。

新担当、新追求、新作为是中国特色翻译学研究的三个不同但相互关联的层次。唱响新时代的“中国声音”，正是中华文化和当代中国翻译学科获得现代性发展的内在要求，也是克服几十年来束缚中国翻译学术思想发展的“译学挪用”思维惯性的现实途径。新时代的发展进程为中国特色翻译学研究提供了良好的机遇和条件，翻译学者需要和全国广大哲学社会科学工作者一起，自觉努力，潜心研究，以“立足中国、借鉴国外，挖掘历史、把握当代，关怀人类、面向未来”的思路，谋求自身的理论发展，在服务国家战略需求、推进学术体系化以及追求学术自身价值之间保持良性的平衡。

——载于《中国社会科学报》2018年10月23日第3版语言学版，与胡波合作

创新“一带一路”翻译人才培养模式

当前，高素质、复合型翻译人才匮乏是我国“一带一路”建设面临的一大瓶颈。

在“一带一路”倡议如火如荼开展的新形势下，我国对翻译人才的需求呈现出新的特征，对翻译人才的质量也提出了更高要求，高校必须以“一带一路”需求为导向，创新翻译人才培养模式，积极培养双复型、应用型、非通用语和高端中译外翻译人才，助推“一带一路”倡议落地生根。

从“一专多能”到“多专多能”

当前，培养能助力“一带一路”发展，顺应市场需求的双复型、应用型、非通用语、高端中译外翻译人才是大势所趋。

一是双复型翻译人才。推动“一带一路”建设，国家要加强双复型翻译人才培养。双复型翻译人才，即“复合型”翻译人才和“复语型”翻译人才，前者是指具备“外语+专业”能力的综合性人才，后者是指掌握两门外语的多语种翻译人才。

我国传统意义上的翻译教学注重提升学生的双语转换能力和跨语言沟通能力，教授的课程也大多限制在本专业框架内，这种培养模式下的学生往往是“一专一能”，少数能达到“一专多能”的水准。随着时代的不断发展，企业选拔优秀人才的标准逐步从“一专多能”转向“多专多能”，尤其是在“一带一路”倡议落地实施后，这类通晓多种领域知识的高素质综合性人才备受企业青睐。具体到对翻译人才的要求，这表示学生要掌握除外语外的其他学科，如经贸、旅游、电商、法学等专业知识，成为具备“外语+专业”能力的复合型翻译人才。

“一带一路”建设中的各类对外交流活动往往涉及多个参与者，这时的语言服务需求就不单纯局限在两门语言的互译，而会牵涉多门外语的互相转换，能同时掌握多门语言的复语型人才也就成为企业争抢的重点对象。

二是应用型翻译人才。“一带一路”建设为基础设施产业链、交通运输行业与物流领域、能源领域、金融领域四大领域提供了巨大的发展空间，它们都是现代翻译服务的主要对象，需要应用型翻译人才做支撑。应用型翻译人才是指具有足够的翻译基础和专业素养且能将翻译技巧应用于具体翻译实践的人才，从某种程度上也就是市场导向型人才，这意味着笔译人员要能胜任如政府文件、商业信函、法律文书、科技材料等实用性文本的翻译，口译人员要能承担类似商务口译、外事接待等的口译任务。但长期以来，我国翻译教育存在两个弊端，第一，强调翻译理论和翻译技巧的传授，对学生实践能力的培养重视不够，这导致学生无法在翻译时做到学以致用；第二，翻译内容设置文学翻译和非文学文本翻译分配不均，前者比例大于后者，人才培养与市场需求有脱节。为有效推进"一带一路"的实施，高校必须在人才培养上做出改进，以向社会输送合格的应用型翻译人才。

三是非通用语翻译人才。非通用语翻译人才是我国"一带一路"建设中的核心外语人才。只有搭建起彼此沟通的桥梁，才可能谈及国家间的经贸合作、政治互信、文化传播。尽管各国可以借助英语作为与他国沟通交流的工具，但要真正通情达意，达成共识必须使用对方国家的语言。"一带一路"横跨亚洲、东达欧洲、辐射非洲，共覆盖 60 多个国家和地区，涉及官方语言和国家通用语 50 多种。尽管自 2013 年起我国高校着力增设"一带一路"沿线国家语言，但截至 2017 年底仍有 11 种语言尚未开设，亟待国家加大教育投资力度，填补人才空缺。此外，就已开设的语言专业而言，它们也还面临师资力量薄弱、培养体系不完备的窘境，所以培养出来的非通用语人才也并不能完全满足市场需求。

四是高端中译外翻译人才。"一带一路"建设打开中国同世界交流的新大门，中国企业沿着这条财富之路不断"走出去"，中华文化也顺着这条文化传播之路走向世界，中国以前所未有的姿态展现在各国面前。要想向世界传播更多中国的声音，讲好中国的故事，我国需要更多高端的中译外翻译人才。经典中国国际出版工程、丝路书香工程是我国"一带一路"建设的重点翻译项目等，其意义在于向世界展现更多中国的经典文学作品，宣传中国的优秀文化以提升中国的文化软实力，扩大中国在国际上的话语权，而这些都需要高水平的中译外人才来实现。与"普通"的中译外人才不同，"一带一路"建设呼吁"高端"中译外人才建设，这类人才必须要有深厚的双语功底，既通晓历史，又与时俱进，既精通中华文化和中国流行的治政理念，又熟悉外国读者的思维方式、了解世界各国国情。高端中译外人才是中国走向世界的重要推手，"一带一路"建设迫切需要他们的加入。

构建产教学三位一体培养体系

“一带一路”建设对我国翻译人才的能力提出了新要求，也为我国高校的人才培养指引了新方向。我国高校要把握住这个战略机遇，以服务“一带一路”建设为出发点和落脚点，努力承担向“一带一路”建设输送优秀翻译人才的重大使命。

首先，加强高校课程教学改革。当前我国高校的翻译课程设置和翻译教学存在不足，导致我国的翻译人才培养滞后于社会经济发展需求。要想培养符合市场要求的翻译人才，推进“一带一路”建设实施，高校要审视自身，完善现有的翻译人才培养方案，加强课程教学改革，着力培养复合型、复语型和中译外人才。

其次，深化校企联合，通过加强校企联合提升学生的实践能力。当前，我国部分高校的翻译人才培养仍拘泥于课堂教学，一旦学生迈入社会接触到真正的翻译场合，他们往往会因为应用实践能力弱而遭到淘汰。一个高水平的翻译人才一定是实践能力强的应用型人才，因此，高校的翻译教学体系一定要突出学生实践能力的培养，培养途径之一就是建立校外实习基地，通过加强校企联合提升学生的实践能力。校企联合的优势在于：第一，学校可以以市场为导向，“定制”培养高素质的语言服务人才以满足翻译市场需求；第二，学生可以通过不同形式的翻译实践提升自身专业素质，为步入社会做好准备；第三，企业可以借助学校平台，选拔优秀翻译人才服务企业，助力“一带一路”建设。高校翻译人才的培养要充分加强学校同企业的合作，如此可以促进翻译专业人才培养模式改革，巩固完善产学教三位一体的人才培养体系。

最后，强化校内合作、校校合作。完善翻译教学体系，高校首先要强化校内合作以促进学校间的教育资源流动，实现不同学校之间的优势互补。“一带一路”建设急需培养复合型翻译人才，要求学生掌握除本专业外的外专业知识，所以高校各学院之间要互相助力，要形成联合培养人才的意识，共享优秀教师资源。外语学院要依靠其他学院培养学生的专业能力，其他学院也可以借助外语学院提升本专业学生的外语素养，实现复合型人才的培养目标。

此外，高校也要注重校际合作，提升办学能力。一要加强国内校际合作，各高校要互派教师交流推进教师队伍建设，互相借鉴人才培养经验并探索和创新翻译人才培养模式。二应注重同国外院校的合作，要组织教师到国外进修，学习国外先进的翻译教学理念和人才培养经验，提升学校国际化办学能力；要建立学生互派交流机制，通过交换生和留学生项目选拔优秀学生到国外学习，拓宽学生国际视野，提升学生外语能力。

综上，各大高校应做好“一带一路”建设对接任务，调整人才培养模式，通过加强翻译课程改革，强化校企联合、院际和校际合作等方式完善人才培养体系，充实我国战略人才储备，保障“一带一路”倡议的顺利实施。

——载于《中国社会科学报》2018 年 11 月 15 日第 4 版国际月刊版，与唐塘合作

美国教育“平权”：道阻且长

近来，“哈佛大学招生歧视亚裔案”引起社会各界的普遍关注。作为一所在国际上拥有广泛影响力和崇高学术地位的高校，哈佛大学近年来被频繁指出在招生环节中存在种族歧视现象。

“大学生公平录取”组织认为，在录取学生时，哈佛大学倾向于录取白人、非裔和拉丁裔考生，却使用过于主观的“个人评级”来拒绝学业成绩更好、更加符合条件的亚裔考生。虽然哈佛大学矢口否认招生过程存在种族歧视，然而不可否认的是，亚裔学生在录取结果中受到了不平等对待。

随着亚裔美国人数量的飞速增长，亚裔群体的凝聚力不断增强，“哈佛大学招生歧视亚裔案”成为一个在亚裔美国人追求平等的道路上具有里程碑意义的事件。

亚裔之伤：歧视“对象”，歧视“牺牲品”

美国社会对亚裔始终带有刻板印象。二十世纪二三十年代，虽然大批华裔第二代成长起来，但他们在学校仍然是受到歧视的“对象”，甚至与拉美以及非裔一同被视作异类，华人一度被打上“愚钝”“木讷”等标签。“二战”之后，以黑人为代表的少数族裔争取平等权利运动的声势渐大，“平权法案”终于在1964 年正式签署。面对日益严重的种族冲突和美国联邦政府的支持态度，美国各所大学开始招收更多少数族裔的学生，歧视“对象”境遇初显好转。

然而，从 20 世纪 80 年代开始，哈佛大学等名校录取亚裔学生的比例却出现了不增反减的趋势。亚裔经过长期的努力，许多人跻身移民精英行列，由此被称为美国的“模范少数民族”，而这种头衔使得地方政府拒绝亚裔美国人享受对少数族裔的照顾计划，一些高校也以亚裔学生自身资源良好无须“关照”为由，降低了亚裔申请人的录取率。

如今，亚裔移民的人口数量居高不下，亚裔在社会各领域中也已取得了骄人的成绩。虽然我们能够看到亚裔美国人的社会地位比最初时的“卑微屈膝”早已有了显著提升，但是，与其他少数族裔相比，亚裔在美国的社会地位仍处于较低的位置。曾有人指出，“一个族裔在美国的地位，更多是由这个族裔的精英决定的，不是由这个族裔的整体平均收入决定的”，出于历史和政治等层面的原因，亚裔在政界、媒体界以及其他主流领域拥有较少的话语权，因此，美国社会对亚裔的轻视也不仅仅停留在“历史遗留问题”，还进一步延伸到了当今社会。

距今，美国已然推行了数十年的“平权法案”，政策初衷是帮助少数族裔争取教育和就业的平等机会，美国亚裔曾是“平权法案”的受益者，并借此机会敲开了美国高等院校的大门。然而，当种族政治图景和势力发生变化时，“平权运动”带来的照顾性政策却成为削减和控制亚裔学生入学人数的借口，亚裔俨然成为“平权运动”的“牺牲品”。

追求“平权”：道阻且长，行则将至

“平权法案”是美国出于道德正当性提出的一项以种族和肤色为基础的政策，由于历史上对少数族裔的歧视而受到道德上的谴责，美国采取了相关举措来减轻内在的负罪感。但是，“平权法案”作为一种补偿正义的手段，表面平等、实则歧视，更有甚者，它所带来的歧视也许并非局限于亚裔群体，同时也波及其他少数族裔。因此，要实现美国社会真正的教育“平权”，还有很长的路要走。

首先，社会要提高少数族裔的自身竞争力，从强调对少数族裔群体的保护转向强调公民个人的平等权。他们之所以会受到特殊关照，是因为他们被看作是教育的劣势方。要让少数族裔能够从基础教育开始就与社会的主流群体处在“同一起跑线”，不仅仅是在大学招生时才为他们提供一个较好的教育资源平台，而应该注重顶层设计，在教育政策的制定和教育资源的分配时就进行适当调整，侧重于提高少数族裔的自身实力，将其摆在与主流群体同等的位置上，证明其自我价值所在。这样既能够使少数族裔不会认为自己仅因肤色而得到承认，学生之间也能冲破种族界限，融为一体。

其次，高校要致力于创造一个新的教育环境。哈佛大学一直坚称学校的做法是出于种族多元化的考量，并非种族歧视的表现，但是，学校的多样化不在于少数族裔学生人数的多少，而在于一个学校能成为来自各种族的学生相互学习交流的平台。学校可以运用各种方式鼓励不同种族学生之间的交流和互动，如各种族人才联合培养，多种族关系新型智库建设等。通过这些活动，学生能够找寻到人与人之间的共同点，有利于打破种族隔阂，促进彼此间的沟通与合作。

最后，“平权法案”要赋予新的时代内涵。“平权法案”不可能在短期内就被宣布废除，相反，在未来很长一段时间内，它可能会继续作为美国教育的政策支撑，并在美国社会发挥广泛的影响力。因此，该法案指导下的教育制度应该顺应时代进步适时调整，以更好地实现教育资源的合理公平配置。大学在录取时可以不再仅以“种族”进行划分，并采取其他与种族无关的替代方案来实现学生的多样化，如增加对家庭经济情况、学生的综合能力和生活所在地区的考虑。尽可能减少乃至避免因肤色产生的纷争，如此也能够更好地推动教育事业的全球化发展。

尊重差异：实现“平权”，社会进步

不容否认，美国“平权法案”曾为少数族裔带来希望；但同样应该承认，在社会发展进程中，法案又逐渐暴露出不可避免的弊端。

作为美国社会对于“歧视”矫枉过正的牺牲品，亚裔群体多年来都在为维护自身的权益做斗争。教育上的不平等源于人群中的不平等，对亚裔、非裔等少数族裔和白人等非少数族裔进行种族划分从一开始就奠定了不平等的基础。

人与人之间的差异是多种多样的，在当今社会，只有正确认识到人类身份的多重性是纷繁复杂的，并且反对将人类按照单一的界限、刻板的印象进行划分，才更有希望实现社会的公平、正义与和谐，才能最终实现教育的“平权”，顺应人类社会进步的需要。

——载于《中国教育报》2018 年 11 月 16 日第 5 版，与谢芷希合作

重视《大清律例》英译本的研究价值

《大清律例》是中国封建社会最后一部法典。《大清律例》的制定工作，开始于顺治元年，经过顺治、康熙和雍正三朝君臣的努力，到高宗乾隆皇帝即位时，命王泰为律令总裁官，重修《大清律例》，在经过乾隆御览鉴定后，正式“刊布中外，永远遵行”，形成清朝传世的基本法典。1810 年，《大清律例》的首个英译本 *Ta Tsing Leu Lee* 在英国伦敦出版，其译者是乔治·托马斯·斯当东（Sir George Thomas Staunton），是中国传统法律文化典籍中第一部直接由中文译成英文的作品。与《大清律例》英译本在欧美国家、学者中间所产生的影响力相比，国内早先对该译本的关注程度并不相称。近年来，托马斯·斯当东其人以及《大清律例》英译本逐渐引起翻译界、中国法律史、中英关系史研究的重视。《大清律例》的英译和对外传播可谓是一个“分水岭”，代表了明清以来传教士向西方传播中国文化的高峰。

了解中国的需要促成《大清律例》英译

1792 年，英国政府任命马戛尔尼使节团访华，伦纳德·斯当东（Sir George Leonard Staunton，托马斯·斯当东之父）被任命为使节团书记，年仅 11 岁的小斯当东作为见习侍童，一同前往中国。已经掌握四种语言的托马斯·斯当东在前往北京的船上学会了中文。1797 年，他进入剑桥大学三一学院，后因新生奖励分配不公，父亲让其退学。1798 年，他获得东印度公司提供的广州英国商馆的中国文书一职。1808 年，任商馆翻译。

1800 年，托马斯·斯当东到达广州不久，“朴维顿号”（又译“天佑号”）事件发生，英国水手向中国渔民开枪，打伤一人，另一人落水而亡。一开始清政府态度强硬，要求英方严惩凶手，但后来又改变态度，不了了之。东印度公司驻广州商馆主席霍尔发现，中国政府处理该案件时依据的是《大清律例》，便希望英国人也能获取一份中国印行的法律条文，但是，两广总督吉庆不愿意交给英国人，只从中摘录了 6 条，印制了 100 份。于是，霍尔就请托马斯·斯当东将这 6 条翻译成英文。或许，正是这样一项翻译任务，引起了托马斯·斯当东学习中国法律、翻译《大清律例》的兴趣。

英国在殖民印度之后，与中国的贸易往来也愈加频繁，英方急切希望能够打开中国市场，与清政府建立外交和贸易关系，向中国倾销工业产品。当然，充分了解中国的法律制度，不仅是为东印度公司在华开展贸易、保护英国在华侨民服务，也是在为英国殖民者下一步采取行动提供信息。正如托马斯·斯当东在《小斯当东回忆录》的“译者序”中说，“翻译其他任何一部中国作品都无法像本书一样，简明地解释中国政府的独特体系、组织结构及国内政策的基本原则，国民习惯和性格与它们的关系，以及它们之于中国人总体情形的影响”。

报刊是译本的重要传播方式

18 世纪末 19 世纪初，随着工业革命进程的不断深入，欧美国家报业蓬勃发展，信息沟通、思想传播的主要载体就是报纸、期刊和书籍，报纸杂志也是助推书籍传播的主要媒介。自 19 世纪 20 年代开始，西方传教士、商人等开始在中国境内创办报纸杂志，《蜜蜂华报》（*Abelha da China*）是第一份由西方人在澳门创办的葡文报纸。而后，一批英文报刊，包括《广州纪录报》（*The Canton Register*）、《广州杂志》（*Canton Miscellany*）、《华人差报与广州钞报》（*Chinese Courier and Canton Gazette*）等相继出现，尽管它们的读者定位、刊载内容等多有区别，但都是西方世界透视中国社会的重要窗口。

1832 年，《中国丛报》（*The Chinese Repository*）于广州创刊，创办人是美国第一个来华传教士裨治文（E. C. Bridgman）。1833 年 5 月至 7 月，《中国丛报》第二卷分三期连载了《评托马斯·斯当东所译的〈大清律例〉》和“当代中国介绍”《国家的特点、现状和国家政策、刑事法典》。前文出自裨治文之笔，后文作者是英格利斯（R. Inglis）。裨治文根据托马斯·斯当东的译本介绍了《大清律例》的发展历史，分七个部分依次介绍了名例律、吏律、户律、礼律、兵律、刑律及工律，英格利斯不只是推介托马斯·斯当东译本，还更加关注译本问世后《大清律例》经历的数次修改。

《中国丛报》因发行量大、传播力广，《大清律例》英译本一经推介就引起西方世界的普遍关注。托马斯·斯当东在其《回忆录》中也照录了《爱丁堡评论》（*Edinburgh Review*）、《折衷评论》（*Eclectic Review*）、《每月评论》（*Monthly Review*）、《学衡》（*Critical Review*）、《英国评论家》（*British Critic*）、《亚洲杂志》（*Journal Asiatique*）等报刊对其英译本的评价。无疑，这些用西方语言撰写的评论文章也推动了《大清律例》英译本在西方世界“二度传播”，使英译本成为西方研究中国法律文化的汉学家们的第一手参考资料，后续研究者大都直接引用该译本。不仅如此，继英译本问世后，《大清律例》的法语版、意大利语版、西班牙语版也都从英译本转译出版，这足以体现托马斯·斯当东翻译《大清律例》在当时西方世界所起到的影响。

《大清律例》英译终究是为侵略服务

马戛尔尼使节团访华前，英国人对中国的法律知之甚少。欧洲人了解中国的法律文化多是通过传教士、耶稣会士的主动介绍，在马可·波罗、利玛窦、曾德昭等人留下的游记笔记中，中国都被描绘成为法制先进、文化繁荣的国家，他们给予中国的法律较高的评价，推动了欧洲的“中国热”。但是，这些著作都没有引用中国法律的原典，西方读者很难有直观的了解，内容的真实性也令人担忧。诚然，《大清律例》的英译给英美人更加全面认识中国的法律提供了条件，促进不少欧美人士开始研究中国的法律。

自 1810 年《大清律例》英译本出版以后，欧美学者对中国的法律进行了长达百年的研究，大致呈现两大特征。第一，鸦片战争前，在中国沿海地区，外国的水手、商人经常和中国人发生冲突，这段时间主要会发生涉及外国人的刑事案件，所以欧美人主要关注的是《大清律例》中有关刑事的规定。鸦片战争后，随着一系列不平等条约的签订，西方不仅获得了在华领事裁判权，还获准在中国开办工厂、建立教堂传教，来华人士和中国人之间的民事纠纷也越来越多，这个时期欧美人开始关注《大清律例》中有关民事关系的规定。第二，鸦片战争前，欧美人士对待《大清律例》的态度主要是批评，《中国丛报》一直“热衷”于报道中国大量的杀人罪、死刑案，隐含的是对中国死刑案件数量之多、执行频繁、公开处决的反感。1834 年 5 月《中国丛报》（第三卷）刊发了马礼逊的一篇专门论述中国杀人罪的文章，在当时在华西方人中有一定的代表性。《大清律例》中有“六杀”的规定，对杀人案件的判决主要取决于犯人的等级、地位，中国法律文化中的不平等（官僚的等级特权、普通人的长幼尊卑）或许是最让西方人反感的，这些都成为西方人批评和讽刺中国法律的最好“把柄”。鸦片战争后，西方学者逐步告别对《大清律例》的集中批评，开始关注民事关系并介绍一些原则性的制度。到 20 世纪初，一些学者又从文化角度解读中国法律制度，阐释中华文明的合理性。

欧美人士对《大清律例》的评价，既有掺杂西方中心论、民族优越论意识形态的恶意批判，也有对中国情况的客观评判和真实反映，甚至也有为中国法律的辩护。但是，不管怎样，从总体上说，都难以掩盖其背后为欧美商人、传教士服务，维护其在华利益的功利性色彩和政治目的。1833 年，时任英国国会议员的托马斯·斯当东以中国法律落后为由，提议英国政府在华设立法院，审理英国人在华案件，并获得议会通过。鸦片战争后，英国占领香港，他们便意识到以《大清律例》作为司法裁判，更有利于稳固其对香港的占领。凡此种种，均彻底暴露英国殖民主义者的“不法勾当”。

从正面来说，《大清律例》英译是中外法律文化交流史上的一次对话，促进了中国法律文化的对外传播，但是，从所处的历史时代来看，也标志着中国“大量珍贵的法律资料”的泄露。它们为英国殖民主义侵略者所利用，进而插手中国司法审判，干涉中国司法，危及中国的国家安全。

——载于《中国社会科学报》2018年11月27日第3版语言学版，与胡波合作

English Translation of Qing Legal Code's Influence Increasingly Studied

The *Great Qing Legal Code* (hereinafter referred to as *Qing Code*), the legal code of the Qing Dynasty, was the first Chinese traditional legal work translated into English.

The *Great Qing Legal Code*, also known as the *Penal Laws of China*, was the legal code of the Qing Dynasty (1644—1912). It was first translated into English by Sir George Thomas Staunton and published in London in 1810. This made it the first Chinese traditional legal work directly translated into English. However, compared with the influence that the code's English version has exerted on European countries and America as well as on scholars from these regions, the attention that Chinese academia has paid to the translated version is incommensurate.

In recent years, the English version has started to be increasingly valued in the Chinese fields of translation, legal history, and the history of China-Britain relations. In fact, the English translation of the *Qing Code* and the foreign communications that came with it can be regarded as a watershed moment, which represented the peak of the dissemination of Chinese culture to the West by missionaries since the Ming and Qing dynasties.

In 1792, the British government sent the Macartney Mission to China. Staunton went with them as a cadet, together with his father, who had been appointed as the secretary of the mission.

In 1800, the chairman of the East India Company in Canton (Guangzhou) hoped that the British could obtain a copy of the legal provisions of China. But the then Viceroy of Guangdong and Guangxi provinces only reluctantly extracted several parts of the code and printed 100 copies. Staunton was asked to translate these six statutes into English. Perhaps it was this task that aroused his interest in studying Chinese law and translating the *Great Qing Legal Code*.

In 1832, a periodical called *The Chinese Repository* was founded in Canton by the first American Protestant missionary appointed to China. The periodical published the commentary on Staunton's translation serialized in three issues from Volume II.

Due to the large circulation and wide dissemination of the periodical, the English version of the *Qing Code*, once introduced and commented, attracted extensive attention in the Western world. In Staunton's memoir, commentaries from *Edinburgh Review*, *Eclectic Review* and other newspapers and periodicals were included. Undoubtedly, these Western commentaries promoted the second wave of transmission of the English version of the *Qing Code* in the West, making it a first-hand reference material for Sinologists studying Chinese legal culture. In addition, the French, Italian and Spanish versions were also published as translations from the English version, reflecting the huge influence that the code's translation had in the Western world at that time.

The publishing of the English version of the *Qing Code* marked the beginning of European and American scholars' hundred-year-long study on Chinese law. Before the Opium War, they mostly had a critical attitude toward the *Qing Code*. For example, *The Chinese Repository* had been keen to report a large number of homicides and capital punishment cases in China, which implied their distaste for such numerous, frequent public executions. According to the stipulation of the *Qing Code*, the judgment on homicide cases mainly depends on the rank and status of the prisoner. The inequality in Chinese legal culture then (the ranks and privileges of bureaucrats, the seniority and inferiority of ordinary people) may be the most disagreeable feature to Westerners. This became the best excuse for them to criticize and satirize Chinese laws. After the Opium War, Western scholars gradually abandoned the one-sided criticism of the *Qing Code* and began to pay attention to the civil relations and principled systems in it. In the early 20th century, some scholars interpreted China's legal system from a cultural perspective and used it to explain the rationales behind Chinese civilization.

The European and American people's evaluation of the *Qing Code* includes Western-centered ideology, ethnocentrism and other malicious criticisms. This came along with some objective judgement, but on the whole, it is difficult to cover up the utilitarian color and political aims behind European and American businessmen and missionaries' safeguarding their interests in China. In 1833, Staunton, then a member of the British Parliament, proposed to set up courts in China to hear British cases with the excuse that Chinese laws were backward, which was passed by the British Parliament.

The English translation of the *Qing Code* launched a dialogue in the history of legal cultural exchanges between China and foreign countries, which promoted the dissemination of Chinese legal thought. But it also marked a leak from China's "precious legal archives". The *Qing Code* was used by the British colonial aggressors to meddle in China's judicial trials and interfere in China's judicial system, which endangered the country's national security.

——载于《中国社会科学报》2018 年 12 月 6 日第 7 版国际英文版，与胡波合作

汲取传统法律文化精华，建设社会主义法治国家

习近平总书记在党的十九大报告中提出："深入挖掘中华优秀传统文化蕴含的思想观念、人文精神、道德规范，结合时代要求继承创新，让中华文化展现出永久魅力和时代风采。"中华传统法律文化是中华传统文化的重要组成部分，全面推进依法治国，建设中国特色社会主义法治体系，既需要吸收、借鉴西方法治建设的经验，更需要从中国实际出发，与传统对接，汲取传统法律文化精华，将外部经验与本土资源融通结合。

现代法治文化与传统思想的互文

历史地看，法律文化是一个国家或民族长期积累的结果，包含着对传统的选择和继承，传统法律文化是法治中国的"水之源""木之本"，现代法治建设不能剥离于社会文化环境，必然会沿袭传统法律文化的思想，体现民族的独特性。

依法治国与以德治国。首先，中国自古以来就有法治传统，尤以秦国商鞅为代表的法家法治思想为典范。商鞅主张"缘法而治"，就是依法治国，"不贵义而贵法""任法而治""法任而国治""不可须臾忘法"都体现出商鞅"唯法论"的法治思想。《商鞅·画策》中提出"国皆有法，而无使法必行之法"，说的是弘扬法治精神，法治并不体现于普通民众对法律条文有多么深透的了解，而在于努力把法治精神、法治意识、法治观念熔铸到人们的头脑之中，体现于人们的日常行为之中。其次，中国特色社会主义法治道路的鲜明特点，就是坚持依法治国和以德治国相结合。法律的有效实施有赖于道德支撑，道德践行也离不开法律约束。古代法律思想主张"礼法合治""德主刑辅"，奠基于以孔子为代表的儒家学派，"礼"是社会公认的道德规范，"德主刑辅"的理论直接来源于儒家所强调的"明刑弼教""明德慎罚"。汉武帝采纳董仲舒的建议，"罢黜百家、独尊儒术"，把儒家经典与法律紧密结合，德与刑相互渗透，礼与律相互为用。

和谐观念与民本理念。和谐是社会主义核心价值观之一。我国传统文化中

“和谐”的思想多源于道家老子和庄子的哲学，“天人合一”“道法自然”“万物与我为一”体现的是天人和谐观。古代法律文化中有厌讼的传统思想：“讼，吾犹人也，必也使无讼乎！”（孔子）“居家戒争讼，讼则终凶。”（《朱子家训》）“太平百姓，完赋役，无争讼，便是天堂世界。”（明·王士晋）自古以来，百姓相安无事，和睦相处，是一种美好的向往，久而久之，形成了一种民族文化心理，“和合”也体现在当代中国法治建设过程中。党的十九大报告将“坚持以人民为中心”列入新时代发展中国特色社会主义的基本方略。传统文化中，孟子的“民贵君轻”说最具代表性，“民为贵，社稷次之，君为轻”。《尚书·五子之歌》写道：“民惟邦本，本固邦宁。”明代黄宗羲提出“天下为主，君为客”的民主思想。以民为本是法治中国的核心理念，要把广大人民的根本利益作为党和国家一切工作的出发点和落脚点，保障人民的各项权益。

现代法治建设实践的传统溯源

在立法上，我国古代就有成文法与判例法相结合的传统，《唐律疏议》《宋刑统》《大明律》《大清律例》皇皇法典一脉相承，是东方世界先进法律文化的代表，对日本、朝鲜、越南诸国都产生了深远的影响。西汉以后开始大量适用判例法，西汉有“春秋决事比”，晋有“议事议制”，唐有“法例”，明有《大诰》等。新中国成立后，我国颁布的第一部法律是《婚姻法》，而后制定了《宪法》《刑法》等，当前我国正致力于完成《民法典》的编纂，都是对成文法传统的继承与发展。2010 年最高人民法院颁布《关于案例指导工作的规定》，标志着中国特色案例指导制度正式确立。在立法技术上，南北朝时期的《北齐律》将《晋律》的刑名、法例两篇合为一篇，列为篇首，确立总则在前、分则在后的先例。我国现代立法技术不仅保留这一传统，编撰体例和内容编排顺序早已发生质变。在立法内容上，古代立法有将道德伦理入法的传统。我国《民法通则》与《刑法》都有与道德相关的条文，2018 年中共中央印发《社会主义核心价值观融入法治建设立法修法规划》，着力推动把社会主义核心价值观融入法律法规的立改废释全过程，充分体现了现代法治建设继承传统法律文化的精髓。

在司法上，慎刑慎杀的刑事诉讼基本理念是我国传统法律文化的重要组成部分。美国学者 D.布迪、C.莫里斯在《中华帝国的法律》中提道：与西方国家相比，中国古代的法律在有些方面更加合理、更加人道，比如，盗窃罪一般不判处死刑，除非所偷赃物的价值超过一百二十两白银，或者屡次盗窃、第三次所盗赃物价值在五十两白银以上；而在工业革命前的英格兰，法律即规定，盗窃商店货物，价值超过 5 先令者，即处死刑，这项法律规定直到 1818 年议会四次否定之后才被废止。中国的死刑（除了少数例外）在执行之前，都必须得到设在京城的国家最高司法机关的同意，甚至要得到皇帝本人的批准。我国《刑法》第十七条规定："已满七十五周岁的人故意犯罪的，可以从轻或者减轻处罚；过失犯罪的，应当从轻或者减轻处罚。" 2007 年最高人民法院收回死刑复核权。这些都体现了现代立法实践中对"少杀慎杀"原则的践行。

在法律监督上，我国古代王朝大都重视监察与监督，不同程度地建立了自上而下的司法监督体系。秦朝从中央到地方都设有监察官；隋唐五代，御史台是中央行政监察机关，也是中央司法机关之一，负责纠查、弹劾官员、肃正纲纪；明代都察院由御史台发展而来，主掌监察、弹劾及建议。2015 年党中央颁布的《中国共产党巡视工作条例》，是规范巡视工作、强化党内监督、从严治党、依法治党的重要基础性法规。党的十九大报告中提出，"建设覆盖纪检监察系统的检举举报平台"，将监督工作范围进一步扩大到民众参与。传统文化中的监督制度在当代法治建设中依然呈现出可资借鉴的价值。

弘扬中华传统法律文化的路径

首先，加强对中华传统法律文化系统性阐释与梳理。法律文化有其独特的内部结构层次，一是制度形态的法律文化，如法律规范、法律制度等；二是观念形态的法律文化，如法律学说、法律思想、法律习惯等。我国传统法律文化有着继受性，相关成果可谓卷帙浩繁、汗牛充栋，法典编纂具备完整性、定型化特征，而法律思想和学说则呈现学派性、分散性、庞杂性，有必要对传统经典理论、思想代表人物的观点进行系统梳理。系统梳理不是单纯地进行资料整理，而是一个去粗取精、去伪存真、推陈出新、创造性转化、创新性发展的过程，让传统法律文化穿越时空，在现代语境中诠释出宝贵的价值，焕发出不竭的生命力。

其次，拓宽传播空间，创新传播方式。对传统法律经典进行白话文翻译、摘编，根据不同的目标读者，制作内容深度与之相符合的读物，让传统法律文化进学校、进社区、进机关（特别是司法机关）。当前，在中小学的历史、政治课堂上，有关传统法律文化的知识还比较少，可以予以适当补充，提升学生的人文素养；编纂适合司法机关工作人员阅读的书籍，以求能够在工作中适当运用传统法律文化中的知识解决实际问题；借鉴国学知识传播的方式，借助电视、网络、影视、书籍等多样化媒介，面向大众宣传普及，比如，通过市民大讲堂、高校讲座等活动，让传统法律文化进社区、进大学。

最后，建设专业化智库，弘扬传统文化要有新作为。中国特色新型智库是新时代传播新思想的重要推动力量。对传统法律文化进行诠释，须摆脱对古代制度、历史文化考证性研究的拘泥性，要与当代法治建设、社会生活紧密结合，仅靠法学界、史学界的法律史研究远远不够，专业智库建设也需要吸收跨学科、跨专业人才，融合国学研究者、文化传播学者的力量，围绕“传统文化传承创新、文化产业发展、传统文化‘走出去’”等重大命题，打造致力于传统法律文化研究、传播与推广的高水平，专业化团队，让传统法律文化的话语体系体现出时代性、生动性、互动性、传播性，依托品牌化、专业化的平台与活动，在社会上更好地推广传统法律经典。

马克思曾说过:“人们自己创造自己的历史，但他们并不是随心所欲地创造，而是在直接碰到的、既定的、从过去继承下来的条件下创造。”对传统法律文化进行批判、剖析、总结，才能区别其中的精华与糟粕，繁荣中国特色社会主义法治文化，需要发挥文化自信的引领作用，让传统法律文化中优秀的部分呈现出当代价值。

——载于《中国社会科学报》2018 年 12 月 12 日第 5 版法学版，
与胡波合作

高校智库建设：国际视野中的经验与启示

我国高校应将智库建设作为创建世界一流大学和一流学科的契机，深刻把握发展机遇，充分发扬实干精神，提升高校在社会发展、国家建设及参与全球治理中的话语权，逐步提高高校智库的全球竞争力和影响力。

根据美国宾夕法尼亚大学“智库研究项目”研究编写的《全球智库报告2017》显示，中国智库 2017 年拥有 512 家，数量居世界第二。报告列出 52 个分项表单，中国智库上榜的表单数量达到 38 个，7 家中国智库上榜“全球顶级智库百强”，6 家中国智库上榜“2017 全球最佳高校智库 90 强”。我国高校智库排在世界前 20 名的仅有 3 家，总体数量较少，全球影响力和竞争力较低，智库建设整体质量有待进一步提升。相较于 2016 年，2017 年全球高校智库排名前 20 相对稳定，仅有少部分变化，笔者特选取这两年全球排名前 20 中的部分高校智库作为研究对象，总结国外一流高校智库的一般特征，为我国高校新型智库建设提供一些参考和借鉴。

国外高校智库如何运作?

高校智库隶属关系不一。国外高校智库表面上均依托大学优势学科资源而建，但在具体的隶属关系上还存在一定的区别。国外高校智库的隶属关系主要有四种模式。第一，直接隶属于大学，受大学垂直管理。国际事务中心是美国哈佛大学所属的专门从事国际问题研究的机构；胡佛研究所是斯坦福大学下属的一个独立研究机构，该研究所的主任和斯坦福大学其他学院的院长一样都属于大学内阁成员；英国萨塞克斯大学发展研究院，虽然依托萨塞克斯大学，但在经济和法律上又有自身的独立地位，是英国历史上首个国家性的发展研究院。第二，隶属于大学的附属学院。成立于 2006 年的亚洲竞争力研究所，是隶属于新加坡国立大学李光耀公共政策学院的一个研究中心；近年来，一直排名全球高校智库榜首的贝尔弗中心，隶属于哈佛大学肯尼迪学院，与其他简单隶属于学院的研究中心不一样，贝尔弗中心在财务使用权、人才培养和聘任上均有自主性和独立性。第三，大学和政府、其他研究机构合作共建智库，共同管理。巴西金砖国家政策中心是由巴西里约热内卢市政府与里约热内卢天主教大学国际关系研究所合作成立；巴黎政治学院国家问题研究所受法国全国科学研究中心和巴黎政治学院双重领导。第四，大学本身就是智库。莫斯科国际关系学院是东欧地区最好的俄罗斯智库之一，属于俄罗斯官方智库，学院本身就是俄罗斯联邦政府外交部的组成部分，具有鲜明的政府主导色彩。

智库工作人员配备充分。国外一流高校智库在研究人员的配备上体现出了完整性、专业性、灵活性的特征。哈佛大学贝尔弗中心有工作人员 430 余人，从专业上看，汇聚了来自企业、军界、学术界、新闻和政府部门的各界人士；英国萨塞克斯大学发展研究院大约有 100 名研究人员、70 名知识服务人员、60 名专业人员和将近 200 名学生，其管理层主要由董事会、战略领导小组、资源和升级委员会组成；斯坦福大学胡佛研究所的主体研究人员主要由三类构成，包括常驻的知名学者，多类型的访问研究人员，以项目管理、技术支持、媒体联系和图书馆管理专业人士为主体的辅助人员，其常驻研究人员接近 150 余名；巴西金砖国家政策中心的独特之处在于其“国际研究网络”规划，该中心向其他金砖国家学者设立奖学金项目，邀请国外学者访学，在访学期间必须完成相关研究报告，参与中心的相关活动。

资金来源渠道多元。国外一流高校智库的经费来源渠道较为多元，主要有政府支持、大学投入、社会（基金会、相关组织、企业和个人）捐助三种形式，其中，社会捐助是美国大学智库的主要资金来源。福特基金会和贝尔弗家庭基金会为哈佛大学贝尔弗中心提供了大量的捐款，国际顾问委员会成员也为中心的学术活动、研讨会等提供赞助；哈佛大学国际事务中心的活动经费除了校方提供外，主要得到福特基金会、洛克菲勒基金会和卡内基国际和平基金会几个大基金会的支持，其他一些基金会也会对其某些研究项目给予部分资金资助，该中心同时也接受个人、公司企业的捐助；巴西金砖国家政策中心在资金方面主要有三个来源：里约热内卢市政府的财政支持、里约热内卢天主教大学的经费投入、国际关系组织研究项目资金支持。

注重合作平台建设。广泛的合作平台是拓宽研究视野，提升研究质量，提高研究成果社会影响力、进入政府决策层的重要渠道。巴西金砖国家政策中心与巴西联邦政府建立了紧密的合作关系，与巴西外交部、环境部、体育部、科技部等均存在信息往来和项目合作关系；新加坡亚洲竞争力研究所与越南工商会、印度尼西亚大学、中国各省的政府部门合作，组织建立联盟，提高区域合作的竞争力；英国萨塞克斯大学发展研究院和英国国际发展部合作，研究各国政策制订的最佳流程和实践，以减少冲突和抵制，同时，还举办由中国、拉丁美洲、印度、欧洲、北美洲和肯尼亚共同参与的国际太阳热离子电源系统会议等，引发有关自然资源的讨论。

我国高校智库怎样提高影响力?

加快变革高校智库的管理机制。目前，我国高校很多科研机构和研究中心大多隶属于二级学院，不仅学科力量、研究主体单一，关键在人员配备、经费来源等方面也不具备自主性，与智库的跨学科性、交叉性研究的需要还有很大的差距。智库是以解决问题的导向来设立的，往往需要多个学科的支撑与实务部门的协同，具有开放性、多样性。我国高校智库建设应该上升至学校总体战略规划的重要组成部分，打破传统的二级学院学科建设的套路，从学校层面出发，获得学校领导层、职能部门和其他学院的通力支持，进行全局性、整体性的战略设计。立足于我国高校的校情，智库建设要么继续采取“依托制”，通过依托某一主体学院或优势学科，吸纳来自其他学院的研究人员，并在研究职能和人力、财力、物力上保持相对独立；要么采取“独立制”，受学校领导层的垂直管理，由校领导直接担任责任人，不隶属于任何学院、学科，主体研究人员则来自于各个学院、多个学科；要么采取“协同制”，高校与国家部委、地方政府实务部门合作，共建智库，实现“供需互补”，在管理体制上真正实现变革，形成开放性、独立性、多元化发展的新型智库。

加强智库团队建设。智库团队不仅包括主体研究人员，也包括辅助管理人员（从事资料搜集、资源建设、网络技术支持、媒体联系与宣传等工作）。高校智库影响力的提升不仅取决于主体研究人员的创新能力、高质量的研究成果，也有赖于整个团队的主动宣传推广、高效、专业、协调一致的操作运转。主体研究人员既需要囊括不同领域、不同学科的领军人物和专业人才，也需要以项目建设为载体，为政府与高校之间搭建起沟通的桥梁，鼓励智库研究人员到政府部门挂职锻炼，国家部委、政府部门的工作人员到高校智库从事研究工作，从而建立符合我国国情的“旋转门”机制，加强政校之间的互动，促进智库研究成果更多地进入政府决策层面。辅助管理人员也要熟知智库建设的工作目标和内容，具备较强的执行力，在资源建设、智库成果的宣传、智库影响力提升上形成专业化的工作思路与方法。

拓宽资金来源渠道。我国高校建设与发展的资金来源主要依赖政府拨款，高校在资金使用上并没有太大的自主权。智库的良性运转有赖于丰沛的资金投入，2014 年教育部印发的《中国特色新型高校智库建设推进计划》中提出，要加大经费投入力度，多措并举筹集智库建设经费。鉴于我国高校的建设与评估均是由行政主导，高校筹措资金的能力相对较弱，高校智库建设的经费来源也需要由政府部门主导，或可以通过省级统筹，稳步推进，探索建立多元化、多渠道、多层次的投入体系。第一，政府相关部门可设立专项资金，扶持高校智库建设；第二，落实公益捐赠制度，鼓励企业、社会组织或个人捐赠资助；第三，建立竞争性经费和稳定支持经费相协调的投入机制；第四，建立和健全规范高效、公开透明、监管有力的资金管理机制，完善符合高校智库运行特点的经费管理制度以及退出机制，切实提高资金使用效益。

广泛拓宽合作网络。一个顶级智库的三大核心价值是：质量、独立性和影响力。提升智库影响力需要从三个层面广泛拓宽合作网络：首先，拓宽主体研究人员的合作研究网络，建立访学机制，灵活吸收国外的专家、学者、研究生进入智库，开展实质性研究工作，开办各种国际性论坛、会议，广泛开展交流和研讨，开阔学术研究的国际视野和思路；其次，拓宽智库与政府、社会组织间的合作网络，不仅完善与国内政府诸多部门、企业组织之间的沟通交流机制，开展面向政府机关人员的培训工作，也可以探索与国外政府、国外大学智库之间的项目合作研究，服务国际目标对象；最后，拓宽与媒体间的合作网络，谋求与国内、国际的传媒机构合作，与媒体保持良性互动，充分利用广播、电视、网络、手机、社交媒体、新型媒体等多样化的大众传播渠道，通过多样化的成果发布，引导社会舆论，提升智库的国际影响力。

当然，国外大学智库的发展都无法剥离其政治、经济和文化土壤，我国高校智库建设不可能完全照搬照抄。但是，国外大学智库建设的某些做法，还是能够为我国高校提供一些启示。我国高校应将智库建设作为创建世界一流大学和一流学科的契机，深刻把握发展机遇，充分发扬实干精神，提升高校在社会发展、国家建设及参与全球治理中的话语权，逐步提高高校智库的全球竞争力和影响力。

——载于《中国社会科学报》2019 年 1 月 10 日第 2 版智库版，与胡波合作

甲骨文表情包让传统文化“活”起来

如今，甲骨文手机表情包已经成为斗图圈的“新宠”。意蕴深远的传统文化符号竟与“神马”“有木有”等网络流行词产生了一系列“化学反应”。设计者将几何化的甲骨文字转化成更加直观形象的动物，再配上时尚的网络用语，整组表情就像是一套五彩的、可爱的甲骨文动态识字卡片，让每个甲骨文字的图案意义跃然眼前。这套表情包的设计者，也是“汉仪陈体甲骨文”字库设计者——清华大学美术学院博士生导师陈楠及其团队。“甲骨文的设计与推广应该是结合当下的，活化的，不希望把它塑造成高深莫测拒人千里的文化符号。”陈楠说。

的确，甲骨文是现存中国王朝时期最古老的一种成熟文字，至今审读和鉴赏这些古色古香的文字，仍让人内心空灵宁静，有情不自禁的敬畏感。但现代人理解和接受甲骨文有点困难，甚至根本无法识别这些上古时代的文字。一方面是丰富灿烂的文化资源，一方面是古老文化和现代阅读方式之间存在隔膜，如何打通这个文化隔膜，是传统文化复兴传承的关键。

如何让文化精神落地生根、开花结果？这就要求文化工作者要善于将古老的文化精神、文化精髓，与现代人的生活方式、行为方式、思维方式紧密结合，用老百姓喜闻乐见的形式来解读古老文化，用现代化的手段诠释传统经典，激活人们对传统价值的认同感、文化发展的使命感。在网络时代，本来高冷的甲骨文有了萌萌的表情包，深受网友们的欢迎，已然给我们带来一种启示——推动中华优秀传统文化创造性转化、创新性发展，古老的“甲骨文”不仅可以带来经济红利，也可以带来文化红利。

语言是一种资源，这是新时代人们对语言传播和发展规律探究的新认识。比如，在传统观点看来，作为一种古老的语言文字，甲骨文离普通大众的生活似乎很远，它只是考古学家、学者、古文字研究爱好者们所关注的对象。但是，借由先进的网络技术手段和运作方式，这种古老的语言文字也可以被重新开发和利用，进而转化为一种沟通和交流的网络资源。事实上，语言资源的开发和应用范围比较广泛，通过对语言加工处理，已经在诸多领域创造出了丰厚的经济红利。词典编纂、语言翻译、语言信息检索、语音识别和语音合成、语言广告设计、命名、书法，等等。当然，推广传统文化需要借助新型技术手段，以年轻人喜欢的方式，实现完美的现代“穿越”。不仅“甲骨文表情包”，从“萌萌哒”的故宫文创，到被年轻人称作“下饭视频”、每集仅 5 分钟的文化纪录片《如果国宝会说话》，再到文化综艺《国家宝藏》请来当红明星演绎文物背后的故事……近年来，传统文化不断与年轻人的接受方式实现“嫁接”，原本躺在博物馆中高冷的“小众文化”，也有了一定的温度和热度，真正走进了大众的生活和视野，为传统文化的推广和传承带来了附加值。

“甲骨文表情包”的走红说明，让优秀的传统文化深入普通大众，重新焕发出活力，只是缺一个契机，需要借助新的传播方式，让其重新绽放出生机。当然，传统文化创新发展当然并非易事，既需要建立在对传统文化扎扎实实的研究基础之上，也需要对大众文化的传播规律、方式和媒介有着深入了解。现代科技是传统文化创新的催化剂，让传统文化具备生命力，就需要努力寻找到文化科技创新的“痛点”，力求达到最有效的融合方式。唯有这样，古老的语言文字、文化的创新才会拥有更加精彩的未来。

——载于《人民日报》(海外版) 2019 年 2 月 25 日第 7 版，
与胡波合作，学习强国转载

破解博物馆文创“同质化”

自从2013年中国台北“故宫博物院”的“朕知道了”胶带问世以来，文化创意已经蔓延至我国整个文博领域，大大小小的博物馆都纷纷推出文创产品，从文具套装到钥匙扣，从生活用品到旅游用品，不一而足。然而，在今年的两会上，有代表委员对博物馆文创领域的同质化问题提出了质疑：“你做一个扇子，他也做一个扇子；你做一个杯垫，他也做一个。”这不无道理。

通过考察欧美一些国家博物馆做文创的实践模式，我国的博物馆不妨从以下几个方面出发，借鉴经验，探索创新。

与国内知名设计师、文创企业、产品生产方深度合作。文化衍生产品的设计和开发无非有两种途径，一种是自主研发，一种是从厂家进货购入。无论是哪一种方式，都需要有顶尖的设计、独特的创意做后盾。比如，大英博物馆就有由 9 名全球采办组成的部门负责设计或寻求设计并联系生产。我国的博物馆可以配备独立的创意和设计团队，也可以和文创企业开展合作，通过产品授权，将产品研发“外包”，从设计、制造到营销，形成完整、成熟的产业。

注重标志性元素提取，照顾不同年龄、不同消费群体的需求。各个博物馆要做出特色、创立品牌，就必须提取自身的“标志性”元素，以“明星藏品”优先，将其所体现的元素内涵，从“衣食住行”的角度全方位、一条龙开发到极致，并充分考虑各年龄段消费群体，生产不同品位、价位的产品。

拓宽创意思路，注重馆藏“明星藏品”和中国特色元素紧密结合。比如，小黄鸭是英国的一种特色 IP（知识产权），大英博物馆将之与馆藏品相结合，设计出独具特色的“卖萌小黄鸭”系列。我国的特色元素林林总总，可以吸收利用的文化元素丰富多彩。此外，配合国内的重要节日、传统节日，也可以开发出一系列纪念品，甚至形成固定品牌。

博物馆的陈列设计可以由以“物”为中心，向以“人”为中心转变。文化的创意和创新并不仅仅局限于实体物品的生产、制作和观赏，还可以构建诸如场景再现式的各种体验活动，让观众们沉浸其中，带来更加直观、形象和立体的感受。在我国，大多数博物馆的设计都是以静态的“物”为中心，即以被动式的观赏为主要基调，有些机械、呆板和单调，而法国卢浮宫大胆地开辟了地下商场，博物馆俨然被打造成为艺术和商业兼顾的公共空间。

此外，还可以借助“互联网+”的东风，不仅“开网店”销售文创产品，也可以打造网络在线博物馆，开发与馆藏元素相关的小游戏。另外要加强与高校的合作，共建研究院，培养研究型人才和文化创意、设计、传播的“实战型”人才。

文创已成弘扬传统文化的重要载体，博物馆做文创与其说是在“卖产品”，不如说是在利用文化元素“讲故事”。我国博物馆文创总体起步较晚，经验与市场都还不够成熟。要走好中国特色的博物馆文创之路，既需要政府部门在政策上给予更多的扶持和激励，也需要博物馆发挥积极性、主动性，与社会力量深度合作，平衡好艺术和商业之间的关系，努力做到创新有道，成熟有方。

——载于《人民日报》（海外版）2019 年 3 月 18 日第 7 版，与胡波合作

《茶经》译介推动中国茶文化走向世界

“茶”是中华文化的主要象征物之一，早在西汉时期，茶与茶文化的外传就开始了。唐代陆羽的《茶经》，不仅推动了茶文化在中国的发展，在海外也产生了广泛的影响。研究茶文化在古代的对外传播及《茶经》的译介历史，或可为我们在当代讲好中国故事，传播中华文化提供借鉴。

《茶经》影响范围广泛

中国是世界上最早大规模种植茶叶，并形成饮茶之道的国家。唐代是我国古代经济政治和文化发展的鼎盛时期，茶文化及其综合体系得以形成，《茶经》便在这个时期问世。《茶经》分三卷十节，其内容丰富，文字优美，为中国“茶学”“茶道”的形成奠定了基础。此书问世后在海外得到了广泛传播。

日本受《茶经》影响最早，也最为深远。《茶经》正式传入日本始于南宋时期，12 世纪中期，日本僧人荣西两次来华，将茶籽和许多茶文化相关文献及典籍带回了日本，其中就包括《茶经》手抄本。在近现代日本，茶道之风盛行，越来越多的学者开始研究茶文化。江户时代日本开始了对《茶经》的翻刻，其中最流行的是郑思刊本的覆刻。1774 年，日本的大典禅师对《茶经》加以训点，并用片假名混杂汉字详注，撰写了《茶经详说》一书。日本近代《茶经》研究者首推诸冈存，其研究成果以《茶圣陆羽传》《陆羽与茶经》《茶经评译》和《茶经评释外编》四部著述为代表。当代研究者的主要代表人物包括布目潮渢等。布目潮渢对《茶经》进行了精校，还在他的 《中国茶书全集》中刊载了八种版本的《茶经》，包括几种罕见的孤本。在韩国，《茶经》的传播始于近几十年。崔凡述的《韩国之茶道》一书收录了《茶经》中的几个章节。后来，金云学首次将《茶经》全书译为韩文，并与明代郑思版本的《茶经》一起放在了《韩国之茶文化》一书的附录之首，增进了韩国对中国茶文化历史的认知。

茶叶通过陆路西传的历史久远，汉代时通过丝绸之路西传的珍贵物品中就包括丝绸和茶叶。唐代时中原一带饮茶之风盛行，到中国来进行贸易活动的西亚地区阿拉伯人成为茶文化西传的重要载体。他们在中国大量购买丝绸、瓷器的同时也常常带回茶叶，茶风茶俗随之在西亚的部分地区迅速兴起，其影响不仅到达北欧和西欧，甚至远至非洲。

《茶经》流传至欧洲的时间相对较晚，直至 17 世纪之后才在欧洲有了一定的影响。《茶经》也被陆续译为英、德、法、意等多种西语文字。意大利是欧洲较早研究中国茶的国家。1559 年，威尼斯著名作家詹巴迪斯塔·拉摩晓（Giovanni Battista Ramusio）的三本重要著作《茶之摘记》《中国茶摘记》《旅行札记》出版，里面便有对《茶经》的记载。当代威尼斯学者马克·塞雷萨（Marco Ceresa）于 1991 年出版了《茶经》的意大利语译本，这个译本是目前西方最全的《茶经》译本，其第一版面市后很快即告售罄，可见欧洲社会对《茶经》的热情之高。

从译介信息到平等文化交流

在不同的历史阶段，人们译介《茶经》的目的也有所不同，由单纯传递与茶器、茶叶及制茶等相关的物质信息，转向了传播中华优秀传统文化。

在相当长一段时间内，《茶经》英文译本主要有两种：一种是英国人弗朗西斯·罗斯·卡朋特（Francis Ross Carpenter）所译的《茶事》，这是节译本，其中略去了许多与茶文化相关的典故传说和历史人物；另一种是美国人威廉·乌克斯（William Ukers）译的《茶的经典》，这个版本目前更为流行，而且也被收录到了《不列颠百科全书》（又称《英国大百科全书》）中，配有精美插图，通俗易懂，但部分学者认为这个译本不属于严谨的学术作品。乌克斯后来又编著了《茶叶全书》，于 1935 年出版。这部书开篇便称：“《茶经》是中国学者陆羽著述的第一部完全关于茶叶的书籍，当时的中国农家以及世界有关者，具受其惠。”其中许多内容也直接来源于《茶经》且全文收录了此书。

由于对中华文化了解有限，乌克斯只是介绍了《茶经》各章节的梗概，没有将原著中蕴含的历史渊源和文化内涵详细介绍出来，因而无法完整地传达《茶经》的神韵。而美国作家詹姆斯·诺伍德·普拉特（James Norwood Pratt）在 21 世纪初发表的一系列文章，不仅成为向当代以英语为母语的人们介绍《茶经》的重要作品，而且将对中国茶文化典籍的译介提升到了更高的精神层面。同期由国内学者翻译的《茶经》英译本也非常注重对中国文化象征的翻译，极大程度地保留了原文的神韵，有助于不断清晰和深化非中文母语者对于中华文化的认识。此时关于中国茶文化典籍翻译策略的思辨已经上升为是否具有自觉的文化平等对话意识，翻译茶典籍的目的是进行平等的文化交流，更好地传播中华优秀传统文化。

此外，由于现今保留的有参考价值的茶文化典籍，大多数都已时代久远，其部分信息随着社会的发展，已失去现实意义，不具时代性和实用性，因此在翻译茶文化典籍，包括《茶经》的过程中，为使茶文化的传播更加高效，中外译者不同程度上采用了异化为主、归化为辅的译介方法。

促进中外文化交流融合

《茶经》与中国茶文化对海外的影响，不仅体现在它促进了其他国家对中国茶的研究兴趣，并融入接受国日常的风俗习惯中，而且还体现在它深深影响了文艺的题材和审美趣味。

《茶经》流传欧美后，不仅出现了许多模仿它而写成的茶文化专著，而且各国还结合自己的文化习俗形成了“变异”的茶道。这种“变异”展现了跨文化交流中十分有趣的融通，同时也能体现出中国传统文化在“他者”眼中的形象。比如十七八世纪的英、法等国在茶具方面喜欢用中国的陶瓷器皿，认为使用锡壶、铁壶或不锈钢茶壶是缺乏教养的表现。这种风气与那个时代英国整体的“中国风”是相呼应的，中国成了欧洲文化的“理想国”，中国茶道作为风雅的象征，融入欧洲的绅士精神中。19 世纪，英国人开始尝试在红茶中加入玫瑰、薄荷、柠檬等，有时还会加些鲜奶和糖，这与同期浪漫主义的流行密切相关。

《茶经》在海外被广泛翻译、传播和研究，促进了中国茶文化海外影响力的形成。国外文艺作品里大量出现的与中国茶有关的内容，直接反映不同时代各国对中国传统文化的接受程度。十七八世纪时，随着饮茶之风在英国宫廷和民间的兴起，出现了许多与茶有关的诗歌，被称为“茶诗”。19 世纪英国的浪漫主义诗人对中国茶更是推崇备至。雪莱《为中国的泪水——绿茶女神所感动》一诗富含浪漫派的东方神韵且不乏禅意。拜伦、济慈和柯尔律治等人亦均有赞美中国茶的佳作。另外，画家纳撒尼尔·霍恩（Nathaniel Hone）的《饮茶图》和爱德华·爱德华兹（Edward Edwards）的茶风俗画也是这一时期文艺作品中展现茶风的代表。

——载于《中国社会科学报》2019 年 3 月 25 日第 6 版，与袁梦瑶合作

文创：传承传统文化的新兴载体

慈禧同款锅底、圣旨菜单、故宫印章……最近，故宫火锅店上了微博热搜。据了解，这家故宫角楼餐厅以乾隆时期姚文翰所绘《紫光阁赐宴图》作为空间主题，展现皇家礼乐、宴会、家具器皿、游戏等宫廷文化，还原宫廷御食的场景和风貌。正因为依托故宫博物院这个超级大“IP”，网友和慕名而来的游客们对故宫火锅店也给予了更多的文化心理上的期待和关注。与其说故宫火锅店营销的是火锅，倒不如说是在借由火锅的“吃”文化，以传播传统的饮食文化，向国内外的游客讲述中国故事。

自从2013年“朕知道了”胶带问世以来，文化创意已经遍布整个文博领域，大大小小的博物馆都纷纷推出文创产品，从文具套装到钥匙扣，从生活用品到旅游用品，不一而足。故宫博物院甚至开发了“故宫口红”，该彩妆系列一上线旋即售罄，为故宫文化和电商平台双方都带来了巨大的消费流量，足以体现传统文化及其衍生品借助于互联网所展现的时代魅力、价值宽度和人气关注度。

从已有的文创实践来看，文化创意、文化衍生品的开发有其系统性、多维性和关联性，其载体和形式也是丰富多样的。从系统化创新的角度看，文化的创意和创新当然不仅仅局限于实体物品的生产和制作，还可以构建诸如场景再现式的各种体验活动，让观众们沉浸其中，带来更加直观、形象和立体的感受。而后者在由影视剧延伸出的文创产业中更为成熟和发达，如迪士尼乐园就是最好的例证。

在中国人的思维意识中，“民以食为天”的古语早已耳熟能详，中华饮食文化源远流长，中国文人自古以来都将宴饮作为身份的象征，吃什么、跟什么人吃，甚至决定了你的地位。《紫光阁赐宴图》所描绘的是清代的顶级皇家盛宴文化，其背后自然隐藏了丰厚的文化故事，也值得用立体、具象化的方式呈现于观众面前。而故宫火锅店的创意使得古代宫廷宴饮文化走入现代人的视野，正属于情景式再现历史文化情境的体验活动，可谓是故宫文化创意系统中的一个环节，既是国内博物馆方阵中的首创之举，也算是一种全新的文创探索思路和尝试。

文化符号和文化元素都是一种资源，只有将优秀的传统文化创造性地生成、开发和转化为现代的文化产品，融入现代人的日常生活中，才能让传统文化真正具备生命力和文化竞争力。与文创产品的开发和营销不同，饮食文化的情景体验更是一种视觉、味觉和听觉的全方位、系统化的经验感受。

中华饮食文化博大精深，从食材的选择和搭配，到烹饪方式、火候的把握，都体现和传递了中国人所独有的哲学、美学思想和观念。纪录片《舌尖上的中国》就是通过饮食这扇窗口，向全世界展示了中国人独特的文化和生活方式，一度在社会上引领起将日常饮食与美学相结合的潮流。故宫博物院作为向世界展示中国文化的重要窗口，在还原宫廷御食场景、打造“舌尖上”的文化品质上，也必须要有更高的审美标准和文化要求。

当然，这并不意味着故宫火锅店就必然要成为阳春白雪，远离普通的消费群体，呈现曲高和寡之势。易言之，故宫火锅店要想真正为故宫文化代言，成为一种具备文化主体性的新“IP”，赢得游客们的“口碑”，就需要摆正定位和方向：既需要主动担当传播古代宫廷饮食文化的重任，也需要和现代饮食文化、普通大众的消费观念充分结合，不能只是披着文化的外衣，转而追求商业利益。故宫火锅店仍然需要在特色、品质、价格和服务上，与一般的火锅店寻求差异化经营，以满足现代大众消费者的文化需求，真正吃出文化，吃出品位。唯其如此，才能给人一种不虚此行的文化品鉴和消费体验，以吸引更多的游客跃跃欲试。

文化与文化创意及衍生品之间是互动的关系，文化创意及衍生品会推动文化的传播，给传统文化带来一定的附加值，而文化衍生品也有其独立的“人格价值”，并不意味着只要依附于厚重的文化传统、文化实体，任何文化创意或衍生品都能绝对赢得市场和大众的青睐，呈现出超高的人气与热度。进入新时代，随着越来越多的文化产品的走红，它们所承载的传统文化也以崭新的姿态融入现代人的生活。在未来，文化文物单位也需要发挥主动性、积极性，更多地借助社会力量，进行深度合作，努力做到创新有道，成熟有方。

总而言之，饮食文化是传承传统文化的重要载体，作为展示中国形象的重要窗口，故宫火锅店要具有文化担当意识、品质意识、创新意识，用不断创新的形式，融合富有文化底蕴的创意，在“互联网+”的语境下，讲好中国故事，进一步弘扬和传播中华优秀传统文化。

——载于《中国社会科学报》2019 年 3 月 28 日第 8 版博物版，与胡波合作

新时代学术评价要有“三新意识”

一个国家的学术评价标准对整个国家的哲学社会科学发展起到直接的引领和导向作用。加快构建具有中国特色的哲学社会科学也亟须在学术评价体系和标准上正本清源，破除积弊，守正创新，真正走出具有中国特色的学术评价之路。

新要求

科学的学术评价体系是提升国家软实力的新要求。当前，哲学社会科学在提高改革决策水平、推进国家治理体系和治理能力现代化上，越来越起到更加重要的作用。学术评价体系是整个哲学社会科学发展的有机组成部分，是衡量和评价一个国家软实力的重要尺度。科学的学术评价体系是中国特色哲学社会科学发展的“指挥棒”。它充当着“听诊器”和“过滤网”的作用，能够汇聚哲学社会科学研究的知识、信息和思想的能量，增进学术成果转化的社会效能和国际影响力。

规范的学术评价体系是建设“三大体系”的新要求。“三大体系”建设是习近平新时代中国特色社会主义思想为构建中国特色哲学社会科学体系发展所指明的重要方向，也是新时代广大哲学社会科学工作者的崇高使命。学术评价标准是“三大体系”建设的“牛鼻子”，对整个中国哲学社会科学的内涵引领、价值取向、国际形象都起到“牵一发而动全身”的作用，“三大体系”建设必然要求构建与之相匹配的、规范的、科学的学术评价体系。

新担当

通过建立科学的评价体系，可以规范、引导和激励中国特色哲学社会科学的健康发展，实现学科建设、学术建设、话语建设和学术评价之间的良性互动，进而推动中国特色哲学社会科学在国际上产生更深远的影响力。

新时代的学术评价引导中国学术发展新方向。确定科学的学术评价标准属于“顶层设计”的范畴，是哲学社会科学领域首要的工作，起到“定标准、立规矩、树导向”的作用。科学的学术评价体系和评价标准会引导教学和科研工作者学术观点的创新、科研方法的改进。新时代的学术评价要引导中国学术朝着健康的方向发展，就需要凝聚学术评价机构、评价主体等多方共识，融合多方智慧，为营造科学合理、风清气正的学术评价环境而努力。

新时代的学术评价肩负着提升国际学术话语权的重任。学术研究的质量是学术话语权的逻辑起点，也是形成学术话语权的核心要素。对学术话语权的感知，有赖于学术评价标准或评价体系对学术话语的鉴别和认可。学术评价标准当然要以提高学术质量为价值目标，对形成学术话语权的过程起到监督、保障和反馈的作用。新时代，我们应该对学术评价制度进行深刻的反省，及时走出学术“功利化”“名利场”的泥淖。学术评价应该以促进学术质量为目标，充分激励科研工作者的积极性和创新能力，驱动我国的学术研究在国际学术场域取得领先地位。

新作为

中国特色社会主义进入新时代的历史方位，为我们开展学术评价研究带来了更好的发展机遇。广大的哲学社会科学工作者需要有时代的使命担当，既要在学术评价理论的探索上深耕细作，也要在学术评价的应用实践上大胆创新。

在理论上，对学术评价进行跨学科、多主体的协同研究，为学术评价提供学理支撑。必须认识到，随着新媒体的融合发展，学术成果的数字化、集成检索传播平台的发展已是大势所趋。学术载体和技术背景的变化必然会强烈地冲击传统的学术评价准则，学术评价的市场面向愈加复杂，而学术评价的研究也越来越呈现出跨学科的本质属性，其复杂性远远超出单个学科的力量和视野，最终导致学术评价的方法论一直是横亘在评价机构、评价主体面前，短期内难以破解的重大难题。新时代，哲学社会科学界对学术评价的研究需要有跨学科、多主体、多角度的思维，构建学术评价完整的理论体系，为实践提供系统的学理支撑，以应对复杂的形势变化，力求从本质上获得一些进展和突破。

在实践上，构建中国特色学术评价体系，实现学术评价的系统性、多元化、多维度。应该看到，改革开放以来，中国哲学社会科学在党的领导下持续繁荣发展，在“学术研究”“理论阐释”“决策咨询”等诸多方面承担起了历史的重任，这必然要求我们对学术成果的评价呈现出系统性、多元化和多维度。学术评价的多元化是指，不论是传统的学术研究成果，还是具有引领性的理论阐释成果，以及具有前瞻性的决策咨询成果，在学术评价上要告别传统的思维定式心理，摆脱只注重学术期刊论文的束缚，适时将研究报告、数据调查、媒体报道、报纸理论文章等纳入成果评价的范畴；学术评价的多维度是指，要重视学术成果内涵、质性影响力、吸纳同行专家以及学术共同体的评价和认可度等深层次、多面性的界定。

——载于《中国社会科学报》2019年4月2日第1版，与胡波合作

美国名校为何“嫌贫爱富”

一向宣扬机会平等、任何人都可以拥有“美国梦”的美国，在高等教育机会中的不平等逐渐凸显。

近日，包括耶鲁大学、斯坦福大学在内的部分美国知名高校曝出招生丑闻。美国联邦调查局和税务局出动300名探员，抓捕近50人，其中有大学招生人员、中介与升学顾问、家长等，涉及近 800 个家庭。涉案家长通过贿赂、欺诈等非法手段，将子女送入12所美国名校。

据统计，2011至2018年间，约有2 500万美元“捐款”流入美国一基金公司用以行贿。正如犯罪嫌疑人辛格所言：“我们所做的，是帮助美国最富有家庭的孩子叩开大学的大门。”

大学申请靠“走后门”

在美国，顶尖的高等学府往往是私立性质的，学费高昂，奖学金竞争十分激烈。大学录取标准比较宽泛，入学需要由各所大学内部的招生委员会的会议投票决定，可操作性强。这时，申请人的家庭背景、种族、国籍等学习水平和能力之外的事情，会对录取结果造成很大的影响。

一般来说，美国学生可以通过合法的“走后门”的方法在美国高等院校入学。这已经成为公开的秘密。主要有以下四种方式：

“传承性录取”，对于美国高级政客和家族内有很多来自该高校毕业生的名门望族，可以通过与高校高层过硬的人际关系让孩子得到录取。

“发展性录取”，特别富裕的家庭可以直接向学校捐楼或成立基金会。哈佛大学校报公布的数据显示，2018年入学的新生中，29%来自“传承性录取”，其中40%的新生家庭年收入超过50万美元。普林斯顿大学15%的学生来自“传承性录取”，耶鲁是13%。

“捐资助学”，家长通过一笔不大不小的捐助，成为该校的资助委员会成员。如此，孩子的申请材料会纳入学校招生部门的优先考虑范围。与前两种百发百中的方式不一样，能不能进学校还要看孩子自身能力，如果与录取标准差异太大也不能成功。

“特长培养”，是指家长把钱全部用来培养孩子的能力。比如买下在大公司、著名社会组织或政府机构的实习机会；培养小众、高雅的音乐、美术或体育特长。例如，体育特长就包括各种普通家庭无法涉足的冷门项目——马术、射箭、击剑、水球、帆船、健美操、高山滑雪和冰壶等。这种手段虽然的确动用了一些人际关系，也花了金钱，但是本质上还是正常申请，能不能被录取还是靠申请人自身的能力。

由此可见，“捐资助学”和“特长培养”主要是中级官员、医生、律师、教授、高级技师、中小企业主等美国精英中产阶级家庭子女的入学手段。美国顶尖私立大学的学生，绝大多数来自这类家庭。依靠着优秀的资源和努力奋斗，这些学生自出生起就为考大学做准备。

私立高校依赖捐款

在美国，这些“走后门”的方式是公开合法的，原因是美国高校需要捐款。美国学校，特别是排名靠前的学校，无论是私立还是公立，几乎都是非营利性的。非营利性的定义是，营利不作为股东分红，也就是说，学校的所有收入只能作为学校支出，例如教师工资、校舍建设、科研器材采购等。即使是美国公立大学，政府投入只有 30%左右，除了学杂费、科研费之外，至少有 30%的经费需要依靠捐款。那么，对于完全没有政府投入的私立高校来说，如果没有捐款，学生的学费将会十分昂贵。所以，美国高校需要捐款。

在美国的大学，捐赠是主要的经费来源之一。在耶鲁、哈佛、斯坦福等大学中，这部分来源超过了学费的总额。名校的校友捐赠率一般为 30%～40%，哈佛大学的捐赠率为 48%，普林斯顿大学捐赠率更是高达 68%。其中，不乏夺人眼球的巨额捐款。2015 年，约翰 •保尔森向哈佛大学捐款 4 亿美元，打破了校史纪录。

不管是私立大学还是公立大学，校友捐款决定了各大学对学术研究、教学内容和形式的投入水平，也是学术自由的财务保障。虽然学校不以营利为目的，但如果想提升学校规模、学校声誉和教学质量等就需要大量的投资。

对于校友来说，他们很珍视手中持有的毕业证、学位证的价值。对学校而言，校友捐赠不仅能给大学发展和规划带来新的生机，而且是大学排行的重要指标之一。同时，排行又会引导新的资金流向。所以，获得更多的捐赠是名利双收的事情。

来自企业界、基金会、校友、社会团体、慈善机构的捐赠历来是美国高校办学经费的重要来源。美国高校对教育捐赠的宣传、筹集、管理和投资等方面已步入专业化、市场化的运作，并形成了日益完善的制度，先进的专业化管理及完善的募捐机制使美国高校在竞争激烈的募捐活动中获得充足的资金支持和源源不断的发展动力。

以上这些资金来源都是教育投资的重要环节。拥有这些多样的捐献来源，美国顶尖高校有更多的财力来支持优质师资、校园硬件建设和校友网络的维系，而这些因素都是名校必不可少的特质。

百年声望面临危机

绝对的教育公平并不存在，边界一旦被打破，美国高校几百年维护的声望必将面临巨大危机。

目前，此案涉及的高校包括耶鲁大学、得克萨斯大学、斯坦福大学、乔治敦大学、加利福尼亚大学洛杉矶分校、南加州大学、维克福里斯特大学等。一些学生和家长已经对涉案高校提起集体诉讼，要求高校赔偿精神损失费以及返还大学入学考试报名费。

在一桩集体诉讼中，斯坦福大学在校生埃丽卡·奥尔森和卡莉·伍兹状告辛格和 8 所高校，包括母校斯坦福大学。两人曾申请耶鲁大学和南加州大学，未被录取；后来进入斯坦福大学。奥尔森和伍兹认为，耶鲁大学和南加州大学卷入舞弊，使得原本符合入学资格的学生被名人子女“挤占掉”名额。

长期以来，斯坦福大学的文凭被视为含金量极高，因为这是美国最难考取的名校之一。以 2018 年为例，在美国申请该校的全部学生中，最终只有 4.3%的学生被录取。但是，在此次名校受贿案中，斯坦福大学参与舞弊，导致学校名誉扫地，这使得学生今后拿到的斯坦福大学毕业证书“含金量”降低，对他们不啻重大打击。

破坏教育公平，剥夺真正优秀的孩子进入精英学校的机会。“每一名舞弊入学的孩子身后，都有一名诚实、真正出众的孩子被拒之门外”，马萨诸塞州联邦检察官安德鲁·莱林说，教育是普通人改变命运的关键机会，如果不对这种状况加以遏制，社会最终就会变成一个赢者通吃的残酷世界。不知有多少挑灯夜读的普通学子就因为没有这么权贵的父母被硬生生挤了出去，他们的人生也因为那些素未谋面的人而被彻底改变。在案件的新闻发布会上，美国联邦检察官安德鲁·莱林表示：“这起案件涉嫌通过稳定运用财富、欺诈，来加重精英学校入学的腐败现象。”

美国高校招生“嫌贫爱富”，貌似合法但不合理，这不但让优势资源过于集中，从根源上加剧社会的两极分化，而且长期看来对美国经济增长、社会发展也极为不利。同时，美国高校招生的舞弊事件提示我们，在诚信缺失的情况下，更需要在制度上保障“综合评价多元录取”的公平公正性，以防止被利用。

——载于《中国教育报》2019 年 4 月 19 日第 6 版，与张楠合作

Translation and Research of Tea Classic Promoted Chinese Tea Culture to World

Tea is one of the main symbols of the Chinese culture. As early as in the Western Han Dynasty (202 BCE—8 CE), tea and tea culture had been spread overseas. *The Classic of Tea*, also translated into *Cha Ching* based on the Wade-Giles romanization system, not only advanced the development of tea culture in China, but also generated extensive influence abroad. Authored by Tang Dynasty tea expert Lu Yu (733—804), who has been honored as the Sage of Tea, the masterpiece is the first known monograph on tea in the world. Studying the outbound transmission of tea culture in ancient times along with the history of the translation of *The Classic of Tea* will provide reference for the telling of Chinese stories and the dissemination of Chinese culture in the contemporary era.

Overseas influences

China was the first country in the world to grow tea on a large scale and foster a tea-drinking custom. The tea culture and its comprehensive system were brought into being in the Tang Dynasty (618—907), the heyday of economic, political and cultural development in ancient China, and *The Classic of Tea* came out during this period. The monumental book consists of three volumes and 10 chapters. Rich in content and graceful in writing, it laid the groundwork for the shaping of the Chinese tea science and tea ceremony. After its debut, the book was widely circulated abroad.

Japan received the earliest and most profound influence from *The Classic of Tea*. It was formally introduced into Japan in the Southern Song Dynasty (1127—1279). In the mid–12th century, Japanese monk Myoan Eisai came to China twice and took tea seeds and many documents related to tea culture back to Japan, including a handwritten copy of the tea classic.

The tea ceremony prevailed in modern Japan, when growing numbers of scholars began to explore tea culture. During the Edo period (1603—1867), Japan started to reprint *The Classic of Tea*, particularly the version edited by scholar Zheng Si from the Ming Dynasty (1368—1644). In 1774, Daiten Zenji made detailed annotations to the book using katakana and Chinese characters, composing *The Detailed Classic of Tea*.

The most notable scholar on *The Classic of Tea* in modern Japan was Morooka Tamotsu. His representative research outcomes include *A Biography of Lu Yu: The Sage of Tea*, *Lu Yu and The Classic of Tea*, *Comments and Explanations of The Classic of Tea*, and *Additions to Comments and Explanations of The Classic of Tea*.

Nunome Chofu is one of the representative contemporary Japanese researchers in the field. He collated *The Classic of Tea* in detail and published eight versions of the book in his *Complete Chinese Tea Works*, including a few rare copies of the classic.

In Korea, the propagation of *The Classic of Tea* started in recent decades. Choi Beom-sul's *The Korean Way of Tea* (*Hangukui Chado*) incorporates several chapters of the masterwork. Later Kim Un-hak translated the whole book into Korean and placed the Zheng Si edition at the beginning of the appendix to his *Korean Tea Culture*, which enhanced Korean people's understanding of the history of Chinese tea culture.

The westward spread of tea leaves via land routes has had a long history. In the Han Dynasty (202 BCE—220 CE),silk and tea leaves were valuables carried west through the Silk Road. In the Tang Dynasty, tea drinking was trendy in the Central Plains. Arabs from West Asia, who came to China for trade purposes, were important carriers for the westward transmission of Chinese tea culture. While buying great quantities of silk and porcelain, they also took tea leaves back to their homeland. Tea customs hence caught on in some regions of West Asia rapidly. The wave swept not only Northern and Western Europe, but even as far as Africa.

The Classic of Tea was imported to Europe later. Not until after the 17th century did it have an impact. Successively it was translated into Western languages, such as English, German, French and Italian.

Italy was among the first countries in Europe to study Chinese tea. In 1559, three important works of renowned Venetian writer Giovanni Battista Ramusio were published, namely *Notes on Tea*, *Notes on Chinese Tea* and *Travel Notes*, which also record *The Classic of Tea*.

Contemporary Venetian scholar Marco Ceresa published the Italian translation of the tea classic in 1991, which is the most complete translation in the West so far. The first edition was sold out soon after it came onto the market, reflecting European society's strong interest in *The Classic of Tea*.

From material to cultural

The aims for translating *The Classic of Tea* varied in different historical stages, from simply transmitting material information concerning tea ware, tea leaves and tea making to spreading traditional Chinese culture.

In 1935, American writer William Ukers compiled and published the book *All About Tea*. "It remained for Lu Yu, a Chinese scholar, to compile, about 780 CE, the *Cha Ching*, the first book to be devoted in its entirety to tea," Ukers stated at the beginning of his tea monograph. "To Lu Yu, the early Chinese agriculturists were heavily indebted. And if their debt was heavy, how much more so is the debt which all the world owes," he added. Much content of Ukers's book came directly from the tea classic, and the full text was included.

On the one hand, due to his limited knowledge of Chinese culture, Ukers simply introduced the main idea of each chapter of Lu Yu's magnum opus and didn't elaborate on related historical origins and cultural connotations, so he failed to convey the essence of *The Classic of Tea*.

On the other hand, a series of articles written by American author James Norwood Pratt in the early 21st century not only became crucial to informing English speakers of *The Classic of Tea* in the contemporary age, but also lifted the translation of documents concerning Chinese tea culture to a higher intellectual level.

At the same time, English translations of *The Classic of Tea* by domestic scholars also paid high attention to translating Chinese cultural symbols, retaining the essence of the original to the greatest extent to deepen non-Chinese speakers' understanding of Chinese culture.

The focus of debates over strategies to translate documents concerning Chinese tea culture also shifted toward a consciousness of equal cultural dialogue. The purpose of translating tea documents has been regarded as to engage in equal cultural exchange and to better spread traditional Chinese culture.

However, the most extant referentially valuable books and records about tea culture are aged. Some information is outdated and impractical in developed society. Thus when translating tea culture documents, including *The Classic of Tea*, Chinese and foreign translators alike have depended largely on foreignization and occasional domestication in their translation methodologies, in a bid to disseminate tea culture more efficiently.

Cultural blending

The Classic of Tea and Chinese tea culture have been influential overseas not only because they intensified other countries' interest in studying Chinese tea and were fused into their daily customs, but also because they profoundly impacted the literature, art and aesthetic communities of other nations.

After the introduction of *The Classic of Tea* to the West, a great number of tea culture monographs that were modeled after the Chinese classic emerged, and many countries tailored the tea ceremony to their cultural conventions. The tailoring attempts are interesting instances of integration in cross-cultural communication that reflect how other countries see Chinese culture.

In the 17th and 18th centuries, for example, British and French people preferred to use Chinese pottery as tea ware, and using tin pots, iron kettles or stainless-steel tea kettles was viewed as poor taste. The ambience echoed the "China craze" in Britain at that time. As China was seen as an ideal country in European culture then, the Chinese way of tea, as a token for elegance, was blended into the gentlemanly spirit in Europe.

The extensive translation, spread and research of *The Classic of Tea* promoted the shaping of the overseas clout of Chinese tea culture. Chinese tea appeared in many foreign literary and artistic works, mirroring the degrees to which countries around the world accepted traditional Chinese culture in different times.

In the 17th and 18th centuries, with the prevalence of tea drinking in the British court and society, many tea-related poems sprung up, which were dubbed "tea poems". Many romantic poets from the 19th century lauded Chinese tea in their works, such as Percy Shelley, George Byron, John Keats and Samuel Coleridge. Moreover, Irish portrait-painter Nathaniel Hone drew a charming picture of a tea drinker in 1771, and English painter Edward Edwards created the work *Tea at the Pantheon*, showcasing that tea drinking was in vogue during the period.

——载于《中国社会科学报》2019 年 4 月 11 日国际英文版第 5 版，
与袁梦瑶合作

翻拍剧要走出“毁经典”的怪圈

近些年来，除去2017年的新版《射雕英雄传》收获了一定的成功外，更多的翻拍剧大都没有再创辉煌，反而成为大众吐槽与批评的焦点。近日，新版《倚天屠龙记》《封神演义》也相继粉墨登场，随着剧情的不断推进，似乎又陷入了似曾相识的“怪圈”，故事空洞、人物形象扁平、改编用力过猛等仍旧成为观众“不买账”的缘由。

每个时代都需要创作出属于自己的经典，经典剧翻拍本无可厚非，很多经典影视剧因为拍摄时间较早，在画面质量、技术手段和风格类型上无法满足新时代观众的审美需求，也需要与时俱进，不断创新，在新的时代焕发出新的活力。然而，相较于过去，当下的影视剧拍摄无论是在资本投入、技术支持、服装造型、画面质感及后期制作上，都已经远远超过了当年经典剧的拍摄条件，又何以拿不出让多数观众满意的作品？

其实，不少观众对当年“经典剧”背后的故事并不陌生，甚至很多故事已成激励人们进步的“佳话”。老版25集《西游记》从1982年到1988年总共拍摄了6年，87版《红楼梦》拍了3年，94版的《三国演义》1987年筹拍，1991年正式开拍，到1994年拍摄完毕。当然，拍摄时间并不能说明什么，当年《西游记》和《红楼梦》剧组遇到的资金和技术困难，也是拍摄时间之长的最大阻力，但是，困难重重之下，老一辈的导演对待原著的忠实与敬畏、对演员和场景地选择一丝不苟的精神，还有演员们那种忘我付出、不计代价的奉献精神，才是决定他们在那个年代也能创造出经典的根本原因。

反观现在，在“赚钱快”“多赚钱”的现代商业逻辑中，又隐藏着影视剧制作各方互相角力的复杂动机，不少翻拍剧大多将重心转移到“偶像剧”“推新人”的包装上，“小鲜肉”的颜值和大众欢迎度、画面特效的包装等，已经成为快餐化、浅层次娱乐情境下的主要“看点”，诸如对原著的理解囫囵吞枣、浮于表面、演员形象与气质与原作差距甚远、故事内容没有呈现原作的精神内核、改编的剧情胡编乱造，缺乏张力等，已经成为很多翻拍剧共同的“硬伤”。不少翻拍剧打着“致敬经典”“致敬情怀”的旗号，却在做着“解构经典”“颠覆经典”“破坏经典”之实，在一轮又一轮的话题争议中，“翻拍剧”似乎已成“毁经典”的代名词。

不得不承认，过去的年代可供人们选择的电视剧本就少之又少，物质贫乏、精神食粮稀缺的年代也是容易造就“经典”的年代。如今，电视剧拍摄和制作已经进入了商业化、规模化生产的时代，人们的可选择面也远远超出了过去，再造“经典”也并非易事。但是，也要看到，人们的需求是多元化的，大众对经典的需求与渴望并没有降低，经典在新的时代依然有其独特的价值和魅力，只要精心创作，也还是能够涌现出紧跟时代发展、满足观众需求的“上乘之作”的影视剧。

——载于《人民日报》（海外版）2019 年 7 月 20 日第 7 版，与胡波合作

抓住“真文化”，而不是“假标签”

近些年，不论是国产动漫电影如《西游记之大圣归来》《大鱼海棠》《小门神》等，还是中外合拍的《摇滚藏獒》《熊猫和小鼹鼠》等，都开始从优秀的传统文化中“挖宝”，在动漫制作中融入中国传统文化的基因，取得不错的成绩。然而，与此同时，我们也看到有些动漫作品只满足于贴上传统文化与中国元素的标签，讲故事的能力没有丝毫提升，仍在套路里打转。

不可否认，中国的优秀传统文化是一个取之不竭的创作富矿，值得深度挖掘。但是，我们也应该看到，传统文化与中国元素不是“尚方宝剑”，也不是“包治百病”的药方。事实上，随着电影技术的发展，动漫制作国际交流与合作的愈加频繁，技术已经不是动漫制作的真正屏障，而随着审美水平与艺术欣赏能力的不断提高，观众对动漫作品的要求也越来越高，他们既看重技术，也看重故事。

中国动漫要以传统文化和中国元素“走出去”，绝不能只满足于将传统文化和中国元素进行简单拼凑、整合，而是要真正研究什么是中国文化的传统，这里面有技术，也有精神。要把真正代表中国的美学传播出去。要对传统进行创造性转化和创新性发展，以丰富的故事情节、饱满的人物性格，赢得观众的精神共鸣，传递人类共通的价值观。

“讲好故事”本就是中国动漫制作优秀的文化传统。新中国成立70年以来，中国动漫既涌现出以手绘动漫、剪纸动漫、木偶动漫、水墨动漫、折纸动漫为代表，有着独特民族风格和美学价值的多元化的动漫类型，也产生出以《邋遢大王历险记》《三毛流浪记》《黑猫警长》等为代表的，擅长讲故事和感染人的动漫精品。进入21世纪以来，在与国际动漫的产业竞争中，以《熊出没》系列等为代表的国产动漫打开了国外市场，甚至打败国外的一些动漫，赢得了可观的票房。

如今，中国动漫“走出去”面临着一系列新的问题，观众是国际化的，文化背景也是多元的。这就要求动漫制作方要读懂国际观众的真正诉求，在不同的文化差异中寻求一种共通的审美精神和价值追寻，既要意识到孕育优秀的本土原创故事的重要性，更需要具备国际视野，坚定自信，着眼长远，精耕细作，始终将好故事这张牌打好，让中国的好故事在国际舞台产生更大的影响力。

——载于《人民日报》（海外版）2019年8月3日第7版

给高技能人才“事业编”，更要给其用武之地

为贯彻落实《国家职业教育改革实施方案》，甘肃省政府办公厅日前印发《甘肃省职业教育改革实施方案》，针对高技能人才进入职业院校、应用型本科高校的“编制”问题，首次做出规定，要求省管职业院校在省级编制部门核准的编制使用计划内自主招聘人才，落实同工同酬。

一直以来，高职院校人才招聘没有自主权，企业身份难入“事业编”，是困扰高职院校“双师型”教师队伍建设的一道坎儿。与本科院校不同，高职院校的教学偏重实践、实用，更加接地气，要求教师既要会教知识，又要懂得系统的操作技术，还要重视培养学生的职业素养。而高职院校不少学生存在的考分低、学业基础薄的实际情况，要求高职院校教师不仅要教本领，还要承担提精神的重任，高职教师必须是能手、多面手。

然而，近年来，高职院校的招聘对学历始终青睐有加，硕士研究生是起步，一些高职院校将门槛提高到博士学位，师资引进和本科高校的人事招聘无异。由于普通本科高校培养的应届毕业生理论知识较强，但动手实践能力并不强，成为高职院校“双师型”教师队伍建设的一个重要掣肘。

有数据显示，目前全国高职院校共有专职教师 49.8 万人，在今明两年高职扩招情况下，若按生师比 18:1 计算，并考虑教师退休等自然减员情况，我国每年需补充 6.5 万名高职院校教师。这 6.5 万名高职教师从哪里来，是摆在高职院校面前的一个现实问题。

毋庸讳言，师资队伍建设是决定高技能型人才培养质量的先决条件，没有“双师型”教师队伍，就没有高技能人才培养的产出。让企业身份也能入“事业编”，让更多拥有技术经验和实践能力的高技术型人才走进校园，无疑会提高“双师型”教师队伍建设的效率。甘肃省在充分落实《国家职业教育改革实施方案》上可谓是开了个好头，值得更多的省份学习。

当然，让政策真正落地，还需要省级人社、教育等部门的多方配合，畅通高技能型人才真正“入编”的渠道。毫无疑问，让高技能型人才“入编”，拓宽了教师来源的渠道，在教师的引进范围上，可以更多地瞄准企业“工匠之师”、国家技能大赛的获奖者等，但这并不是终极目标，还需要相关管理部门、高职院校进一步研究、制定配套的支持和鼓励政策，以激活其主动性和积极性，人尽其才，这才是对高技能型人才的真正重视。

首先，在薪资分配上，要大幅度提升高技能型人才的待遇水平，合理放宽学校绩效分配工资总额的上限，教师依法参与企业与社会服务，所取得的收益可参照科技成果转化收益，不纳入工资总额控制基数，进行合理有据的分配，并设立“双师型”教师岗位津贴和特殊工种教师岗位津贴，提高技能型和技术型教师积极投身教学、科研、服务企业和社会的吸引力，激活教师的主体性。简而言之，高职院校要引进高技能型人才，更要以高待遇水平留住这些“工匠之师”。

其次，在管理层面上，高职院校要破除官本位的色彩，尊重教师、尊重智慧、尊重创造，充分落实高效激励、真诚服务、有效约束的现代化高校人事管理制度，出台激励政策，给予教师更多的科研自由度，创造一个更加宽松的文化环境，依据不同教师的技术专长、专业分工，实施分层、分类管理，破解各类工资、业绩奖补的政策瓶颈，加大对教学型名师、指导学生获得国家职业技能大赛奖项的教师的奖励，激发他们的工作热情和激情，提高“双师型”队伍建设总体水准。

最后，在平台建设上，要与一流企业合作，建设特色产业学院，既要给学生搭建实习、实训的技能平台，也要给教师搭建高水平的研究平台，提供重要课题研究的条件，形成高水平的技术与产品研究实验中心，加大科研团队的培训培育力度，鼓励教师全方位为行业企业提供技术服务和社会服务，让英雄能真正有其“用武之地”，而不是陷于“巧妇难为无米之炊”之窘境。

总之，甘肃省出台相关政策，给高技能型人才“事业编”，打破了高职院校人才引进门槛的限制，有利于高技能人才向职业教育领域合理流动，值得更多的省份和地区效仿及着力推动。与此同时，让这些高技能型人才发挥出实际效用，还需要高职院校完善合理、配套的激励政策，激发教师成长的内生动力。须知，高职院校一流师资的建设和培养并不是孤立的，总是和一流的管理能力、文化制度、平台建设等相匹配，这就要求高职院校在师资队伍建设的总体管理水平上，能够实现同步、系统性的提升，而不是仅仅满足于将高技能型人才招进门即可。

——载于《中国教育报》2019年11月12日第9版，与胡波合作

人工智能促进教育事业新发展

近年来，人工智能发展迅猛，在理论和技术方面日益成熟。2016 年 3 月，AlphaGo 战胜世界围棋冠军李世石，在轰动全球的同时也让世界更加关注人工智能的开发和应用。当前，人工智能已广泛应用于多个领域，在教育领域的应用和成就尤为显著，极大地推动了教育的改革与创新，使得“人工智能+教育”成为新趋势。2019 年 5 月，习近平总书记在《向国际人工智能与教育大会致贺信》中指出：“人工智能是引领新一轮科技革命和产业变革的重要驱动力，正深刻改变着人们的生产、生活、学习方式，推动人类社会迎来人机协同、跨界融合、共创分享的智能时代。”如果把教育比作一个系统，人工智能就是一种“外来物种”。当前的教育系统从目标到内容、从制度到流程都带有较强的固定性，其中的要素相对单一。作为“外来物种”的人工智能发挥其优势，将单一的生态系统转变为丰富的生态系统，增加系统的构成要素，增强系统的缓冲性，提升系统的抗崩溃性。

人工智能应用于教育领域

人工智能是用人工的方法在机器上实现的智能，或者说是人们使用机器模拟人类和其他生物的自然智能，包括感知能力、记忆和思维能力、行为能力、语言能力等。在某种程度上可以说，人工智能就是在机器上实现类人的教育，或者说是对机器实施教育。目前，人工智能的主要发展方向是通过机器模仿和执行人脑的部分功能，其主要运作方式是对大数据进行推理和运算，通过运算模拟人脑的思维方式，将人类从部分脑力劳动中解放出来。人工智能发展至今已引入智能识别、自然语言理解、学习分析、虚拟现实、教育机器人等技术，为人工智能在教育领域的应用奠定了技术基础。当前，人工智能在教育领域的应用形式主要有四种：智能测评系统、智能教学系统、虚拟现实教育和教育机器人。

1. 智能测评系统。人工智能引入文字识别和语音识别等技术后，能够快速、高效、准确地批改学生的作业。除此之外，能够根据作业的批改结果对学生的学习情况进行智能评估，生成个性化反馈。这不仅减轻了教师的课后负担，使教师能够将精力更多地放在课堂教学上，还能够帮助教师更直观地了解学生的学习情况，有针对性地制定教学方案，因材施教。

2. 智能教学系统。区别于传统的一对多的课堂教学模式，智能教学系统依托网络，能够为学生提供一对一的专属教学服务，对每位学生的学习情况进行精准评估。根据学生的学习进度、对知识的掌握程度等定制专属学习内容、学习计划、学习目标和学习资料。只要有网络，学生可以随时随地进行自主学习和课后答疑。此外，智能教学系统能够根据学生的面部表情、言语表情、知识反馈等可察因素，实现情感感知、预测和调节，进而对学生的情感状态做出积极干预调节。同时，智能教学系统能够根据每位学生的学习反馈，为教师制定相应的教学方案，实现教师教学内容与学生学习进度间的精准对接，从而提高教师的教学水平和学生的学习效率。

3. 虚拟现实教育。虚拟现实技术在教育中的应用，极大地丰富了教育的形式和内容。在传统的课堂教学中，学生只能通过教师的描述、平面图解和自己的想象去消化所学知识，对于想象力较差、接受知识的能力较弱的学生而言存在很大的学习负担。虚拟现实教育能够帮助学生突破传统教学空间、形式和内容束缚，为学生创建仿真的教学场景，给学生以身临其境的感觉。通过空间和场景的自由切换，能够增强可视化教学的视觉效果，允许学生在虚拟空间中自由探索，从而培养学习兴趣，激发学习积极性，促进学习效率的提高。

4. 教育机器人。作为人工智能在教育中的重要应用，教育机器人发挥了巨大作用。融合多个领域技术的教育机器人，构建了全新的学习环境，改变了传统的教条化教学方式，和教师、学生一起参与到课堂活动中，逐渐成为教学主体之一。教育机器人的加入，能够协助教师开展教学活动，激发学生的学习兴趣，帮助学生解决疑难问题，为课堂氛围注入新的活力。教育机器人回答学生的问题需要连接网络，搜寻信息的过程也是自我更新和学习的过程。通过与学生的频繁交流，教育机器人对学生的了解逐步加深，进而能够因材施教，通过定制学习环境帮助学生层层深入了解各学科知识，有建设性地提高学生的学习能力和思维能力。

人工智能赋能教育改革与创新

人工智能技术的快速发展及其在教育领域的广泛应用，使人工智能与教育融合成为趋势。人工智能促进教育模式、教育理念和教学环境等发生重大改变，我们应重视人工智能给教育带来的积极影响，充分利用人工智能的优势，加快教育改革和创新，使教育跟上人工智能发展的步伐，推动二者协同发展。主要可以从以下几个方面入手。

1. 高校开设人工智能相关课程，加强校企合作，培养具有创新意识的人工智能领域人才。人工智能领域的人才通常是多专多能，学校应提供平台让非人工智能专业学生可以在学好本专业知识的基础上辅修人工智能相关课程。高校在开设人工智能相关课程的同时，应培养学生的创新意识，并加强校企合作，通过与人工智能相关信息技术企业建立合作关系，为学生创造实践机会，将创新意识同理论知识与实践相结合。只有这样，才能培养出有真才实学的创新型人工智能领域人才。

2. 将远程教育与智能测评系统、智能教学系统、网络教学资源、智能答疑系统等人工智能技术相结合，实现个性化教育，促进教育公平。远程教育的本质是网络教育+个性化教学。智能远程教育能够消除因地理位置导致的学习资源上的差异，只要有网络，学生可以随时随地上网学习，搜索浏览海量网络教学资源。不同地区的学生能够通过网络实现教育资源共享，从而拥有受更优质教育的机会。此外，人工智能教学系统能够根据学生的学习情况，生成个性化反馈，为学生定制专属的教学活动，使得教学过程和管理更加有针对性。

3. 重新定位教师在教育中的角色，培养智慧教师。人工智能时代，学生的学习方式发生巨大变化，教师的教学方式及对自己角色的定位也应随之做出改变。教师不再仅是单向的知识传输者，而应在人工智能技术的帮助下，与学生建立良好关系，充分利用大数据网络，准确评估学生的能力，帮助学生制订切实可行的学习计划，树立理想的学习目标，激发学习兴趣，端正学习动机，提供个性化辅导。只有当教师的角色实现由教书者向智慧教师的转变，才能充分发挥“人工智能+教育”在教育创新与变革中的作用。

应对人工智能教育应用存在的风险

人工智能技术是一把双刃剑，在促进教育改革和创新的同时也存在一定风险。一方面，人工智能在教育中的应用可能会泄露用户信息。人工智能对教育大数据及云计算、机器学习等技术支持的依赖较大，其本质是通过较多的松散数据与算法所构成的智能程序实现对人脑的模拟。人工智能教育应用以互联网为依托实现资源共享，教育大数据的采集涉及用户的地理位置、手机号码和身份等信息，在资源共享过程中易被泄露。另一方面，人工智能教育应用时刻面临网络攻击的威胁，教育大数据信息可能被篡改，错误或虚假信息肆意传播，影响用户体验效果。

针对人工智能教育应用存在的风险，我们应创建网络安全防御体系，并定期修补系统漏洞，加强对教育大数据的采集和存储的监管；同时，建立健全相关网络安全法律法规，通过法律约束泄露或宣传虚假信息的行为，打击网络攻击行为。这样才能为人工智能教育应用创造良好的发展环境。

总之，人工智能的迅速发展为教育事业赋能，“人工智能+教育”已成为当前教育发展的趋势。在人工智能技术的辅助下，通过对教师角色定位的改变以及为学生提供个性化学习服务，能够推动教育事业的改革与创新。但是，人工智能教育应用自身也存在风险，必须采取相应的风险规避措施，保证用户的信息安全和网络安全，从而促进人工智能和教育更好地协同发展。

——载于《中国社会科学报》2019年11月19日第4版，与吴培合作

“一带一路”与中国茶文化

中国是世界上最早大规模种植茶叶，同时也是最早形成饮茶之道的国家。“一带一路”沿线国家普遍的饮茶风俗，使得中国茶文化在“一带一路”建设中成为文化交流的重要媒介。

早在汉代时期，茶叶就已成为古丝绸之路上的主要商品之一。公元 7 世纪左右，中东和西亚的阿拉伯人来到经济繁盛的中国购买大量的丝绸和瓷器，同时也带回了茶叶和饮茶之风，并向西传至北欧、西欧甚至非洲。唐代中后期，南方多地开始频繁与西欧通商，茶叶和瓷器等重要物资源源不断地输入欧洲，茶文化也开始在西欧各国传播开来。自宋代开始，茶叶依靠陆上丝绸之路销往西亚和西非等地，依靠海上丝绸之路远销南洋和日本等地。到了明代，政府更加积极地推进东西贸易的发展，并先后 7 次派郑和下西洋，直接推动了茶叶的出口和茶文化的输出。

“北有丝绸之路，南有茶马古道”，茶马古道在我国历史上对中华民族文化的发展起到重要的作用。茶马古道的概念来源于茶叶与马匹的互市，因而茶马古道成为世界上茶的起源中心，茶文化也随着茶马古道的发展而得到广泛传播。茶马古道将生产茶叶的地区与需要茶叶的民族紧紧联结在一起，沉淀出深厚的茶文化，在中国茶文化中留下浓重的一笔。茶马古道不仅是藏区茶叶补给的重要途径，也是沿线各族人民进行经济文化交流的枢纽，是茶文化的传播与交融的重要通道。茶马古道还连接着生活在喜马拉雅山和横断山深处及周边国家的各个民族，这些民族也在茶马古道上进行各种物质和文化的交换。茶文化随着道路的延伸和传播，流传到了南亚、东南亚等地区，大西南的茶叶源源不断地在深山峡谷、雪域高原中艰难跋涉，走进这些不同民族的生活，融入风姿各异的文明。

中国内地的茶文化向西域诸多的传播，改变了一些国家的饮食文化。例如：今天的中亚和西北亚地区的一些国家本来属于乳饮文化体系，但是由于茶文化的渗透，其原始的乳饮文化便出现新的变化，形成了我们今天所看到的奶茶文化。这不仅在国外，在我国内部的一些少数民族，如蒙古族、藏族、维吾尔族的日常生活中，这种茶文化带来的文化融合也十分常见。除了奶茶文化外，这些地区流传至今的一些茶歌茶舞、茶艺表演等，便是茶文化对外传播的文化结晶。

随着“一带一路”建设的不断深入推进，“一带一路”为传播和弘扬中国茶文化提供了很好的机会和平台。

一是增强沿线各国对中华文化的认同感。在经济全球化的今天，文化是民族凝聚力的集中体现，而文化软实力也已经成为综合国力竞争的重要因素。茶叶一直是世界消费量比较高的产品之一，对人们生活具有重要价值。随着国际市场对茶叶需求不断增加的趋势，在“一带一路”建设的支持和引导下，将中国茶文化传播融入全球网络化发展中，使得茶文化传播更加快速，影响范围更广，从而弘扬中华优秀传统文化，可以增强沿线各国对中华文化的认同感，推动中国文化软实力建设。

二是弘扬中华“和”文化。中国茶文化融合了儒释道文化的哲学思想，凝聚了中华民族“天人合一”“以和为贵”的“和”文化精髓，与“一带一路”具有高度契合性。共商、共建、共享的原则，和平合作、开放包容、互学互鉴、互利共赢的丝路精神都体现了“和”的思想。中国与世界各国开展以“和”为核心思想的中国茶和茶文化等多方面交流和合作，将丝绸之路上友好交往、和平共处的传统发扬光大，加强沿线各国对“一带一路”建设的了解，有利于推动“一带一路”建设。

三是丰富世界茶文化体系。茶文化反映了一种自然观、人生观和社会观，表现了人与自然、人与人和人与社会的关系。茶本是自然之物，采茶、制茶、煮茶、泡茶、饮茶等一系列茶事活动使人们能够达到“天地与我并生，而万物与我为一”的理想境界，实现人与自然的和谐共处共生。茶文化也是一种休闲文化，在紧张和忙碌的社会生活中，有利于放松人们的心灵，净化社会风气，推动和谐社会的构建。同时，在世界贸易发展过程中，茶贸易的发展，使得茶文化更加丰富，这在一定程度上可以促进人类文化的积淀，提高人类的性格修养。

——载于《学习时报》2019 年 11 月 22 日第 A6 版，与袁梦瑶合作

品《茶经》：从功能到审美

茶，是文化、文明、精神的象征。《茶经》是世界上首部茶文化著作，在茶道思想、人文思想以及创作形式方面对后世影响深远。作者陆羽，唐代复州竟陵人，学识渊博，文采上佳，为人清高且淡泊名利。自21岁决定写《茶经》开始，他就开始四处游历，对中华茶文化进行了考察学习。经过了前后26年的时间最终写完了《茶经》，因此，他也被后人尊称为“茶圣”。

《茶经》作为中国乃至世界第一部茶学与茶文化学的经典著作，首次将茶叶的使用从功能层面上升到审美层面。它的问世，不仅代表了中华民族茶文化的精髓，其中蕴含的精神理念和价值思维更是中华民族实践、探索与创新精神的结晶，散发着哲理的光芒。

由“天人合一”之思想，见“茶人”品格

中国传统文化之核心在于“天人合一”思想，而“天人合一”思想的核心又在“天人关系”上。陆羽在《茶经》中将道家的哲学观——自然天道观进行了淋漓尽致的阐释，即“人法地，地法天，天法道，道法自然”，表现出了天人合一、崇敬自然的健康思想。世间万物都有各自的运行规律，遵从自然法则，顺乎自然之道，敬仰自然之态才是核心所在。如《茶经》第一章中记载，“其树如瓜芦，叶如栀子，花如白蔷薇，实如栟榈，蒂如丁香，根如胡桃”，从茶的色、香、味、形等方面用自然界常见之物来描绘茶叶，使得读者对茶叶的外形有了更加生动形象的体会。在自然之中找寻自然植物，以自然之物状体会自然之物，感受自然的和谐与美好。又如《茶经》卷上，“茶之源”中写道：“野者上，园者次。”其说明野生的茶品质最好，人工种植的茶就比较差一些，更加崇尚茶的自然本质。《茶经》卷下，“茶之煮”关于煮茶用的水的论述时强调：“其水，用山水上，江水中，井水下。”煮茶多用的水应是远离喧嚣、清澈甘洌的山水为最佳，人居较少的江河之水为次之，人们日常饮用的井中之水为最下品。可见，《茶经》更倾向于纯天然未被丝毫污染过的自然之水，凸显了其自然天趣。

中国人自古以来就有以天为尊的习惯，但并不是惟天是从。在必要的境况下也会发挥个人的主观能动性，有效地运用自然。在《茶经》中关于秉承自然

的健康思想，从而达到人尽其才、物尽其用的例子比比皆是。《茶经》卷中，“茶之器”关于煮茶的用具的方面，对于24种器皿及其材质和功用进行了详尽的阐释，所用的材质充分表明了合理运用自然的健康思想。其多以木、竹、铁器为主，而木、竹本是自然植物，只需稍加制作，便可产生出精致的茶器。如“筥”由竹子编成，犹如藤编的箱子。“火筴”又称为箸，即火筷子，一般以铁和熟铜制成，以便夹火。“纸囊”是存放茶叶必不可少的工具，将烤好的茶放入其中，香气持久，不会消散。“则”乃是取物用的勺子，一种标准的量器。通常而言，一升水，配一勺茶叶，浓度刚好。若喜淡茶，用“则”少量取茶；若喜浓茶，用“则”多取一些茶即可。对于“则”的制作，多以海贝、蛎蛤等的贝壳或者以铁、铜、竹等为主，充分体现出人有效运用自然的智慧。人乃万物之灵长，“茶”是草木中的“人”。只有崇尚自然，追求人与自然和谐统一，才能在采茶、制茶、饮茶的过程中达到最佳的美学享受。纵观整部《茶经》可知，在陆羽看来，茶已不仅仅是一种植物、一种饮品，他将俭朴的思想赋予其中，进而提出一种“茶人”概念，而君子的操守，便是茶人的品格。

由“精行俭德”之饮茶观，悟“茶德”思想

《一之源》篇云：“茶之为用，味至寒，为饮，最宜精行俭德之人。”这句话不仅成为中华茶文化以及茶德思想的开端，从深层次上还说明了饮茶由物质享用到精神熏陶的转化。“精行俭德”是茶道的精髓，精行即行事精明，引申为采茶、煮茶、饮茶等过程要精益求精；俭德即德行俭朴，“俭”即节俭，这是儒家所倡导的美德之一。

《六之饮》通篇向我们传达的，便是“精行俭德”的饮茶观，这也是衡量茶人道德修养的基本标准。所谓“精”，即所有的工序都要精益求精。《管子·心术》中说“中不精者心不治”，也就是说一个人做事如果做不到专心致志，那么他做事的心力就没有到位。所谓“行”与“德”，是对茶人道德品质的要求，《茶经》认为，一个具有高尚道德操行的人，他在行茶事、品茶论道中也可以做得很好。这一点在陆羽的《六羡歌》中达到了完美的诠释：“不羡黄金罍，不羡白玉杯。不羡朝入省，不羡暮入台。千羡万羡西江水，曾向竟陵城下来。”陆羽所倡导的茶学精髓即是“性俭”。他从饮茶的数量和茶汤的性质来说明“俭”的重要性。喝茶时，水不宜过多，从保健方面来讲，茶的药效也会因此有损减。同样，喝茶的碗数也不倡导过多，因为目的不是解渴，而是品味茶汤的精华。除此之外，趁热喝茶也很重要，茶汤的“沫、饽、花”，只有趁热喝才能品味得更加深刻，也是茶味最“烈”的时刻，若是等茶凉了再喝，则无法体味这种味感。所提倡

的“俭”，在煮茶用具中也有体现，要求茶具要用生铁制成，瓷质和石制的茶具经不起长久使用。如果采用银制，又太过于奢侈，这里所体现的“俭”是节俭之意。俗话说“茶品即是人品”，茶与人是相互交融合一的关系，只有“精行俭德”之人，才能契合茶的俭德本性，才能在饮茶时把茶的“德性”升华到精神领域，以塑造出自身高洁的人格，更好地指导我们处事为人。

由“和”的茶道精神，感茶文化之精深

《茶经》通过对茶的自然特性与文化意蕴的契合思考，将茶文化由物质层面提升到“茶道”哲理层面。茶道是通过饮茶的方式，对人们进行礼仪教育、道德教化，直至正心、养性、健身的一种手段。因此，可以说，茶道是中国茶文化的结晶，是生活、是艺术、是哲学。茶道精神是茶文化的灵魂，包含着人类终极价值的追问、生存本质的反思等，体现出博大深邃的茶学思想。

“和”的茶道精神，虽然没有明文出现在《茶经》之中，但历代爱茶习道之人都以此为茶道精神的一条共识，细究陆羽之意，“和”的思想确实蕴含在《茶经》之中。其大意可概括为两个方面：中和与和谐。茶事中的中和思想，主要体现在不偏不倚、把握分寸之上。制茶时，火要均，不能过急，反复反正，避免外熟内生。研磨茶饼时，要磨成颗粒状，“碧粉缥尘非末也”，研成片状或者粉末状都不适宜。煮茶的火候也要把握不偏不倚的尺度，水煮三沸，一沸之水有水膜杂质，三沸过后水又过老，所以煮水之时要注意观察水的沸腾情况，适时调味添茶。茶事之“和”还体现在对和谐的追求上。茶道，涵摄茶、人，以及茶事所涉及的所有器物环境。陆羽注重这诸种要素之间，即人与人、人与茶、人与器物、茶与环境等相互的圆融和谐。

纵观《茶经》全文可以探知，《茶经》系统介绍了茶的相关内容，包括茶的始源、煮茶过程、器具等。通过这些介绍，使茶在某些方面予以规范化，同时也借茶在道德、做人等方面促进人们和谐人格的养成，在品茶的过程中让人慢慢感受茶中蕴含的“精行俭德”，以及茶人所具有的君子品德，这既是出于社会安定的需要，更是出于对人自身修养的重视。饮茶不只是一种习惯行为，茶更多的是用来“品”，它代表着一种修身、修操守，进而以茶品人。

——载于《学习时报》2020年1月17日第A6版，与袁梦瑶合作

网文多路出海

今天，网络文学已成为中国当代文学“走出去”战略中的重要组成部分，承担着讲好中国故事、传播好中国声音的使命。更好地推动网络文学“走出去”需从以下三方面着力。

其一，鼓励海外华裔作家从事网络文学创作。

早在 1991 年，由海外华侨创办的中文电子刊物《华夏文摘》即已问世，为日后中国网络文学走出国门开了先河。鼓励海外华裔作家进行网络文学创作自然而然地成为中国网络文学“走出去”的形式之一。

基于“两栖文化”的天然优势，华裔作家创作的网络文学既能表达海外华侨的故国依恋和游子情怀，又能符合其他海外受众的审美趣味，容易被他们接受和认同。

华裔网络文学作家数量虽然不多，但几乎遍布世界各国，创作出许多优秀的作品，如张郎郎的《不愿做儿皇帝》、颂雅的《欧洲五国游》、六六的《王贵与安娜》等。这一系列华裔网络文学作品率先打开了网络文学海外传播的大门，并且赢得了海外主流文化的认同。

与此同时，我们也要意识到“两栖文化”也导致华裔作家的网络文学创作不够“接地气”。此外，由于高水平职业华裔网络写手数量极少，以及缺少文学市场的激励机制，海外华人网络文学还未形成较大影响力。

其二，拓宽国内外媒体推介渠道。

随着中国网络文学越来越受海外受众的欢迎，无论是传统媒体如报刊、广播、电视等，还是数字报刊、手机网络等，都可积极推介优秀的中国网络文学作家和作品。

除《人民日报》、新华社、《光明日报》等国内主流媒体的宣传推介外，外媒对中国网络文学的推介也至关重要。例如，韩国媒体《亚洲经济》曾发表过《中国网络文学成为世界主流》，积极传递中国网络文学发展现状。国内外出版社更是争相出版热门网文作品，韩国一家出版社相继购买了桐华《步步惊心》《大漠谣》《云中歌》的版权。

国内外网文网站也助力中国网络小说走出国门。国内网文传播渠道包括起点国际、创世中文网、潇湘书院、腾讯文学图书网、悦读网、天方听书、懒人听书等，国外则有 Wuxiaworld、Gravity Tales、Volaro Translation 等多家网站供海外读者选择。

影视改编也是国内外媒体传播网络文学的途径，这种新的出海方式更为海外受众喜闻乐见，甚至还引起了国外翻拍，例如韩国版《步步惊心》，越南版《仙剑奇缘之花千骨》《延禧攻略》，泰国版《后宫甄嬛传》等；日本率先将《从前有座剑灵山》改编成漫画，引发广大漫画爱好者的追捧。

目前中国网络文学的海外传播媒介渠道大多遵循“由下至上、由外而内”的模式，规模较小，因而我们仍需拓宽传播媒介渠道，与国内外媒体进行更多合作。国家外文局发言人最近表示，将利用海外合作出版资源与国际传播渠道，加大对中国网络文学作品的海外传播力度，并且还尝试与科大讯飞合作，将网络文学的对外译介市场化。

其三，培养翻译人才，建立翻译机制。

近年来，国内外翻译家、广大网络文学爱好者以及各翻译网站都为中国网络文学的海外传播做出了贡献。

武侠世界网站创始人赖静平，由于喜欢网络武侠小说，在独立翻译完《盘龙》《天涯明月刀》之后，创办了这个目前全球最大的网文翻译网站。越来越多的英翻网站 Gravity Tales、Volaro Translation 和以俄翻网站 Rulate 为代表的小语种翻译网站相继出现。在它们的推动下，《盗墓笔记》《全职高手》《何以笙箫默》《诛仙》《锦绣未央》《修罗武神》等广受国内读者欢迎的网络文学作品被译成外语，走出国门。

目前中国网络文学翻译活动主要是个人或团体自发的小规模翻译行为，还缺乏有力支持，在翻译质量、翻译时效、版权保护以及翻译成本上都存在一定的问题，从而影响其在海外进一步传播。因此，加大网络文学翻译人才培养力度至关重要。同时也应考虑同海外机构以及企业合作，共同开展网文翻译人才培养，为中国网络文学“走出去”注入源源不断的力量。

——载于《人民日报》(海外版) 2020 年 2 月 27 日第 7 版，与卢敏合作

战疫有“智”：将疫情“危机”转化为课程思政教育的“契机”

2020 年，鼠年这个春节，对所有的中国人来说，注定了不平凡。突如其来的新冠肺炎疫情，让原本欢乐喜庆的中国年感受不到什么年味，疫情的发展，冲淡了过年的喜悦。当前，我们正经历着一场没有硝烟的战争，这是一场全民参与的疫情防控阻击战，没有局外人。这场抗疫阻击战带给人们太多的思考与感悟，关于生命、关于敬畏、关于勇敢、关于付出、关于担当……它也为高校课程思政教育提供了许多感人的事例与素材。习近平总书记在考察西南联大旧址时指出：教育要同国家之命运、民族之前途紧密联系起来。每一次重大危机，都应成为履行大学立德树人职责的重要“契机”。大学教师应当用好疫情这本深刻的教材，将疫情“危机”转化为开展课程思政的“契机”，通过有针对性的课程设计，把大学生的感性认识转换为一种有深度思考的素养，以网络为手段，引导大学生，以积极的、正常的状态去面对当前的社会环境，深入推进立德树人。

爱国主义教育课

爱国主义是中华民族精神的核心，是中华民族团结奋斗、自强不息的精神纽带。爱国主义自古以来就流淌在中华民族血脉之中，正是在这种精神的坚强支撑下，五千年来中华文明维系不断、延绵至今；正是在这种精神的坚强支撑下，中华民族才能经受住风雨考验，屡创辉煌。此次战“疫”中，大学生们目睹、体悟，并正在经历着来自国家、政府、社会各行各业，甚至最基层、普通民众所展示出来的不懈努力，各种事例使大学生们对“有国才有家”这个宏大的概念有了更切实的触摸和感知，对“有国才有家”的深刻内涵有了更深层的了解。

78 分钟，小汤山医院的设计图样完善并发出；60 小时，火神山医院施工图交付；37 小时，完成 19 榀桁架、792 平方米钢骨架，10 天交付完工；成千上万的物资调配武汉；全国各地纷纷采取有效措施控制疫情蔓延，落实到户，精准到人；各界人士踊跃捐款捐物……新闻报道中的这一件又一件事，时刻感动着我们。无论是医护工作者夜以继日的辛苦付出，还是全国亿万人民众志成城的相互支持，都让人热泪盈眶。这就是今日之中国，强大的中国、团结的中国、有爱的中国。没有安定富强团结的国，哪来的安稳幸福温情的家。作为教师，我们要告诉学生：在中国前行的关键年份发生重大疫情，是对中华民族、中国共产党、中国政府的一次重大考验。再一次验证了中国共产党和中国各级政府的领导力和执行力，有党中央的坚强领导，有强大的祖国做后盾，有全国人民的齐心协力，有公开透明的信息，有细致的防护准备、科学的预防治疗、强有力的合理保障，我们一定可以打赢这场没有硝烟的战争。

生物安全教育课

在新冠肺炎暴发时期，确诊病人的数据不断攀升，死亡病例也不断增加。人们开始惶恐不安，尤其是亲历身边人感染甚至死亡者，常常不知所措且留下长期的心理阴影。当每个人都直面危机感之时，才会深刻感受到生物安全的重要性。所谓生物安全一般指由现代生物技术开发和应用所造成的对生态环境和人体健康产生的潜在威胁，及对其所采取的一系列有效预防和控制措施。

钟南山院士在十年前就表示，60%～80%人类新的传染病来自动物。这是人与自然的生态平衡受到过度开发导致的结果。我们要有一颗敬畏自然的心。因为敬畏，才不会轻易去破坏；因为敬畏，才会维护多元生态；因为敬畏，才能获得更长远的生命安全稳定。

社会责任教育课

抗击疫情不仅是科学问题，更涉及社会公德问题。社会是由个体组成的，每一个个体都是社会的组成部分。同时，社会对不同的社会角色有不同的要求。防控疫情，与我们每人息息相关。全国上下，海外同胞都在自发贡献自己的力量。医护人员脸上的勒痕、厚厚的防护服是他们对病人的责任体现；村支书硬核广播喊话、城管人员对聚集人员的高声劝阻是对人民的责任体现；广大民营企业捐款、捐物、捐服务是履行其社会责任的体现；疑似病患及早就医、民众“家里蹲”是对自己、家人和公众的责任体现……

让每一个社会成员都增强社会责任感，才能更好树立起“每个人是自己健康第一责任人”的意识——感染者能做到主动申报和自动隔离；社会成员能自觉接受互相之间的监督；对感染者和接触者采取科学而不失温情的隔离措施……在这场和每个人切身利益息息相关的公共事件中，每个社会成员都应从中思考个人与社会、中国与世界的关系，负起文明之国的国民责任。疫情之下，没有人能在其中独善其身，我们每一个人要能够在这场疫情阻击战中承担起相应的责任，培养自身的责任意识。

法治教育课

在举国上下共同努力，共克时艰的关键时期，有些网民为博求关注度，在网上肆意散布不实消息。然而网络不是法外之地，造谣者也因构成虚构事实扰乱公共秩序，处以行政拘留。这些行为不仅危害其自身健康，更是对公共安全产生了威胁。《传染病防治法》明确规定，“拒绝隔离治疗或者隔离期未满擅自脱离隔离治疗的，可以由公安机关协助医疗机构采取强制隔离治疗措施。”

面对疫情的时候，更需要大学生遵守规则，用更加理性和客观的态度对待当前发生的一切，决不能做无视规则、失去理性的事情。作为教师，要引导学生遵守规则，保持理性，分清是非。

总之，一代人有一代人的长征，一代人有一代人的际遇。今天的在校生，是祖国明天的栋梁，面对新冠肺炎疫情，青少年学子在党和政府的领导以及学校和家长的努力下依然获得了最有保障的学习条件，值得庆幸。但是，他们不能因忙于学业而忘记这起疫情和自己的生命相关。今天的大学不光是诗意栖居的象牙塔，只有经过风雨洗礼和挫折的淬炼，青年学生才能在日后的社会和职业生涯中具备强大的应变能力。青年兴则国家兴，青年强则国家强。青年是一个时代最灵敏的晴雨表。“2003 年非典，全社会守护我们 90 后；2020 年的今天，我们 90 后守护大家”。在网上广为流传的这句话让不少人动容。这场疫情对在校大学生而言，也是一个实现成长跨越的良机。多难必兴邦，如果这一代人在未来成长出更多具有使命担当，家国情怀，法治精神和国际视野的政治家、科学家、企业家、教育家……这将是教育之幸，国家之幸，民族之幸。

——载于《学习强国》2020 年 3 月 7 日江苏学习平台

《管子》的强国富民思想

“衣食无忧”四个字是古代劳动人民最真实朴素的愿望，历朝历代的统治者无不把提高人民生活水平当作治国理政的重点。早在春秋时期，政治家管仲就提出了“强国富民”的思想，并在齐国的四十年间，实践这一思想，最终帮助齐桓公“九合诸侯、一匡天下”，顺利成为春秋五霸之首。

管仲，名夷吾，安徽颍上人，世人尊之为管子。其人生经历坎坷又丰富：少年丧父，家道中落，为维持生计，早年当过兵、经过商，也多次试图出仕；辅佐公子纠，然夺位失败；后在好友鲍叔牙的引荐下成为齐国国相，时年38岁，可谓大器晚成。前半生的底层挣扎，令其看尽世间百态、民生疾苦，也更明白只有真正让人民富裕起来，才能安民心、聚民力、施王道。《管子》记录了管仲在齐国四十载的政治实践和思想学说，实乃融儒、法、道、阴阳各家思想于一体的治国宝典。

以民为本树明君之治国观

《管子》通篇都是劝政之言，其“劝”的对象是君主。在中国古代社会，君主的权力至高无上，天下兴亡系其一身。管子清醒地认识到，若要齐国在群雄逐鹿的格局中脱颖而出，就必须令最高统治者充分了解人民的重要性；只有树立君主“以民为本”的治国观，强国富民才指日可待。因而在桓公询问如何成就霸业时，管子提出了“齐国百姓，公之本也”。何以为本？“大国之君所以尊者，何也？曰：为之用者众也”，君主的威权来自拥护他的人民，可谓君威民赋；“政之所兴，在顺民心；政之所废，在逆民心”，政权的兴废取决于民心的向背，可谓政权民决；“民事农则田垦，田垦则粟多，粟多则国富”，农业是国家的经济命脉，而人民则是农业生产的承担者，可谓农绩民负；“凡兵之胜也，必待民之用也，而兵乃胜”，军队的胜败在于人民是否服从差遣，可谓军力民定。管子从君威、政权、经济、军力四个方面提醒君主，要时刻牢记人民这一力量之源。

树立了“以民为本”的治国观，君主就掌握了治国的“道”，而施行这一“道”的“术”就是“牵之以利”。管子认为，人生来“见利莫能勿就，见害莫能勿避”，聚拢民心的方法很简单，顺其心足其欲即可。“民恶忧劳，我佚乐之；民恶贫贱，我富贵之；民恶危坠，我存安之；民恶灭绝，我生育之”，如果能够解民忧、富民财、保民安、育民生，将国家的利益与民众的利益联系起来，人民自然会主动地敬国、爱国、忠国、报国。人民生活的好不好从根本上决定了国家的稳定与否，“民富则安乡重家，安乡重家则敬上畏罪，敬上畏罪则易治也”。此外，物质层面的满足是追求精神境界的前提，正所谓“仓廪实，则知礼节；衣食足，则知荣辱”，只有衣食无忧，才能追求更高层次的精神自律。

取予有度立施政之平衡观

“中道”是中国“和”文化的精髓，是一种动态发展的平衡之道。中国文化强调“中”，追求平衡，希望事物能够处于“刚刚好”的状态，部分与整体相合，矛盾与统一并存，既不欠缺也不过分。受此影响，管子提出了“取予有度”的施政观，劝诫君主要懂得持中有度，驾驭平衡之术。“取”之有度，则民不妄。《权修》有载：“地之生财有时，民之用力有倦，而人君之欲无穷。以有时与有倦，养无穷之君，而度量不生于其间，则上下相疾也。”土地的产出和人民的生产力是有限的，君主要想得民心，就应当抑制自己的欲望，有节制地索取，才能稳定社会秩序。“予”之有度，则民心聚。有道是“致赏则匮，致罚则虐。财匮而令虐，所以失其民也”。君主在处理赏罚的问题上，应当谨慎持重，注意二者的平衡。如果功过与赏罚不匹配，长此以往，人民就会心生怨尤，质疑君主的威信。因此，圣明的君主在施政过程中，应善用平衡之道，取之有度，予之有节。

在管子看来，国家的财富取自于人民，人民的财富仰赖国家的保障，两者既相互依存，又存在矛盾。如何调节这种矛盾是君主施政的一大难题。管子提出一系列的政策和制度，巧妙地解决了这一问题，将平衡之术运用得淋漓尽致。以农业税为例，管子提出“地均以实数”，即按照实际产值将荒山、沼泽、丘陵、江河等折算成耕地面积，不同类型对应不同的折算率，实现土地统计的规范统一；“相地而衰其政”，将土地质量作为征税的考量因素，按照土地等级有差别地征收税款，规定“上年什取三，中年什取二，下年什取一”，据土地年成灵活减免税费，确保课税合理有度，达到土地与税收的动态平衡；“赋禄以粟，案田而税”，确定民众可以用实物缴纳税费，使其免受劳役之苦，同时提出以“亩”为单位征收土地税，统一征税单位，极大程度地解放了生产力和刺激了农民的生产积极性。

以法治国，建强国之制度观

君主在思想上认识到了人民的重要性，在施政过程中懂得运用平衡之术，就能达成强国富民的愿望吗？答案是否定的。如果说前两者是“怀柔”之策，那么“以法治国”的制度观就是治国的“硬手段”。《管子》一书中对“法”做出了诸多定义。《禁藏》指出“法者，天下之仪也，所以决疑而明是非也”。《七法》更是以“尺寸”“绳墨”“规矩”“衡石”“斗斛”“角量”六种度量工具来定义法，可见“法”是辨别是非曲直、衡量功过赏罚的手段。法的作用在于“兴功惧暴”“定分止争”“令人知事”，也是君臣百姓都应遵循的最高行事准则。管子提出“以法治国”，以法律的强制力保障富民举措的有序开展，为强国富民奠定坚实的制度基础。

《管子》全书86篇，现存的76篇中，其中有关法律的内容几乎占五之其一。论述的法律法规更是涉及民事、行政、刑罚、税收、经济、军政、水利、环境保护等各个方面，可谓先秦法学研究之重典。历史的经验告诉我们，经济与法治是相辅相成的。其一，经济发展，资源配置愈发细化，需要法律来引导、规制和保障。其二，安定的环境是经济发展的必要条件，需要法律来建立和维护秩序。常言道，“没有规矩，不成方圆”，《管子》丰富臻善的法律内容，对内约束社会成员，对外防止专权滥权，既是保护合法权益的宝盾，也是惩治不法犯罪的利刃。

法谚有言，“程序是法治和恣意而治的分水岭”。为了用好“法”这一国之重器，管子将“以法治国”理念落实到程序中，提出“凡将举事，令必先出。曰事将为，其赏罚之数，必先明之。立事者，谨守令以行赏罚，计事致令，复赏罚之所加。有不合于令之所谓者，虽有功利，则谓之专制，罪死不赦。首事既布，然后可以举事”。他规定在办事的准备、执行、检查、汇报等各个阶段，都必须严格遵守法律。如此一来，民众在生产生活中，行止坐卧均有规绳；国家在治民施政时，进退取舍皆具章法。有法可依，有序可循，何愁国之不强，民之不富？

——载于《学习时报》2020年3月20日第A6版，与张亚芳合作

在线教育，重在引导学生自主探究

在全国上下共同抗击新冠肺炎疫情的形势下，我国教育部发布了《应对新型冠状病毒感染肺炎疫情工作领导小组办公室关于在疫情防控期间做好普通高等学校在线教学组织与管理工作的指导意见》，要求各高校积极开展线上授课和线上学习等在线教学活动，保证疫情防控期间的教学进度和教学质量，实现“停课不停教、停课不停学”，各地积极响应。

美国的在线教育行业发展较早，有着深厚的过程积累。进入21世纪以后，几乎所有美国顶尖高等院校都设立了在线课程项目，许多高等院校自主开发在线教育软件和系统，并与在线教育平台合作，吸引全球众多学习者。美国依靠其先进的传统高校教育，运用新的现代教育技术和手段，不断探索构建在线教学质量保障机制，从各方面保障在线高等教育的高质量发展，使在线教育成为美国高等教育系统的重要组成部分，其经验对我国当前在线高等教育的发展和未来规划具有一定的借鉴意义。

专业团队协助学科教师进行课程设计

设计高质量的在线课程往往需要多方力量协同工作，仅仅依靠学科教师单独开发是不够的。在美国，对在线教育重视程度越高的高等院校，课程设计与开发方式越系统，课程设计也越规范。除选择与第三方在线教育质量保证机构合作开发外，许多美国高等院校会有一支高质量的专业团队，对学校在线课程的开发与实施提供理念指导和技术支持。

从美国大学的实践看，教学设计师是必设的教学管理职位。除此之外，这支专业团队还包括教育技术专员、音视频专员、美工设计专员等，这些专业人员从在线课程开发与管理、教师在线教育培训、在线考试的技术保障等方面为课程设计和开展提供多重支持，协助学科教师共同设计在线课程。例如，在线教学的教师在开课前可获取课程设计模板、在线教学大纲以及为教师开发在线课程而提供的自学平台入门课程；如在课程中遇到问题，教师可以通过网络系统、电话等方式请求技术支持和咨询。美国大学还投入大量的人力、物力对新入职的或开课中的在线教师进行培训，帮助教师掌握最新的在线教学基本理论、在线评价技术等，以适应课程发展的需要。

为充分保障在线教育开展，从政策、预算等方面对在线教育予以平衡和管理，美国很多综合性大学将在线课程设计、教师发展与培训、学习管理系统、在线学习政策制定、学习分析技术等组合为更为紧密的机构，由首席在线教育领导管理。这不仅填补了在线教育在学术部门之间协调管理的需求，还有利于在线教育发展规划的制定，从长远上保障了在线教育质量。如耶鲁大学建立了在线教师津贴政策，以专项津贴鼓励教师开发和讲授在线课程。

目前，我国上线的慕课数量已破万，学习人数达 2 亿多人次。然而，由于许多在线平台运营主体是互联网公司，在课程的教学设计方面缺乏经验和积累，大学在课程开发环节中的主体活力也未得到完全激发。因此，大学要推进教学理念与方式的改革和创新。一方面，要将对在线教育的认识上升至教育信息化战略的长远规划上；另一方面，要以长效机制提高教师信息化技术，促进教师教学理念及方式的转变。

精细化质量评价标准指导课程改进

质量评价标准能够及时诊断出课程建设问题，指导课程开发者及管理者进行科学改进，是促进课程质量提高的重要手段。美国高度重视在线教育质量评价指标建设，质量认证体系相对完善。美国在线教育质量认证机构由区域性认证机构、国家性认证机构以及远程教育认证委员会等专业性认证机构组成。各认证机构均出台并发布了明确的认证标准，严格把关在线教育质量。此外，各院校制定了严格的在线课程评估标准，以判定在线课程的效果。如密歇根大学制定了《在线课程评价指南和量规》，加利福尼亚州立大学制定了《在线课程质量量规》。美国政府、高校、专业机构依照质量评价标准，共同监督在线教育质量。

美国在线高等教育质量评价体系较为成熟，质量评价标准也更加精细。以美国教育领域最具影响力之一的“QM 质量标准”为例，自 2003 年制定第一套质量标准以来，每一至两年更新一次，目前已经更新至第六版。第六版共含 8 个评价维度，细分为 42 个具体标准，并根据标准的权重赋予一定的分值。8 个评价维度分别从课程概述和介绍、学习目标、评价与测量、教学资源、课程活动与学习者互动、课程技术、学习者支持、可达性与可用性等方面对在线高等教育课程提出了具体要求，不同的权重进一步突出了评价的导向性，在课程建设中起到了具体的指导作用。同时，评价指标举出具体范例，以最佳的教育实践来明确评价的质量标杆，以界定质量维度的内容。比如，在课程活动与学习者互动维度，“学习活动与课程学习目标相一致”的范例包括，如果课程学习目标要求学生做一个有说服力的演讲，那么学习活动可能会让学生选择一个合适的演讲题目，拟一份演讲提纲，并把演讲的练习进行录音。细致到范例的质量标准有助于鼓励课程开发者及管理者不断反思当前实践，实现质量的持续改善。

美国教学评价专家斯塔费尔比姆曾提出："评价最重要的意图不是为了证明，而是为了改进。"美国在线高等教育指标评价结果在于对课程进行诊断，而不在于对课程进行优劣评判。它只指出课程建设过程的具体指标及有待改进的方面，旨在质量的持续性提高，形成课程持续改进的良性循环。美国大学每年会开展在线教育年度评估，通过评估结果来确认在线课程的运行状况，从而确保在线教育的高质量开展。以标准为工具开展课程质量评价，在发现问题的基础上提供有针对性的反馈，能够实现对课程质量的持续改进。

面对不断增多的在线教育课程，如何建构一个全面、客观、有指导意义的在线课程质量评价体系，使我国在线高等教育既能发挥我国教育教学传统优势，又能推动我国大规模在线教育课程良性发展，是在线教育发展道路上迫切需要解决的问题。

全方位学习支持服务，促进学生在线学习

学生学习成果是质量评估的核心内容，也是美国高等院校检验其办学成效最为重要的依据。面对全美在线学生注册率不断增长的新变化，美国大学纷纷设立专门的教与学服务支持部门，以满足学生的学习需求为出发点，保障学生高质量的学习活动和学习互动，帮助学生顺利完成在线学习。

美国大学为学生在线学习提供了很多支持服务，这些服务既涵盖学术方面也涵盖非学术方面，包括选课建议、教学资源推送、学术规范指导、24 小时在线技术支持等服务。一些大学图书馆还向学生提供外借手提电脑、头戴耳机、摄像设备等硬件设备，学生学习能得到大量支持。

考虑到在线学习师生分离的特征，美国大学重视学生与教师之间、学生之间以及学生与学习内容之间的双向交互。例如，美国科罗拉多州立大学在线教育平台实时收集学生在线学习情况，在教学过程中穿插了在线讨论等多种互动环节，在互动教学中较少强调答案的唯一性，更重视学生对问题的分析。耶鲁大学每门在线课程都设有课后问卷调查，以深入了解学生的学习习惯和学习情况，为学生提供更好的学习体验。马里兰学院大学还根据学生的学习风格、不同需求，设计、开发个性化的学习资源及教学活动。

从面授教学到在线教学，改变的是实施工具，帮助学习者提高能力素养的目标并未改变。在线教育的实质是探究学习，学生的自主学习能力是在线教育

健康发展的依托。我国高校应以此疫情期间的在线教学为契机，立足线上线下教学方式的变化，打破“以课程为中心”“以教师为中心”的传统模式，启发学生自我发展、自我促进，并促进教师从知识讲授者到学生引导者与协助者的身份转换，做好学习支持服务，努力提升学生的自主学习能力，全面提高教育教学质量。

——载于《中国教育报》2020 年 3 月 20 日第 6 版，与潘文娇合作

破“SCI 至上”是对学术治理能力的考验

学术、科研成果评价是一个复杂的问题，也是一个系统工程。要扭转现行的单一化、机械化的评价方式，拿得出有针对性与实操性强、效果明显的措施，是对高校、科研单位的学术治理能力和水平的一次考验。

首先，在具体的学术评价中，不能简单将在 SCI 上出版或发表，等同于学术成果的实际价值或影响力，而是要从外在形式评价进入到内容本身的评价，根据研究成果的内容做出相应的学术判断。

其次，评价标准应该多元化，开展分类评价，对不同对象，包括基础研究、应用研究等不同类型学术成果，确定不同的评价目标、内容和标准，采用不同的评价方法和指标，避免简单化、“一刀切”。《关于分类推进人才评价机制改革的指导意见》针对不同类型的研究提出的评价重点，有待在具体实践中进一步细化。

再次，学术评价应避免行政化主导色彩。学术评价的“行政化”，指的是用行政化手段管理具体学术事务、进行学术评价。当下最常见的是，高校和科研单位普遍采用一系列 GDP 指标式的“硬杠杠”，将课题、论文以及获得过何种级别的“帽子”等与学术成果水平的高低画上等号。这种“行政化”评价的弊端在于，把行政意志凌驾于学术评价之上，把纷繁复杂的学术创新考察简单化为一种数量统计和出版媒介排序。

最后，在评价体系上，要坚持定性评价与定量评价相结合，成果评价与过程评价相结合，读者评价与编辑评价相结合，专家评价与问卷调查相结合。同时，完善学术同行评价，引导学者在参加各类评审、评价、评估工作时遵守学术操守，不简单以 SCI 论文相关指标和国内外专家评价评语代替专业判断，负责任地提供专业评审意见，并倡导建立评审专家评价信誉制度。

当然，科学有效的学术评价体系不会一蹴而就，任何突破性的创新与改革必然在质疑声中艰难前行，将破除“SCI 至上”视作一个突破口，在破除“唯论文”中寻找更有效的评价机制，才能推动高等学校回归学术初心，净化学术风气，优化学术生态。

——载于《光明日报》2020 年 3 月 24 日第 13 版

法律典籍翻译助推文化记忆建构

语言与记忆是紧密联系在一起的，文化记忆是一种历史与现实的互动。20世纪末期，德国阿斯曼夫妇（the Assmanns）提出了文化记忆的概念，尝试构建文化记忆相关的理论。文化记忆理论具有很强的跨学科性、人文传承性和可持续的发展性。2016年，英国学者沃恩·布朗利（Siobhan Brownlie）出版了《在翻译中绘制记忆》（*Mapping Memory in Translation*），构建了翻译与记忆的跨学科研究理论框架，总结了记忆的9种类型，强调了翻译在记忆塑造、传承、经典化中潜移默化却又至关重要的作用。

记忆可以分为交际性的短时记忆与文化性的长时记忆，法律典籍是集国家传统法律文化和法律思想于一体的记忆宝藏，属于文化性的长时记忆。我国现代法治建设也离不开传统法律文化的浸润与滋养。新时代背景下，法律典籍翻译也正担负着传统法律文化记忆塑造、传播与经典化的重要功用。

在法律典籍翻译中树立文化自信

中国法律典籍是古代人们在漫长的历史发展进程中所形成的智慧结晶，属于精神层面的文化产品。中华文化虽然在历史上曾经与外来文化有过交流，如宗教、艺术等，但在法文化领域始终是纵向的输出而无横向的交流和吸收，主要原因之一在于中国古代是法制文明大国，法文化的早熟使得中华法文化优越于相邻诸国，从而具备了成为法文化单向输出国的可能性。以《唐律疏议》为代表，日本的《大宝律令》和《近江令》，朝鲜的《高丽律》，越南的《国朝刑律》和《黎朝法典》，无论是篇章结构还是内容原则，都以唐律为蓝本。法律典籍中所体现出的“德主刑辅”“礼法结合”“天人合一”“伦理亲情”等思想和价值观，也都是中华传统法律文化区别于英美法律文化的独特性本质。

文化自觉是指生活在一定文化中的人对其文化有“自知之明”，明白它的来历、形成过程、所具有的特色和发展趋向，不带任何“文化回归”的意思。法律典籍是古代社会中的社群对法律实践、法律经验、法律思想的总结和升华，需要依靠集体记忆来完成，文本、话语和叙事在构建民族身份上扮演着重要作用，这是人们实现文化自觉的感知媒介，也是增强民族文化自信的根基。翻译无疑催生了文化记忆在异域文化中的传播、延续，同时，文化自觉、文化自信在文化交流中也得到进一步深化，不同法律文化之间也正是借助于翻译这座桥梁，实现认知、沟通和交流。翻译既是不同文化之间认知、交流和反观、形成文化自信的镜鉴，也是构建、传承、延续和传播集体，国家乃至跨国之间文化记忆（transnational memory）的重要工具。

法律典籍翻译构建文化记忆有历史局限性

我国古代法律典籍汗牛充栋。但是，当前已知的被翻译成外文的法律典籍屈指可数，主要有《大清律例》《唐律疏议》《大明律》三部法典，以及《刑案汇览》《棠阴比事》《洗冤集录》《棠阴比事选》《洗冤集录详议》等。然而，就是这些少有的典籍译本，也未经翻译学界的充分讨论。根据德国功能主义翻译理论，目的或功能是影响译者翻译决定的重要因素。这些法律典籍中有些由于翻译的时间较早，已经被打上了“时代的烙印”。有的译者只是节选典籍中的一部分进行翻译，并不是完整译本，不少译本在英语世界所形成的文化记忆，也属于扭曲的残缺记忆。

比如，英语世界对中国法典的译介，滥觞于小斯当东的《大清律例》，但他的翻译是处在英国想要和中国建立贸易关系、了解中国营商法律环境、为英中贸易排除障碍的背景之下，明显带有谋求在华利益和话语权的色彩。在翻译策略上，他也是以西方法律著作的体例为蓝本，将《大清律例》拆解为多层级、多部门的体例，并使用西方法律既有的概念，为中国法律“改头换面”，这必然会导致译文有失真实性和准确性。在此之后，钟威廉出于校正目的，对《大清律例》进行重译，其 1994 年译本也是迄今为止最接近本真的英译本，然而，与小斯当东一样，仍未译出例文。

纵观中国传统法律典籍在英语世界的传播，一个带有规律性的现象是，构建、传播中国法律典籍的文化记忆，似乎均由外国人主导。《唐律疏议》的译者是美国汉学家庄为斯，《大明律》的译者是美国华裔学者姜永琳，《洗冤集录》的译者有英国汉学家翟里斯和美国教授麦克奈特。然而，翟里斯的翻译时间较早，并不是根据宋慈所撰写的《洗冤集录》翻译，而是根据在清道光年间（1843 年）童濂所刊的衍生本《补注洗冤录集证》进行的翻译……此后，对部分法律典籍进行重译的国外汉学家、学者和教授，也并非出于构建文化记忆、文化交流的目的。换言之，他们并非“纯粹”的译者，多是出于学术研究的旨趣，以汉学家和对法律史与比较法感兴趣的专业人士为受众。法律典籍翻译由于处在不同的历史时期，经由不同的译者，在构建、传播中国传统法律文化上体现出了一定的局限性。

从文化记忆理论下看法律典籍重译和研究

文化记忆不是静态的，而是动态的。记忆是立足于现在对过去的一种重建。随着时间的推移，记忆也在不断进步。翻译在某一特定时期有可能受到某种政治的、个人的意识形态的影响，从而使得文化记忆遇到时空的变迁，就可能发生改变。文化记忆、翻译和文化传播是密切相关的。在新时代和新的历史方位下，法律典籍的翻译承担了不同的目的。随着国家文化“走出去”战略的深入推进，不同文明之间平等交流和互鉴成为时代主题，翻译也随之成为文化交流的重要“信使”，法律典籍翻译也需要以现代的视角重新解释和评估。

对法律典籍重译和研究，是对既有的翻译所形成的文化记忆的一种纠正，从而形成更加真实的文化记忆。无疑，这需要我们牢牢抓住法律典籍翻译的主动权，积极构建民族传统法律文化记忆，推动中华优秀传统文化的传播。以往由外国人主导的中国传统法律术语译介的准确性如何，将直接影响中国文化形象重构的真实性与有效性。因此，对法律典籍的翻译需要站在新时代中国的立场，以主体的视角基于中国法律文化的角度，进行重新认识和检视，历史上“扭曲”和“残缺”的文化记忆需要纠偏、弥补和重新构建。

对文化记忆的考察，有历史和当下两个维度。文化记忆剖析文化翻译研究的记忆属性，反过来，文化翻译研究为文化记忆提供了更大的认知空间。一方面，译者基于历史文化记忆对某一主题进行意义的认知和筛选；另一方面，类似主题的现有译作为译者进一步选译、借鉴并在新译作中传承下来的记忆行为奠定基石。具体而言，对法律典籍重译和研究，也有超越语言与文本层面的宏观意义，翻译是保存记忆的方式，从中可以发现过去与现在的辩证关系，尤其是出版社、读者及社会观念的转变，社会中的权力关系和商业利益形成了译文的异质性，这些译文本共同组成了跨文化记忆的场所。

总之，新时代呼唤不同国家、民族之间进行文明互鉴、文化传播、平等交流，需要重视法律典籍翻译在构建传统法律文化记忆中的重要性。推动中华传统文化的海外传播，仅有文化自信当然是不够的。文化记忆有一定的延续性和传承性，要构建中国集体文化记忆，就必须有一批具有定力和热情的学者，孜孜不倦地阐释、解读、翻译中国的法律典籍，构建起中国集体文化记忆，培育出自成体系的法律典籍翻译研究。

——载于《中国社会科学报》2020 年 3 月 27 日第 6 版，与胡波合作

做好教师角色转变，应对人工智能挑战

随着人工智能技术的不断发展，教育领域正经历一场深刻变革，传统的教育理念、教学模式、教学方法、教学环境和学习方式将发生剧烈改变。作为教育活动的主体之一，教师身处这场变革的风口浪尖，承受着来自各方面的冲击和危机。如何变危机为转机，是广大教师回应这场教育变革的关键。

人工智能带来新型教育

1. 人工智能知识储备量更充足。传统教育观念中，教师是知识的占有者和传授者，教师的工作以传授知识为主，教会学生知识。而在信息时代，人工智能拥有海量数据，甚至互联网可以说拥有学生所需学习的大多数知识。一位再优秀、再博览群书的老师，其知识储备量都不会比人工智能更强。

2. 人工智能工作更高效。除教育学生的工作外，教师还会为其他事情所牵绊，可能会由于身体不适、环境嘈杂、个人家庭事务纷乱等各式各样的原因，导致其在工作中呈现出低效状态。而人工智能则不会出现因此类原因导致的工作低效，能够长时间运行而不会产生疲劳感，保持高质量的工作效率。

3. 人工智能促进学生平等发展。素质教育的理念强调，每一个学生都是独立、平等的个体，教育中具有同样的权利和义务，教师应相信每一个学生都能进步，并促进每一个学生在其原有的基础上获得最大的提高，公平对待每一个学生。但在实际教学中，学生往往会因家庭背景、成绩好坏、班级职务等多种因素被区别对待，很难实现学生平等。对于人工智能来说，这一事情反而并不难以实施。人工智能没有像人一样的丰富情感，不会像教师一样对不同学生带有不同的感情色彩，因而能够更好地实现学生公平。

4. 人工智能实现因材施教。因材施教是指，针对学习者的志趣、能力等具体情况进行不同的教育。当前的学校课堂教育普遍呈现为班级授课，因班级人数等因素，教师往往无法针对学生的学习目标、学习风格、学习习惯等个性化因素为学生提供针对性的个性化教育。由于教师精力有限，往往无法将学生的个别差异性考虑到教学之中，从而很难实现因材施教的理想教育。但对人工智能来说，对学生因材施教，甚至为学生提供定制式的精准教育则很容易实现。

人工智能促进教师角色变革

人工智能的发展方向不是取代人类，而是与人类互补、增强人类的能力。教师要积极应对人工智能带来的冲击与改革创新，努力提升自身能力，实现从“教书匠”到“学习兴趣激发者”“能力培养者”“心灵沟通者”“行为示范者”“教育研究者”的角色转变。

1. 教师应成为“学习兴趣激发者”。随着人工智能逐渐应用于教育行业，教师可以免去繁琐的大数据横向、纵向等分析，可以借助于人工智能的技术得到学生多维度的数据对比分析，能够更好地从数据中了解学生学习的波动变化情况。进而，教师结合学生自身性格特征、家庭环境等更多机器无法“感同身受”的众多因素，为学生进行针对性、个性化的教学改进，引起学生学习的兴趣，促进学生在学习上取得进步。同时，在信息时代，教师能搜索到的知识，学生通过一些途径也可以获取，教师的主要功能将不再是传授知识，而是要激发学习兴趣、培养学习情感，从而让学生爱上学习，不断体验学习带来的成就感与荣誉感。在此基础上，学生将逐渐强化自觉学习、主动学习的意识和习惯，坚持不懈，形成良性循环，以愉悦学习的每一天为其幸福人生奠定扎实基础。由此，教师不再只是“教书匠”，更要成为“学习兴趣激发者”。

2. 教师应成为“能力培养者”。学生要学习的不仅是学科知识，更要培养理解力、创造力、想象力以及家国情怀。人工智能带来的智慧教育，是培养学生创新思维能力和系统思维能力的个性化、精准化教育。信息时代，在海量信息面前，很多成年人都未必有能力在大数据面前“去其糟粕”，更何况涉世未深、社会经验欠缺、不具有成熟分辨能力的学生。在学生时期，人的世界观、价值观、人生观往往还未完全形成，教师要能够起一个“能力培养者”的作用，培养学生具有足够的定力来甄别、决策、实现自我价值，培养学生发现和解决问题的能力、团队协作的能力、勇于创新的能力，以及正确的价值观念和国家信念等。

3. 教师应成为“心灵沟通者”。儿童、青少年、成年前期，学生在学习和发展过程中除学习上遇到的知识性问题和困难外，还会产生各种各样有关感情、心理或其他方面的问题。教师要做好与学生之间的沟通，使师生间尽可能达到心灵敞亮，实现心灵的相遇，努力解决学生的各类学习以外的问题。同时，教师也要做好家校沟通，时刻关注学生发展。人工智能很难具备教师的情感关怀能力，教师要充分发挥这一优势，成为“心灵沟通者”。

4. 教师应成为“教育研究者”。随着人工智能的发展，智能互动屏幕将逐渐代替传统的黑板甚至白板，智能课桌将成为现代课桌的升级版本。教师工作于教育第一线，处于真实的教育教学情境之中，能够及时、清晰地体会到教学实施过程中的困难，学生的问题与需求等。随着教学工具的转变，教师要积极应对人工智能发展带来的变化，努力成为"教育研究者"，进行学科教学研究（学科教研活动）以及科研课题研究，做到教育实践者与教育研究者的统一：反思教育教学行为，研究解决教育教学问题，改进教育教学实践，从而更好地与时代接轨。

综上所述，在人工智能飞速发展的背景下，教师应进一步掌握学生的兴趣爱好，了解学生的方方面面，成为学生的"学习兴趣激发者"；进一步掌握能力培养的方式方法，成为学生的"能力培养者"；进一步修炼亲和力、成长力、表达力和影响力，成为学生的"心灵沟通者"；进一步提高自身对教育的钻研、对实践的总结，成为"教育研究者"。这样，教师才能变危机为转机，在人工智能的辅助下，实现自身的进一步发展，从而为学生带来更好的教育。

——载于《中国社会科学报》2020 年 4 月 7 日第 6 版，与詹娇娇合作

谈谈中国法律典籍“走出去”

每当人们谈论中国典籍“走出去”的时候，大多想到的是文学、哲学、国学等典籍的译介推广。事实上，法律典籍也早就走出了国门。它是中国古代历史发展进程中的智慧结晶，范围广泛而丰富，涵盖法律思想、学说、典章制度、法医学理论等诸多内容。

在古代，中国是法制文明大国，中华法文化较为丰富而成熟，对周边诸国法典的诞生发挥了重要参考借鉴作用。以《唐律疏议》为代表，周边一些国家的法典的篇章结构、内容原则等，都曾以此为蓝本。中国古代法律典籍体现了中国传统法律文化的精神，具有独特的价值判断和文化结构，是解读中华传统文化的宝贵资源；其中的“德主刑辅”“礼法并施”“天人合一”“伦理亲情”等思想和价值观，都具有中华传统法律文化的本质特征和独特底蕴。

19 世纪前，得益于航海技术的发展，西方人经由水上航道来到中国。从此，身处世界另一端的人们，借由大量游记、见闻和书信，开始对中国的法律文化有了模糊的认知，其中不乏西方人对中国法律文化零碎地、片段式地解读与加工，使得中国的法律在西方一直游走于事实和想象之间。

英语世界对中国古代法典的译介，大多源于英国旅行家小斯当东翻译的《大清律例》。这部法典译本于 1810 年在伦敦出版。拥有商人、外交使节和译员等多重身份的小斯当东认为，《大清律例》具有“高度的条理性、清晰性和逻辑一贯性”。可以说，小斯当东的英译本是世界上第一次较为完整和系统地将中国的成文法典介绍给西方。

小斯当东的译本甫一面世，就引起了西方世界的广泛关注，《爱丁堡评论》《每月评论》《学衡》《亚洲杂志》等知名杂志都刊登了对该译本的积极评价，译者小斯当东也收获了业界的赞扬，被誉为“最懂中国的行家”。不久后，《大清律例》的法语版、意大利语版和西班牙语版也先后转译出版，体现了当时的欧洲急盼了解中国法律的普遍性诉求。

皇皇法典，一脉相承，《大清律例》也是对前朝遗产的继承与发展，但是更早出现的《唐律疏议》和《大明律》都是近几十年才被译介到西方。《唐律疏议》是完整保存至今最早的中国法典，为中华法系之杰作，目前仅有美国汉学家庄为斯在 1979 年和 1997 年分上下两卷将之译出。2005 年，美国华裔学者姜永琳完整译出了《大明律》。这三部重要法典的译介，受到了海外的广泛赞誉，是对历史上西方人对中国法律文化碎片化认知的补充和修正，让西方受众更加完整地感受中国传统典章制度所传递出的法律文化和思想。美国学者德克·布迪和克拉伦斯·莫里斯在他们合著的《中华帝国的法律》一书中指出，与西方法律相比，《中华帝国的法律》在某些方面更人性化、更合理。

不只是法典，中国古代法医学的发展在世界上也遥遥领先。《洗冤集录》是世界上现存的第一部系统法医学专著，比意大利人菲德利斯写的、西方最早的法医学著作还要早350多年。自成书以来，《洗冤集录》先后被介绍到日本、荷兰、法国、英国、德国等地。尽管如此，《洗冤集录》仅存两个版本的英文全译本。1873年，英国汉学家翟里斯根据清朝官员童濂所刊的衍生本《补注洗冤录集证》进行了全文翻译。1981年，美国学者麦克奈特翻译了《洗冤集录》，这也是迄今为止唯一由原本翻译的版本。此外，在“走出去”的法律典籍队伍中，还有哲美森的英译《刑案汇览》和高罗佩的荷译《棠阴比事》等。

不可否认，任何译作都存在历史局限性。经典之所以需要重译，就是为了将历史文化记忆引入新时代的语境中，辅之以全新的理解和阐释，对前人的译作进行必要的修正，从而延续原作不竭的生命力。1994年，美国学者钟威廉将《大清律例》重新译出，才有了这部法典的第二个英译本。

翻译可以唤醒被历史尘封的文化记忆，也是构建、延续、传播和交流集体文化记忆的重要手段。法律典籍的翻译不仅具有历史研究的学术价值，也具有延续中华传统文化记忆的传播价值。对外传播中华优秀传统法律文化，需要坚定的文化自信，重视古代法律典籍的译介，积极推动优秀法律典籍“走出去”，才能让尘封的经典重见阳光，展现丰富的文化底蕴。

当然，推动传统法律文化的海外传播，仅有文化自信远远不够。文化记忆的延续和传承，必须要有一批具有定力和热情的学者、译者，孜孜不倦地阐释、解读和翻译中国的法律典籍，世世代代，薪火相传，传递中国传统法律文化记忆的“火种”。须知，已经“走出去”的法律典籍，多由国外学者主导译介，以西方人的观察视角阐释传统中国文化。新时代呼唤不同国家、民族之间的文明交流互鉴，新的历史使命和文化重任也呼唤更多中国人从自己的立场和视角出发，以中外合作的方式，向世界更好地讲述真实、立体、全面的中国法律故事。

——载于《人民日报》2020年4月26日第7版，与胡波合作

破除文科博士生评价“CSSCI”至上

前段时间，科技部会同财政部研究制定《关于破除科技评价中“唯论文”不良导向的若干措施（试行）》，教育部、科技部联合印发《关于规范高等学校SCI论文相关指标使用 树立正确评价导向的若干意见》，力图破除科技评价中“唯论文”、论文“SCI至上”的不良导向。

事实上，不仅在科技评价内部，在人文社会科学的学术评价中，“唯论文”、论文“SSCI”和“CSSCI”至上的导向也亟须破除，这种单一化的评价导向无孔不入，渗透至博士生人才培养的过程中。2020年，博士招生总规模将达到10万人，博士生扩招不仅仅带来显性层面上规模和人数的持续扩张，更会在培养质量、教育和学术生态等一系列隐性层面产生难以预估的影响。学术评价是人才培养目标和过程的重要指挥棒，也是保证人才培养质量的重要预警器。对文科博士生的学术评价进行改革和完善，也是破除学术评价单一化较为实际的一个突破口。

唯“CSSCI”异化学习秩序

当前，多数高校都要求文科博士生在C刊上至少发表两篇文章，方可毕业。不可否认，C刊是当前高校学术质量和学术产出力的重要观察指标，C刊发文数量直接体现了高校的科研竞争力。然而，对博士生的学术评价直接套用C刊评价体系，值得商榷，一定程度违背了学术逻辑和人才培养规律，或许体现的是学术管理者在制度设计上的一种“懒政”，也不排除有学校将C刊论文GDP指标排名的“魔咒”转嫁给博士生的可能。

能够入选CSSCI评价体系的期刊数量本就稀少，在期刊竞争总体越来越“白热化”的语境下，一些期刊为了提高引用率和用稿效率，不仅在减少用稿、发稿的数量，在选稿上也偏好学者的知名度和职称等考虑。博士生只是刚刚走进学术殿堂的初级修炼者，于这个群体而言，其总体学术论文质量还无法与成熟的学者相抗衡。他们在学术规范、学术质量、学术方法等方面，有待在三年甚至更多的时间内，进行综合训练和系统打磨。

当下，在以CSSCI为导向的学术评价体系中，博士生人才培养的秩序和目标难免发生了实质性偏移，由于 C 刊资源的稀缺性，供求关系出现了严重不平衡，不少学生不能在 C 刊上发表文章，就没有办法毕业，这导致学生读博的直接动机和主要精力都花在了 C 刊资源的争夺战中。毋庸置疑，博士生扩招会再次加剧这种资源竞争，相当一部分导师也被裹挟其中，不得不绞尽脑汁，甚至动用各种关系和力量，只为学生能够早些、顺利毕业。

改变唯 C 刊导向评价方式

唯 C 刊论文的导向，实质上是一种终结性评价，忽视了博士生人才培养的过程性评价，只看重论文发表最终结果，只要学生将文章发出，就等于获得了学位论文答辩的“入场券”，而学位论文答辩又多是流于形式化、走过场。对博士生的人才培养和学术评价，不应该神话 CSSCI 评价的地位和作用，这并不是对 CSSCI 价值的否定，也不意味着完全不看 CSSCI 指标，但是，其重要性并不代表应该合理与合法化为“唯一目标”，而是应该以多元评价和过程性评价来完善对博士生培养质量的监督和保障。

当前，唯 C 刊导向的单一化评价方式，也是造成博士生延期毕业率较高的影响因素。如何在保证博士生培养质量的基础上，缩短学业优秀的博士生在校期间的学习年限，这也是值得思考的一个重要问题。弱化 C 刊的评价导向，也是提高博士生毕业率、保障博士生在正常学制内毕业的重要举措。

采取多元化评价、过程性评价，并不必然意味着评价标准的降低，相反，在尊重学术逻辑和人才培养规律的前提下，更有可能是在提升人才培养的质量标准。针对博士生的学术评价，事关人才培养的总体质量，实际上指涉的是人才培养的大系统和全过程，这就需要高校给予各学科、各专业一定的培养自主权，既立足于现实基础之上，也要借鉴国外一流大学人才培养的经验，以系统性和综合性的视角，对现有的评价体系和标准、人才培养过程等，进行认真、细致的审视和探索，从而对诸多环节进行合理化的调整和优化。

重视博士生培养过程性评价

首先，改革单一化评价方式，朝着多元化评价引导。博士生扩招，必然会引发新一轮的 C 刊资源“通道堵塞”，学术成果的评价更应该转向多元化，以缓解这种资源紧张的形势和发表压力。除却 C 刊论文，在权威报纸、重要媒体等发表思想、理论文章，以及智库文章、调查报告、政府决策报告等，已成为不少高校学术评价的一种重要补充形式。此外，随着互联网的纵深发展，一些高校对人文社会科学的评价也投向网络，人文社科的学者通过自媒体、微信公众号等平台、渠道向社会发声，产生一定的社会影响力，也可以认作是学术产出的成果。如此背景之下，探索多渠道、多形式的学术成果，应该上升为一种趋势，这就要求确立多样化成果的认定标准、严格专家评审等一系列程序和制度上的探索、创新和规范化。

其次，尊重学术逻辑，加强人才培养的过程性评价。总体而言，我国博士生培养的过程考核偏弱，甚至形同虚设，博士生评价仍以终结性评价为主，工具性导向色彩浓厚。从世界一流大学博士生培养的经验来看，更注重的是基于一套完整、严谨的学术逻辑和链条，采取过程性考核与评价，强化淘汰机制，强调学位论文的高质量，而非仅仅看重学术论文发表的数量。具体而言，严格的过程考核实质上涵盖了导师遴选、课程学习、指导方法、学术训练、资格考核、分流淘汰，以及论文选题、设计、撰写、评阅与答辩、学位论文评审等系统性环节，每一环节都应该设定严格标准和规范程序。

比如，在课程设置上，国内不少高校文科的课程系统设置单一，只局限于本专业内部研究方向的狭窄领域，跨学科性并不强，缺乏合理的专业化引导，而课程考核相对轻松，只需要上交一篇简单的课程论文即可。与之相应的结果是，学生的学术训练不足，博士生培养的淘汰机制不严格，淘汰率偏低，究竟该如何淘汰，就需要完善相应的标准、流程和机制。再如，博士生培养更应该注重学位论文的质量，通过弱化 C 刊论文的发表，并辅之以配套的激励机制，引导学生更加专注于学位论文的撰写，专注于高水平、创新性的学术研究。

——载于《中国教育报》2020 年 5 月 11 日第 5 版，与胡波合作

正视对外译介过程中的跨文化误读

在跨文化交际中，人们往往按照自身的文化传统去理解他者文化，容易产生文化误读。从符号学角度看，阐释者凭借自身所在语言符号系统的规则阐释另一种语言符号时，常常发生语言视差。在全球化时代，多元文化相互碰撞、日益交融，跨文化误读成为一种正常现象。在中国文化对外译介过程中，不合理的文化误读会阻碍文化的交流互鉴。在全球化语境下推动中国文化走向世界，需要我们以一种全新视角审视文化误读，对中国文化的世界意义做进一步思考。

从符号学视角认识跨文化误读

符号是信息的载体，文化是一个特殊的层级符号系统。从广义上讲，凡涉及符号之间的转换就属于翻译行为。实际上，翻译既是信息交流和文化沟通的前沿环节，也是误读发生和深化的关键环节。雅可布森将翻译分为言语符号转换为同一语言内部的其他符号、另一门语言符号系统、另一个非言语符号系统三类，即语内翻译、语际翻译和符际翻译。他认为，不同系统的符号之间一般不存在完全的等值。换言之，绝对意义上等值的跨文化翻译是不存在的。以英语和汉语为例，两者分属两个不同的语系，在表达方式、语言习惯和语法规则之间存在着明显的差异性和非对称性，在翻译过程中难以做到符号守恒。而在数字化时代，翻译的内容和载体已经超出了语言的边界。就传统的语言符号转化为视觉符号、听觉符号等多因素合成文本而言，转换过程中很难保证不同系统符号之间的准确对应关系。

不仅如此，从符号过程考察，符号对客观世界信息的表征是一对多的关系，对信息的指称意义往往包含多个层面，在不同语境之下这种意指过程也会发生变化。以有限的信道传递多重信源，极易造成信源信息传递的不准确与信宿接收效果的不确定。正如启蒙时代狄德罗所说："精神物体都是由符号来代替的，而任何符号都不大可能如此精确，以至于它的含义不会被这个人理解得广泛些，让那些人理解得狭窄些。如果语言词典编得完美，那么逻辑学和形而上学会接近完善的境地，但这样一部词典还有待努力。"而一旦符号缺损，传递信息衰减，文化产生的文本意义、社会功能和社会效果难免被打折扣，造成一定程度上的理解错位。比如，一些中国文化典籍的域外翻译简本就存在明显的文化符号缺失现象，致使其在跨文化交流时丧失了平等对话的信息量，继而引发文化误读，甚至文化冲突。

皮尔斯认为，所有思想皆潜存于符号之中，供使用者阐释。在同一文化传统和语境下，解读者带有自身的前理解，会顺利进入文本的文化氛围之中，才会有“一举其形声，则章别源流，靡弗具焉，不独易为称而便记忆也”。而在异质文化的互动中，由于不同文化之间存在着种种差异，受众不可避免地运用自身习惯的思维模式审视他者文化，其原有的视域极大影响了他的“见”与“不见”。往往对“他文化”的认知差越大，大脑需排除自身文化的干扰就越大，认知就越困难，误读就越容易。要而言之，文化误读及认同壁垒根源于不同文化的差异性，跨文化误读难以避免。

正视误读的双重特性

误读是文化交流中理解的变异。一般来说，不合理的文化误读往往导致文化误导，加深文化彼此之间的隔阂。比如，庞德翻译了《论语》《孟子》等众多中国文化典籍，但他并不懂中文，对中国文化的了解也十分有限。庞德借助理雅各的译本和莫里森汉英词典，并结合自己的想象来翻译，将自己固有的观念塞进孔子学说，对中国文化进行了“有意或无意的扭曲”。再比如黑格尔认为，“在中国人那里，道德义务本身就是法律、规律、命令的规定。所以中国人既没有我们所谓法律，也没有我们所谓道德。”这些有意无意地误读破坏了文化内容的真实性，而后世对其的引用和借鉴又会延续这种误读结果，引发二次误读，对读者正确理解异质文化产生负面影响。

事实上，误读并不一定都是理解的盲点。哈罗德·布鲁姆认为，一切阅读都是误读，都是写作，都是创造。有些貌似误读的表达却充满了洞见，合理的文化误读使文化保持一种动态、平衡的张力，从而形成文化发展的动能。正所谓：“横看成岭侧成峰，远近高低各不同。不识庐山真面目，只缘身在此山中。”要全面认识自己，必须离开封闭的自我。换句话说，以他者的理解为参照系，可以加深对他我文化的理解并回归对本我文化的认知。早在 16 世纪，以耶稣会为代表的西方传教士已经用中文书写汉学研究著作，而且这些著作也参与到了晚明知识与思想演进中，为中西文化积极对话作了开创性的探索。又如 20 世纪前，寒山诗由于与正统文化相悖而一直处于主流之外。在被译介到北美之后，其中的寒山精神被认为是“垮掉的一代”的精神旗帜，寒山诗广受推崇。在诸多的译本中，斯奈德翻译的 24 首寒山诗对中西文化差异做了卓有成效的调和，以创造性叛逆促使寒山诗在美国的土壤中快速生长，促进了西方对中国文化的认同。20 世纪后期，寒山诗在国外的流行吸引了国内学者的关注，国内学界掀起了对寒山生平、翻译文本、审美意象等方面的寒山诗研究热潮。可以说，寒山诗在中西文化碰撞、融通中保持了恒久的生命力。

在文化互动中推动文化对外译介

文化差异是文化误读的根源，也是异质文化之间相互区别的根本特征。《国语·郑语》指出："和实生物，同则不继。以他平他谓之和，故能丰长而物归之。"重复的事物难以促进新事物的产生，唯有不同文化间相互作用才能促进新的发展。文化对外译介的目的并非消除文化差异、消灭文化误读，而是让信息接收者正确认识文化差异，并以良性的文化互动来促进民族文化的发展进步，推动世界文化的共生共荣。因此，在文化对外译介的过程中，需要对文化互动及文化误读给予足够的重视。要发挥文化互动的积极作用，消解文化互动的消极作用，对因知识素养不足和文化差异而导致的无意误读予以解释，对囿于成见而产生的有意误译予以澄清，对于富有洞见的误读予以吸收借鉴。

中国文化的对外译介不仅是一个关于民族文化的研究课题，还是一个世界性的学术课题。如果从传教士汉学算起，中国文化典籍的外译已有四百多年的历史，相当多的中国古代文化典籍译作出自汉学家之手。随着中国文化海外影响力逐步提升，域外汉学不断发展，对外译介工作要将研究视野从语言拓展到文化，从国内拓展到世界。不仅要重视中外语言符号转换，还要思考中国文化走向国际舞台过程中的文化内涵传递问题；不仅要熟悉国内对外翻译现状，还要了解域外汉学研究，关注世界对中国文化的理解与接受，审视中国文化与其他文化之间的双向互动。要从文化互动良性开展的视角对译者及翻译标准提出一定要求，切实提升中国文化对外译介成效。

总之，文化误读是不同文化发生碰撞的必然过程，需要辩证对待。世界文化并不是彼此隔绝孤立，也不是完全融为一体，而是保持着、发展着各自特点并有机融合。我们需要站在文明互鉴与文化共兴的高度来正视跨文化误读，重新思考人类性及世界性的共通意识和共同问题，让"中国特色"进一步拥有"世界性"，在多元文化互动中获得新的发展动力。

——载于《中国社会科学报》2020 年 6 月 2 日第 3 版，与潘文娇合作

浅析德国基础教育中的劳动教育

德国十分强调和重视劳动教育，并将其视为全面素质教育的重要组成部分，贯穿于基础教育的全过程。

长期重视劳动教育及其影响

德国劳动教育历史悠久，且对其经济发展产生了重要的、积极的影响。二战后德国作为战败国并未裹足不前而是迅速崛起的原因之一，便是对劳动教育的重视。二战后至 1990 年期间，综合技术教育在民主德国（也称东德）较早获得了高度认可，相关试点活动也得以开展；但在联邦德国（也称西德），由于各联邦州的教育政策不同，所以各州间劳动教育实施情况差异较大。两德统一后，德国政府对教育体系进行了调整，以保证协调统一。1997 年，德国对劳动教育历史进行了回顾，并陆续出台了相关教育纲要计划。

进入 21 世纪之后，德国劳动教育改革持续深入，职业教育改革成为热点话题。2015 年，德国发布了《2015+可持续发展教育未来战略》，并提出，如果德国要继续成为技术和服务领域创新和可持续发展的先锋，就必须在职业教育和培训中开展可持续发展教育，为国家经济发展培养具有可持续发展能力的专业技术人员。针对职业教育改革，《2015+可持续发展教育未来战略》提出了两项重点任务：一是在课程层面落实可持续发展的职业教育，二是将可持续发展教育纳入职业教育法规体系。2017 年，德国联邦教育和研究部发布《可持续发展教育国家行动计划》，明确总体目标是在所有教育领域建立可持续发展的体系。这一计划涉及早期教育、基础教育、职业教育、高等教育、非正式学习和社区教育等。在职业教育的可持续发展改革方面，提出了五大优先行动领域，为德国职业教育的长足发展提供了指导性文件。

劳动教育贯穿义务教育各阶段

在德国，各州普遍重视对中小学生进行劳动教育，并贯穿在基础教育的全过程之中。各州劳动教育的基本目标大体可归纳为对学生实施全面的劳动、经济、技术方面的教育，使之具备适应目前及将来生活的基本能力；引导学生高度负责地从事生产和劳动，以最大限度地减少危害环境的行为；帮助学生正确选择适合自己的职业，使其有能力在受技术和经济影响越来越大的社会中谋求发展。

在小学阶段，德国各州劳动教育课程名称不一，一般叫作“常识课”。其教学内容主要有纸工、编织、木工等。课程以产品制作为中心，其成果与产品密切相关，借此来帮助学生掌握知识、发展技能、培养习惯。劳动教育注重学科间的衔接及全面教育。可能会要求学生自行设计、制作产品，还要将其作品卖掉，这就需要学生计算成本、保证质量、进行广告推广等，可以培养其经济观念。这一阶段德国基础教育中的劳动教育主要体现在重视家政课的教学实践，以教会学生如何生活作为劳动教育的基础和目标。学生不仅需要学习和掌握烹饪、清扫等劳动技能以服务于家庭生活，还要学习理财、营养知识等常识以提高生活质量。

德国的中学主要分为四种类型：主体中学、实验中学、文理中学和综合中学。大多数联邦州会在综合中学和主体中学的 5～10 年级开设劳技课，课时一般为每周 2 节必修课，部分对学习劳技感兴趣的学生每周增加 3～4 节选修课；此外，所有学生还必须在 9 年级或 10 年级时接受职业指导，参加 2～3 周的企业实践，以便今后更好地择业。德国中学主要有四大类劳技课：技术、经济、家政和职业。该阶段的劳动教育注重引导学生学习并了解现代生产活动的过程，使他们知晓劳动与生态环境保护、劳动与社会的关系。

德国中小学除了在校内的专用教室开展劳动教育外，还会进行很有特色的校外实践活动：由学生自己联系企业实习。参与实习的学生会到企业和正式员工一起上下班，了解相关企业和职业。老师每周看望学生两次。实习结束，学生做汇报，老师做总结，企业则可以预选员工。

为了让劳动教育能够得到学校和家庭的重视，德国还通过法律明文规定，青少年应该帮助家长做家务，6～10 岁的学生，要帮助父母洗碗、扫地、买东西；10～14 岁的学生，则要负责剪草坪和给全家人擦鞋等；14～16 岁的学生要洗汽车、整理花园等。对于不愿意做家务的青少年，父母甚至有权向法院申诉，以求督促其履行义务。

以“双元制”职业教育为特色

“双元制”职业教育制度是德国最富特色、最重要的社会制度设置之一。德国通过颁布《职业教育法》，把“双元制”职业教育制度用法律形式确定下来。

而由于职业教育具有面向职业生活和劳动世界的特点，因而可以说职业教育是实施劳动教育的平台之一。所谓“双元制”职业教育制度，是指青少年部分时间在企业里接受职业技能培训，部分时间在学校里学习专业技术和文化知识的职业教育制度。

企业和职业学校，是“双元制”职业教育的两个基本培训场所。这是一种企业和学校密切配合，通过企业的技能培训和学校的理论教学两条轨道，对受训者进行劳动教育的形式。其中，企业内的实习场地又分为专为培训设置的实习车间和实际的生产车间。受训者在企业接受培训的时间约占整个培训时间的70%。企业培训主要是为了帮助受训者更好地解决“怎么做”的问题。他们在装配有必要教学设备的实习车间和代表现代技术水平的真实的生产环境中进行培训，与企业一起成长，克服了校内实习场地常因经济原因难以配置先进设备的弊病。这样能使受训者掌握较全面的职业技能，学会处理实际问题的本领，熟悉企业的生产过程和管理机制，了解职业行为规范，养成遵守劳动纪律和安全规程的习惯，并树立起良好的质量意识。

职业学校则以理论教学为主，主要解决受训者在实训技能操作时可能会产生的“为什么这么做”的问题。教学时间约占整个培训时间的30%。在理论学习中，职业专业课与普通文化课的比例大约是7:3。理论教师通过课堂教学和相关的实践课（实验课、基本技能操作等），传授有关的基础理论和专业理论知识，同时帮助学生扩充和深化其对普通文化知识的了解，以达到义务教育的基本要求。

培养出适应实际需求的人才

劳动教育对培养德国青少年的劳动意识和社会责任感，培养各领域人才，促进德国制造业的创新和发展，发挥了重要作用。

首先，通过梳理德国劳动教育的发展历程，我们可以发现，德国中小学劳动课程设置始终秉承与时俱进的课程开发理念。内容涉及科技、职业、家政、经济等多个领域，并紧跟社会发展的步伐，不断更新，以与工业变革、职业变革、生活变革相互协调，且在一定程度上对社会和工业的发展起着引领作用。

其次，德国劳动教育课程形式丰富多样、灵活多变，注重对学生综合能力的培养，涵盖了多种校外实践形式，且各个不同地区还具有各自不同的特色。

再次，“双元制”职业教育模式更注重对实践技能的培养，其所培养出来的人员能够快速适应企业生产一线的工作环境，满足企业的需求，真正受到企业欢迎。在这种体制下，由于学生在特定的工作环境中学习，使得他们和企业有了更多的交流机会，大大降低了他们的失业风险。

——载于《中国社会科学报》2020 年 6 月 29 日第 7 版，与张培合作

英国劳动教育重视生活技能培养

英国是西方较早提出劳动教育理念的国家。16 世纪初，英国早期空想社会主义者托马斯·莫尔在其著作《乌托邦》中首先提出了与生产活动相结合，培养德智体美劳全面发展的教育理念。《乌托邦》中完全理性的设想虽脱离了实际，但其中关于劳动教育的论述则直接影响了现代英国人本教育理念的发展以及相关劳动教育的立法。

英国劳动教育的发展与完善

1870 年英国首部教育法《福斯特教育法》为国民开启了接受国家义务教育的道路；1944 年《巴特勒教育法》构建了教育制度的基本框架；1988 年的《教育改革法》则加快了英国 20 世纪 90 年代教育改革的步伐，关于对学生劳动观念、实践能力、综合素质培养的教育纲领也随之革新完善。进入 21 世纪，英国教育十分注重对学生掌握知识的能力、生活技能的培养，鼓励学生养成自主学习研究的习惯，强调学以致用，在社会实践中使用已掌握的知识和技能。

2003 年，英国政府颁布了《每个孩子都重要：为孩子而改变》绿皮书，明确现代英国教育目标："希望每一个孩子都拥有幸福快乐、健康和安全的童年，逐渐成长为拥有经验、学历和生活技能的成年人，在社会生活和就业过程中能够取得成功，并实现个人的自身价值。""生活技能"细分为五点：1. 决策与解决问题能力；2. 创造性思维与批判思考能力；3. 沟通与人际交往能力；4. 自我意识与移情能力；5. 处理情绪与压力能力。该绿皮书强调了发展学生自立能力、劳动观念，寓学于乐，潜移默化发展学生的综合生活技能，从而培养出在瞬息万变的世界中能够全面发展、积极进取的公民。

布朗首相上任后在全国范围内开展了被称为"对话时刻"的全国教育大讨论，随后颁布教育蓝皮书《儿童计划》。该蓝皮书指出，英国将从 2007 年 9 月开始建立个性化教学的"实验田"，在实验学校中教师随时跟踪学生的学习进程，为儿童提供适时适地的教育。教学着重考察儿童发展阶段，并且谋划改变因年龄而设置的考试制度，强调针对不同学生个性发展因材施教的重要性。之后英国政府还发布了教育白皮书《你的孩子，你的学校，我们的未来：建设 21 世纪的学校制度》中"通才取向"的课程设置，强调学生的贯通能力，注重教育与生活和社会需要的结合，尤其是基础教育阶段培养教育与生活的连接意识。蓝皮书中提及的信息素养、职业与创新创业素养也都与劳动教育密切相关。

英国劳动教育课程设置及特点

英国不同地区间劳动教育课程设置各具特色，但大体上相通，综合性课程大体分为以下几类。

第一，自然科学与社会研究课程。英国小学的课程中，除英语和数学之外，还有一门极为重要的课程：自然科学。国家统一的教学大纲中，明确开设自然科学课的目的：保证让所有学生能够拓展科学知识，通过具体学科，包括生物、化学和物理，加深学生对生活概念的理解；通过不同的科学调查实验，加深学生对自然及科学过程、科学方法的理解，帮助孩子更好地了解周围世界；明白科学对于现在及未来的用途和意义，并能将科学知识运用到现实中去。随着学生的年级升高，学习内容也不断加深。学生们通过调查研究和问题研讨，提高了日常生活中决策与解决问题的能力，发展批判思维，培养创新精神，让学生认识自我，理解人与人、人与社会的关系，从而树立社会责任感。

第二，日常技能学习课程。除了家庭劳动教育中的日常技能学习，比如叠被子、做饭、零花钱管理等生活技能，英国学校还专门设置相关课程，培养学生从生活小事做起的劳动意识。例如，2008 年 1 月 22 日英国宣布，从当年 9 月起，将烹饪课列为 11～14 岁学生的必修课，规定所有学生必须学习且通过——不及格需要补修、补考，否则不能毕业。课程要求每名中学生应学会以新鲜原料烹饪符合青少年口味、健康可口的八道菜肴。课程每周至少两节，学生们需要学会设计营养均衡的食谱、制作健康菜肴。2014 年 9 月，英国教育部宣布必修课程烹饪扩大至小学：从 2014 年 9 月起，英国 7～14 岁的孩子必修烹饪课程，并且学生到 14 岁时要能够做出 20 个不同种类的食物，比如馅饼、炒菜、咖喱饭等。英国中小学推行烹饪必修课，一是让孩子珍惜享受食物，二是为了控制青少年肥胖。这场意义非凡的劳动教育培养了学生独立生活、健康生活的习惯。

第三，设计与技术课程。设计与技术课程，涉及数学、英语、科学等多门学科，是英国劳动教育的突出亮点。1988 年，该课程被正式引入国家课程。“设计与技术”课程在 K1、K2、K3 阶段为必修课程，在 K4 阶段为选修课程。该课程主要有 24 个框架体系，各学校可根据自己的教学方针进行选择。该课程主要分为初级和中级两个部分。两级间又各分 3 个或 6 个不同水平，难度层层递增。初级课程增加学生对材料和元素、机械和控制系统、构造、现有产品、质量以及健康与安全等知识的了解，旨在提高学生设计的技能、动手操作的技能、应用科学的技能、应用数学的技能以及应用信息技术的技能。中级课程主要面向

K3 和 K4 的学生，包括四方面的内容：系统与控制、耐磨材料、食品（食品工程）、纺织（纺织工程）。K3 的学生必须学习系统与控制和耐磨材料两个领域。此外，至少在食品或纺织中选择一项进行学习。该阶段的学习，旨在帮助学生跳出固定思维，能够根据老师的要求灵活地设计出符合学校当地需求和兴趣的作品，同时使学生能够对自己感兴趣的主题深入学习。

第四，社会参与性学习。英国社会参与性学习的重点在于让学生参与社会生活领域，接触社会现实，体验不同地方的历史文化传统、社会生活方式和发展状况。注重开展各种社会参与性活动，如社区服务、社会调查、科学学习等，从而增强学生的劳动意识，提高解决问题的能力和思考能力，让青少年积累职业经验，结合自身所学专业解决实际问题。

举办劳动实践活动吸引年轻人参与

为了让青少年学生更接近科学、理解科学、热爱科学，英国每年都会举办各种科学活动。最值得一提的便是欧洲历史最悠久的科学节之一、由英国科学促进协会与各高校合作每年举办的英国科学节（British Science Festival）。1831 年 9 月，英国科学促进协会在英国约克郡成立并召开第一次会议，自此每年轮流在英国的中心城镇举行年会。早期的年会不仅是科学家宣讲新观点、介绍新发现和新发明的聚会，还是当时重大科学争论尤其是科学和宗教间辩论的战场。20 世纪以来，随着各类专业学会的建立和大众传媒的迅速发展，科学家已不必每年亲临现场发表观点。于是，英国科学促进协会的年会便将重点转向了通过学术讲座和展会向青少年介绍科技成果和普及科技知识，让青少年参与科学。具体形式包括报告会、辩论会、科学交流讨论、参观展馆、动手活动、展示活动、科学实验、科学成果展览、科技电影播放等。

除此之外，英国各区还举办青年人劳动实践学习的科技活动。例如，英国爱丁堡国际科技节，每年 4 月复活节期间举行，内容包括面向成人的学术讲座和面向青少年的科普活动，特色是巡游和亲子互动项目。英国剑桥科学节，自 1994 年开始，每年 3 月举行，其目的是吸引青少年对剑桥大学科学研究的兴趣，并鼓励青少年在未来大学报考与职业选择时能够倾向于科学技术研究领域。

综上可知，英国劳动教育的特点是重在培养劳动观念，促进学生掌握基本的生活技能，从而提高他们解决问题的能力和动手实践的能力。此外，英国以法律法案引导规范学校劳动教育体系建设，让劳动教育在学校的具体实践有法可依、持久有效，课程设置科学规范，具有针对性和综合性的特色。

——载于《中国社会科学报》2020 年 8 月 3 日第 7 版，与张培合作

文明交流视角下鸠摩罗什的翻译实践

我们今天介绍的是我国古代魏晋南北朝时期丝绸之路重要的中西文明互鉴使者——鸠摩罗什。作为历史上佛教融入中土文化、汉传佛教中国化的重要人物，鸠摩罗什在古代史、古代翻译史上都有一席之地。

译经大师鸠摩罗什

鸠摩罗什祖籍天竺也就是古印度，生于西域龟兹，大致在我们今天新疆库车县。鸠摩罗什的父亲鸠摩炎是天竺人，鸠摩炎家世非同一般，在天竺当地世代为国相，鸠摩炎后来辞去相位，一路东行，跨越葱岭来到龟兹。龟兹王甚敬慕之，请为国师，又将己妹耆婆嫁给鸠摩炎，后来就生下了鸠摩罗什。

龟兹国是一个举国上下都信奉佛教的国家。据《高僧传》卷二《鸠摩罗什传》记载：鸠摩罗什七岁便随母出家，深受佛学教义的熏陶和教养。据说，他10岁时，佛学教义就已经很深了，跟人辩论，好多人都辩论不过他。到了12岁的时候，鸠摩罗什就已经能够开坛讲法，由此在西域诸地名声大噪。20岁时，鸠摩罗什便被龟兹国王奉为国师。

鸠摩罗什学法时就曾对其母亲说，他要去东土，要到东方去弘扬佛法。当时的中原佛教领袖是释道安，他向当时的前秦皇帝苻坚推荐了鸠摩罗什，希望苻坚能将鸠摩罗什请到长安来弘法。苻坚在请鸠摩罗什入住长安这件事上是十分赞成的。这一方面是出于政治上的考量，另一方面也有思想统治领域的考量——一直以来，苻坚都希望有一种思想力量能够安抚北方，尤其是少数民族地区，与此同时，苻坚当时也在积极准备南下。著名的淝水之战就是发生于这个时期。当时苻坚希望他治下能有一种思想体系，与对峙的东晋王朝的儒学思想有所差异或者抗争，而鸠摩罗什可能成为苻坚实现这一政治目的的重要推动者。于是，当释道安提出要邀请鸠摩罗什来长安说法之后，苻坚便下令当时经略西域的大将吕光将鸠摩罗什带回长安。不过在吕光带着鸠摩罗什启程返回长安，行军到凉州的时候，也就是我们现在的甘肃省武威市，吕光突然得到消息，前方淝水之战苻坚大败，而且已经被其部下杀死，前秦覆亡。吕光由此在凉州自立为王，这就是后梁政权。随军的鸠摩罗什也就只好开始了长达17年之久的客居凉州之旅。

客居凉州的 17 年，鸠摩罗什利用这段时间潜心学习汉语以及汉文化，尤其是儒家文化。这 17 年经历，在一定程度上为鸠摩罗什日后将中西语言文化融会贯通打下了坚实的基础。到了公元 401 年，当时的后秦国王姚兴崇信佛教，他发兵后凉，将鸠摩罗什迎回长安，拜其为国师。自此，鸠摩罗什入主逍遥园，开始译经说法招弟子。

姚秦时期，鸠摩罗什的佛经翻译在当时得到了国家支持，因此，跟着他的弟子越来越多，鼎盛时期甚至达到 5 000 多人。以鸠摩罗什为中心，组成了一个庞大的僧人集团，同时也可以视为一个庞大的翻译集团。这个集团内部有当时社会文化界的许多俊杰。跟着鸠摩罗什学习佛经翻译的弟子道生、僧叡、道融、僧肇，后来都成为佛教宗派的开山立派之人，诸如天台宗、华严宗、三论宗、成实宗直接起源于鸠摩罗什译经，而禅宗、净土宗、律宗则是受到了鸠摩罗什译经的间接影响发展壮大起来的。

虽然鸠摩罗什的个人经历还有争议之处，比如就有人批评鸠摩罗什两度破戒、两度娶妻，等等。不过，从翻译角度来看，鸠摩罗什的佛经翻译思想和实践，在翻译史上确实做出了重要贡献。

鸠摩罗什的翻译思想和翻译活动

鸠摩罗什译经的一个重要特点，就是他将古印度的佛教文化融入了中国传统文化。中国文化有一个很重要的特点就是包容性，中华文明传承数千年没有中断，其中一个重要原因就在于，我们中华文化有很大的包容性，能够借鉴其他文化的优点和长处，而且还能够在其他文化的基础上进行不断发展和创新。历史上的佛教中土化过程，实际也是外来的佛教文化在融入中华文化后进行的一个不断发展和创新的过程。在这个过程中，鸠摩罗什的佛经翻译产生的影响是不可低估的。

鸠摩罗什所译经纶有 35 部，共 294 卷。现在的许多佛经仍旧沿用鸠摩罗什的译本，没有太大的更改，例如《妙法莲花经》《维摩经》《阿弥陀经》《十二门论》《成实论》《金刚经》等。

鸠摩罗什的佛经翻译思想特点有二：重达旨，重文体。

鸠摩罗什的佛经翻译重达旨。他不仅能够做到充分理解原文，忠实于原文的基础，还能够做到语言的流畅和优美，从而既符合汉语读者的审美情趣，还让佛经译文具有韵律感。这种韵律感，可能和他长大的龟兹地区的音乐文化发达有一定联系。

鸠摩罗什的佛经翻译重文体。他认为，一切内容都要依存于形式的存在而发展下去，正所谓形存则神存，形谢则神灭。好的文体形式才能够有助于更好传达译本的原意。鸠摩罗什在翻译佛经的时候，创造了一种新式文体，我们称之为谒体，就是说将原本是散文文体的梵文佛经汉译为五言的无韵诗的文体。

鸠摩罗什译经特色及对汉语言的影响

鸠摩罗什译经活动在中国文化史上、佛教史上以及中西文明互鉴交流史上都具有重要地位。

他首开意译之风、创新式译经体。梵文和汉文之间存在着很大的差异，鸠摩罗什在翻译的过程中，将佛教的语言、文体、风格、语法以及它所蕴含的比喻等，通过翻译的手段进行再现和融合，这实际上就是一种再创造的过程，而这个再创造过程，他还兼顾了汉语语言习惯。1 600 多年来，鸠摩罗什的佛经译本一直被采纳，原因之一就是他改掉了此前的直译和硬译。由于鸠摩罗什客居凉州 17 年，其汉语语言能力达到了一个较高水平，能够支持他对汉语佛经译本进行这样一个再创造。所以他才能不再拘泥于梵文的文本形式，将重心放在经文原意上，不再是死译。因此，后世人读鸠摩罗什的佛经译本，能够感受到其中的兼具梵文与汉语特色的调和之美。

鸠摩罗什佛经译文还有一个特点，那就是他对专有名词采用了音译的方法。在他的翻译之下，古印度梵文中的一些词语进入了汉语词汇，并沿用至今，从而丰富了汉语词汇和汉语语言文化。比如菩萨、神通、清净、极乐、微妙、如来、慈悲、智慧、因缘、境界等词，这些原本都是梵文的音译词。鸠摩罗什在音译专有名词过程中，还努力坚持译名的统一，避免一词多译。一致性，是翻译的一个很重要的标准，鸠摩罗什率先对一些专有名词译名进行统一，比如菩提、舍利、罗刹、罗汉、夜叉、沙门、比丘、释迦、佛陀、弥勒，等等。

历史上的汉译佛经扩充了汉语词汇量，对汉语语法产生了深远影响。梵文本身简洁明白，流畅易懂，汉译经文也应当简洁易懂。六朝时期的佛典中，摒弃了骈文的浮夸绚丽之风，开始使用“把”“着”“了”“过”等句式，其次，文言文中表判断句式的“者”“也”使用频率大大降低，从文化传播的角度来看，在佛经很多抽象概念难以翻译时，要遵循“方便”的原则，译师都会采取贴近平民的句式，而摒弃复杂冗长的句式。同时，汉译佛经也存在大量倒装句、提问句和解释句，这些句式变化也给当时汉语带来冲击，一定程度上促进了古白话文书面语的产生。

除句式变化外，很多字的语法功能也发生了转变。这里我们以“去”字为例，“去”字作为核心动词，既能单用也能连用，作句子的谓语成分。在南北朝时期，“去”字承担了连续虚化的功能，逐渐与核心动词语义关系变得疏远，从“双核心结构”变为“单核心结构”，作为整个句子所表达事态的补充成分，由核心动词变为补语动词。“去”字的变化体现了实词语法化过程的一般特点，也揭示了中古汉语由单音节词向双音节词方向发展的趋势。与“去”字有着类似变化的字还有很多。

此外，鸠摩罗什还开创了译场翻译法，这是由官方主持的一种集体翻译法，建立了一套传译的程序。鸠摩罗什的译场翻译法实际上是实行了一种集体的翻译活动，在传译的程序上，设有译主、度语、证梵本、证梵义、笔受、润文、证义、校勘等。这种译场翻译方式直接影响到200多年后唐朝玄奘的翻译实践。玄奘从印度求法，将佛经带回长安翻译时，也组织了译场翻译，在一定程度上就是借鉴了鸠摩罗什的做法。

鸠摩罗什译经对中华文化的影响

中华文化素来以其博大精深、源远流长的特色而享誉世界，而历史上鸠摩罗什汉译佛经之后所带来的中国佛教文化的广泛传播，也为中华文化添上了浓墨重彩的一笔。

丰富文学内容

佛经汉译在一定程度上为当时古代文学内容增加了更多丰富多彩的写作题材。鸠摩罗什所译佛典中的故事，无论是在写作题材还是情节内容上都对中国后世文学产生了影响，成为若干古代故事流变的起源或重要情节依托。印度佛经中所蕴含的各种各样的小故事大多来自古印度当地民间故事、神话传说、寓言故事等，尤其是神话传说。例如太子舍身喂虎、九色鹿、长寿王等佛本生故事。这些内容很多都融合到了后世中国文学的创作中来，比如后世唐代变文中的“经文”故事便大多来自鸠摩罗什所译的佛典故事。鲁迅先生也曾在《痴华题记》中提及：“尝闻天竺寓言之富，如大林深泉，他国艺文，往往蒙其影响，即翻为华言之佛经中，亦随在可见。”由此可见，鸠摩罗什的译经对后世文学内容的影响之大。在那个鲜有人懂梵文的时代里，鸠摩罗什的佛经汉译文本为中国古代文人开阔眼界、打开文学思路提供了一个可遇不可求的契机。

丰富文学体裁

佛学经典作为古印度上层社会所流行的古典梵语文学的一个重要分支，其文体大多是“大诗”文体。所谓“大诗”就是指印度古代文学中的长篇叙事诗，例如迦梨陀娑的《鸠摩罗出世》、婆罗维的《野人和阿周那》等，而其内容又多来自当地的史诗传说。

佛学经典的这一行文方式与后来中国小说、戏剧、平话等的发达都有着或多或少的联系。有学者认为，当时中土的叙事文本虽然早已诞生，但是一度因为失之于简略，无法独立出来自成一体。而佛经受到古印度文学民间故事以及梵剧叙事习惯的影响，在鸠摩罗什将佛经独有的文体格式汉化后，其他的古代文人得以在此基础上总结经验，从而有了进一步的创作发展，最终衍生出了后世的散文文体。学者李小荣也曾言：“散文”最早出现于佛经翻译中，也就是相对于偈颂而言的佛经文体。

佛教经典时常以叙事加议论描写的方式展现出一个个带有佛教义理的古印度民间故事和传说，正文由白话散体的对话和叙事组成，而文末常夹有韵文体的偈颂，韵文的谒语通常是起到总结概括全文的作用。鸠摩罗什在翻译的时候，为了强调前后两种文体之间的区别，十分注重在韵体和散体的过渡段中间加上“说谒语或即说谒语”等文字。之后，东晋僧侣利用“唱导”方式传播佛法，而后又被文学创作者融入中国民族诗文体裁中，形成了带有民间歌曲因素的全新文体——变文。此后，诸如平话、弹词、宫调、宝卷等新式文学体裁又在变文的基础上演变发展而来，最终推动了文学创作的发展与进步。

丰富文学语言

佛经翻译之初，平叙直白的翻译风格一直占据上风，此法曾风靡一时。鸠摩罗什的汉译风格却更加崇尚“文饰”，追求“曲从方言，趣不乖本”的翻译理念。强调在不偏离原文的前提下，用更加符合汉语习惯的语言进行佛经翻译。鸠摩罗什极力反对“质白”，认为一味强调译文质朴，只会让翻译作品呆板僵硬，了然无味，不利于后世传承。而当时鸠摩罗什所处的时期，中国古代文学语言风格本身也正开始趋于华美，注重“文质”和“辞体”，讲究语言辞藻之华丽。例如曹丕和陆机便曾言“诗赋欲丽”“诗缘情而绮靡”。因而，平叙直白的翻译方式也是不符合当时文学潮流的，鸠摩罗什在翻译中，重视译本的文采藻饰与音律，兼顾源语言的“质”与译入语的“文”，极尽汉语言文学动人心魄之美。

而他这一顺应潮流的做法，反过来又进一步地推动了汉语言文学当时推崇辞藻华丽之风的潮流。

影响与评价

鸠摩罗什的佛经翻译对历史上的佛教中国化产生过重大影响。鸠摩罗什提倡讲经和译经相结合，既是翻译场所又是学术交流场所，在一定程度上可以说也开创了一种讲学之风，给当时的思想界带来了一种求新和求真之风。鸠摩罗什同时培养了一批佛学家，促进大乘佛教在中国的弘扬，进而影响中国佛学思想的发展。

鸠摩罗什逝世后的 1 600 多年间，其所汉译的佛学经典一直被沿用，广受认可及赞誉。梁启超先生也称鸠摩罗什是翻译界的第一流宗匠。不仅是“一流”，还是“宗”。“宗”是什么？“宗”就是开创，“匠”是什么？“匠”就是指翻译的方法技巧。应该说，能够称之为“宗匠”的人，就是理论和实践结合得很好的人。在翻译界，有的人懂理论却未必会实践，有的人能实践但遗憾的是缺乏理论深度，而鸠摩罗什既有理论，也有实践，所以被称之为“宗匠”。

而且，中华语言文学的各个方面也在各种程度上受到鸠摩罗什的汉译佛经的影响，比如文本内容得到了进一步的充实；文学题材形式更加丰富多样了；语言词汇也更加五彩缤纷。除文学之外，他的翻译作品还在一定程度上影响了哲学、医学、美学、建筑学等诸多领域。

文化只有交流，只有互鉴，才能不断发展，才能做到民心相通。在一定程度上来说，鸠摩罗什就是这样一个曾经促进中西文化互鉴、中西文明融合的古代文明使者。他通过翻译实践，将古老的华夏文明与古印度文明，以及他们的两种不同的语言体系——汉语体系和梵语体系，有机地融合在一起，最终通过翻译作品，实现了两种文化的相互渗透、相互影响。这是鸠摩罗什翻译工作的最大贡献。

可以说，鸠摩罗什既是文明互鉴的先驱，也是文化交流的先驱。所以我认为，在中国文化史上、佛教史上、翻译史上，尤其在古代中西文明交流互鉴过程中，鸠摩罗什是一个做出很大贡献的人物。当如今的我们回顾古代丝绸之路上的文明交汇之时，鸠摩罗什的翻译工作是一个值得注意的内容。他是促进中西文化文明互鉴、文明交融的使者，同时是丰富中华文化的先驱以及文化的开拓者，更是促进民心相通的文化使者。

——载于《光明日报》2020 年 8 月 22 日第 10 版

德里达解构主义的法律正义观

德里达（Jacques Derrida）是后现代主义思潮中最有代表性的法国思想家。作为重点解构西方哲学传统中逻各斯中心主义的解构主义，德里达的解构主义所涉及的不仅是哲学理论问题，而且也是（甚至更是）人类社会的问题。1989年10月，德里达在纽约叶史瓦大学卡多佐法学院做题为《法律的力量——权威的神秘基础》的演讲时宣称："法律是可以解构的"，而且"解构就是正义"。德里达"解构"的目的是要拆卸宏大法律话语、消解法学中的"二元对立"观念，并在此基础上颠覆法学的"中心主义"等级观念。

反对主客体二分法

解构主义反对传统的主客体二元论，认为"主体已经死亡"的中心论点反映在法哲学理论上，则是否定法律主体向法律客体的转化和法律客体对法律主体的体现，并认为区分法律主体与法律客体毫无意义。在德里达看来，逻各斯中心主义总是主张一种以在场的逻各斯为中心的、不平等的二元对立结构体系。在这种结构体系中，作为对立的双方，逻各斯与它的对立方处于等级制度之中，无论在逻辑上还是在价值上它都居于中心地位，统治和支配着另外一方。逻各斯是中心，与它对立的一方就是边缘；逻各斯是在场，与它对立的一方就是在场的替补，如此等等。解构主义对理性权威的颠覆，使人们认识到所谓的理性塑造出来的法律主体就只能是"虚幻的神话故事"，只是"社会生活中不断被重复生产的虚假的审美概念"。

解构主义强调"自我的重新发现"。德里达说，自我只是言谈的效果，语言构成并解释主体。权力与语言是相互支撑、交相为用的，所谓"权力支撑话语，话语产生霸权"。因此，解构主义法学重要流派之一的女性主义法学提出，主体的身份是由性的话语所产生的人工制品。极端的解构理论甚至认为，主体不仅是一种建构物，而且完全是虚构的假象。

批判法律正义的确定性与普适性

结构主义认为语言是一种符号，这种符号可以分为“能指”(signifier)和“所指”(signified)两个方面，前者是指概念，即符号的意义，后者是音响形象，即符号的物质载体，二者对应起来构成了一个完整的语言符号。解构主义则进一步指出语言中的“能指”和“所指”是分离的。能指是一种任意的编排，取决于历史的经验，能指与所指没有必然的联系。在德里达看来，一切概念和词语的意义都是不确定的：从空间方面来说，一个词语只有在特定的情境中才有意义，不同的空间中词语的意义是不一样的，所以意义总是在“差异”中生成；从时间方面来说，词语的一种意义刚刚生成，随着读者的阅读进程的发展马上就被另一个意义取代，所以意义又总是姗姗来迟（延迟）。德里达用“延异”(différance，即差异和延迟）一词来表示，意味着意义总是处在空间上的“异”和时间上的“延”之中，而没有得到确证的可能。

法律历来以反映客观世界作为自己公正性价值实现的前提，而以语言为唯一载体的法律由于语言本身和人的认识力的局限，不能直接反映客观世界的本来面目。它若要体现自身公正的价值就不能以语言为唯一的载体。正是在这个意义上，法律的不确定性就有其存在的合理性。德里达认为，每一个社会主体都有自己关于公平、正义的观念，它们是多元的、局部的、以多种方式存在的正义，因而单一的正义观念已经不存在了。人们生活在不同的社会层面，人的社会身份因时因地而不同，并且人的心理也是复杂的，因而法律并不能反映社会共识，它的普遍性因为无视主体的差异性、通过刚性不变的法律规则来裁判每一个个体的行为而在后现代社会的多元性面前显得空泛和缺乏实际，因而是虚拟的。德里达指出，宇宙人生无任何本体真相，一切是空荡荡的开放性，人没有任何办法去知道真实世界。人与人、人与自然，均无沟通的可能。正义与文化共同体的实践相联系，没有超越一切的普遍正义，只有特定语境中的正义。而法律作为一种抽象的规则恰恰缺乏特殊性的品格，所以法律始终无法接近正义。由此可见，在法学解构主义者看来，法没有可靠性、决定性，其正当性也无法被证明，法律政治不能为人所控制，法律并非其本身展示给我们的那个样子。

主张构建多维学术范式

一元本质论长期占据现代法哲学研究的核心位置，认为客观世界存在着某种终极、唯一的法的本质，由本质出发进行概念推理就能对一切法律现象提供正确、权威的真理性解说。而解构主义学者则运用解构方法主张视角多元主义、建构多维学术范式。他们认为社会现实是多元的、复杂的、多方决定的，社会领域从来都不是封闭的终结性的结构，而是开放的、非稳定的、偶然的，因而他们赞同异质性、片段性、差异性和多元性。这种思想可以追溯到路德维希·维特根斯坦提出的用日常语言来替代理想语言，确立一种“语言游戏”的新方法。这种方法旨在考察一个词语在某种语言游戏中的意义，辨别它的类似性和多样性。在德里达等解构主义者看来，法学追求的不应该是传统意义上的法学理论建构，而应该是一种活动，是在生活世界中有规则的语言游戏。法律并不具有一种超时空的客观理性的化身，而是在特定历史条件下的“实践语境”的构建产物，因而并没有“放之四海而皆准”的法律本质，只有在具体语境条件下的法律本质。法律是一种地方性的知识，我们每一个人必须根据我们所处的语言、经验以及文化环境来观察和认识世界。因此，所谓法的终极本质并不存在。无论将什么界定为法的本质，都无法解决许多具体的法律问题。

在德里达看来，法官的判决要成为正义的，就必须遵循法律的普遍规则，使这一判决归属于可计算的、程序化的秩序之中。但是，法官的判决不能仅仅是一种套用、运算的行为，因为它所面对的是绝对独一无二的情形。此时，我们遵循了法律，可以说这个判决是合法的，但并不就是正义的。正是对于正义的追求，它还必须对这些原则进行再度的解释和创造。所以，在特定的时刻，法官总是处于一种既要保护法律又要破坏法律的矛盾之中。因为法律规则具有高度的不确定性，法官可以随意解释有关规则、制造例外情况或在适用规则时做出变通，从而得到他希望做出的结论。

我们要客观正确地面对德里达解构主义思想给法哲学研究带来的影响。一方面，解构主义打破了结构主义的封闭性、一元化，拓展了法哲学研究的领域和视野，使哲学研究出现了多元趋势，这是值得肯定的；另一方面，解构主义的法哲学研究始终是缺乏实践指向的研究，是一种没有文本所指的研究。它带有元批评性质，即对一种批评的批评，从来不是以实践为目标和导向的，因此缺乏实践指导性，没有方法论的意义。

——载于《中国社会科学报》2020 年 9 月 28 日第 7 版

佛教译经活动影响汉语发展

汉语博大精深，源远流长，其强大的包容性造就了它的丰富多彩。在汉语历史上发生的几次语言融合中，尤以佛经汉译给中国语言文化带来的影响最为深远。佛经翻译始于东汉，盛于隋唐，续至宋元，对中华文化的影响主要体现在语言、文学、哲学等方面。就语言来说，佛经翻译不仅促进了汉语词汇量的扩大，推动了汉语语韵学的发展，而且扩展了汉语语法结构。

佛经翻译扩大汉语词汇量

汉语词汇史上曾三次大规模地吸收外来词语，佛经翻译为其中一次。汉语词汇类型有古词、借词、新词三种，汉译佛经主要扩大了汉语的新词，并伴有一些借词来表达佛意。佛经传入中国后，在译经过程中最初是借用先秦本土词汇来表达佛教的思想内容，赋予汉语词汇以佛学意义。例如，在汉语中，“色”原指颜色，“空”指什么也没有。在被赋予佛学意义后，“色”指一切物质性的东西，而“空”则表示万物没有实体性，皆由因缘而生，所谓“色即是空，空即是色”。佛经翻译赋予汉语原有词汇以新的含义，使大量词汇多义化，充实了汉语的语义系统。

当无法借用汉语原有词汇表达佛教含义时，僧人们在翻译过程中创造了大量外来词，即新词。《现代汉语词典》收录了大量佛教词汇，如“世界”“刹那”“过去”。《佛教成语》中也收录了许多与佛教相关的成语，有些现在仍为人们熟知，如“作茧自缚”“皆大欢喜”等。特别有趣的是，随着佛经汉译的规模不断扩大，佛语大量融入日常社会生活而失去了本来的佛教含义。例如，在佛教中，“六尘”指的是色、声、香、味，触、法，如果能够摒弃一切杂念，佛语就叫作“一尘不染”，而此词广为流传后，百姓赋予它新的含义，即非常清洁的意思。类似的还有“慈悲为怀”“恍然大悟”“菩萨心肠”等。另外，从佛语中衍生出来的谚语更是数不胜数，如“无事不登三宝殿”“临时抱佛脚”“跑得了和尚跑不了庙”等。

除了扩充词汇数量，佛经汉译还改变了汉语词汇形式，在一定程度上加速了汉语词汇的复音化进程。“汉语在历史上长期以单音词为主，然而随着佛教文化的传入，为了适应梵语的特点和翻译佛典表意的需要，同时也为了使译文更加流畅，佛经翻译家们在翻译经文的过程中创造了大量的双音节词和多音词。”例如，东汉支谶译《般若道行品经》中：“十方所有；悉晓了知”；三国支谦译《撰集百缘经》中：“是时诸鹿，皆尽渡竟。”随着佛经的传译，越来越多的双音节词不断涌现，如进退、两难、自然、如意、赞助、希望、意识、烦恼、机会等。到了魏晋时期，汉语词汇的双音化进程大大加快，具体表现为过去由单音词表示的概念大都有了双音节形式，而出现的新概念基本上都由双音节形式表示。另外，佛经汉译还对汉语构词法影响巨大，促进了汉语构成方式的丰富与发展。早期汉语构词方式以并列式和偏正式为主。由于佛经汉译的开展，意译词增加，受佛教用语的影响，汉语中的主谓式、附加式、综合式等构词法多了起来。在主谓式中，前一词根是被陈述的对象，后一词根对前一词根进行陈述，如“轮转、自在、法尽”等。附加式由词根和词缀构成，分为前加式和后加式。前加式如“阿：阿罗汉”“小：小乘”等，后加式如“性：法性”“化：行化、摄化”等。综合式主要指由三音节或四音节构成的词语，如“八功德、大自在天、浴佛像、见前众、无学果、金刚座”等。

佛经翻译推动汉语语韵学发展

佛经翻译过程中产生了大量音译词和意译词，这些音译词可以用于理解汉语语音史的变化，从而有助于进一步研究汉语语韵学。学者杜爱贤说：“佛家对中国音韵学最重要的影响有三个方面，一是四声，二是声母，三是等韵图表。”反切法、拼音、永明声律论、四声调制的产生都与佛经汉译有着紧密联系。

汉语为象形文字，本身并没有读音。那么，在现代汉语拼音出现之前，古人如何拼读汉字，写诗又是如何押韵呢？其实，古人用过很多标音方法，如直音法、譬况法等。直音法用比较容易认识的同音字注明汉字的读音，如“蛊，音古”“冶，音也”等。虽然这种标音方法简单易读，但是存在一个问题，即在同音字都是生僻字的情况下，标音之后仍读不出来。印度梵文属于拼音文字，梵语音韵学在南北朝时期传入中国，对中国音韵学产生影响，译经僧侣们借鉴梵语拼音方法创造了反切法。反切法是用两个比较典型的汉字来给另外一个汉字标音，反切上字与所注字的声母相同，反切下字与所注字的韵母和声调相同。例如，“采，此履切”，其中，“此”表示声母即 c，履表示韵母 u 及声调（第三声），这样“采”字就读 cu（第三声）。“采”字曾经的读音和现代汉语读音相差很大，是因为汉语经过几千年的发展产生了巨大变化。用反切法注音，不但能给每一个字标音，还能标得比较准确，比起以前几种标音方法进步不少，这要归功于佛教的传入和佛经翻译的普及。

佛经翻译的普及不仅催生了反切法，也为拼音的出现奠定基础。拼音最早可以追溯至十四音，《佛本行集经》记载："梵天所说之书"注曰："今婆罗门书正十四音是"；《涅槃经》记载："迦叶菩萨白佛言，世尊！云何如来说字根本？佛言善男子！说初半字以为根本。所言字者其义云何？善男子！有十四音名为字义。此十四音名曰字本。"这些佛经记叙表明，十四音作为基础音早在魏晋南北朝时期就已经出现。同一时期，谢灵运笃信释佛，造诣颇高，能够阅读并翻译梵文，改写了治本《大般涅槃经》《金刚经注》等多部辩论文，而后编写了关于梵文准确读音的《十四音训叙》。到了唐代后期，有人将汉语声母分为三十种，也即目前常说的守温三十字母。这三十个字母大体代表了唐代汉语的声母系统，该系统发展到宋代，又增加了六个声母，现在称为"守温三十六字母"。关于守温三十六字母的创立，吕介孺云："大唐舍利创字母三十，后温首座益以'娘''帮''滂''微'，奉六母是为三十六字母。"又，据钱大昕等人考证，守温是唐季沙门僧人，后于三十字母的创立。守温采西域婆罗门书之四十二字母，又兼陆法言、孙愐之韵书，参稽比较，遂制成三十六字母。从这些记载中可以看出，三十字母与三十六字母的创立来源于西域佛经的制音思想与方法。

永明声律论的产生，不仅受我国声韵学发展的影响，也受到佛学东渐、印度梵文佛经汉译的影响，同时也是魏晋南北朝以来，文学独立、文章骈俪化的必然产物。春秋时期，中国古音乐中的五音分为宫、商、角、徵、羽，应用于汉语的也是这五声，后称为五声律。在佛经传入中国后，译经僧侣们受到梵文拼读方式的启发，把诵读佛经时呈现出的抑扬顿挫、平仄有致特征与汉语五声相结合，创造了汉语四声拼音形式。沈约在《宋书·谢灵运传》中针对诗文创作中的声韵问题说："夫五色相宣，八音协畅，由乎玄黄律吕，各适物宜。欲使宫羽相变，低昂互节，若前有浮声，则后须切响。一简之内，音韵尽殊；两句之中，轻重悉异。妙达此旨，始可言文。"他认为，历代文学虽然在文体上发展进步，在声律上却没有相应的进步，名篇佳作多为自然天成，虽与音律暗合，实不知其所以然。因此，他提出了具体的声律理论、写作法则及其原理，将古汉语分为四个调类：平、上、去、入，即四声法则。四声学者李士彪指出，沈约等人借鉴佛经转读的方法发现了四声，规定了八病，使声律的讲求有了明确的依据和法则。

佛经翻译扩展汉语语法结构

语法学上认为词汇属于基础部分，决定句子的语法结构。而语言学认为，词汇和语法相统一，二者没有明确界线且相辅相成。汉译佛经大量扩充了汉语词汇量，必然对汉语语法产生深远的影响。梵文本身简洁明白、流畅易懂，汉译经文也当简洁易懂。六朝时期的汉译佛典，摒弃了骈文的浮夸绚丽之风，开始使用“把”“着”“了”“过”等句式；同时，文言中表判断句式的“者”“也”等使用频率也大大降低。对此，不难理解。从文化传播的角度来看，当佛经中的抽象概念难以翻译时，为了便于宣扬佛法，阐释佛教义理，译师都会遵循“方便”原则，采取贴近平民的句式，而摒弃复杂冗长的句式。例如，我们熟悉的“廉颇者，赵之良将也”，在佛经大量传入中国后，渐渐被简单句式取代。同时，汉译佛经中也存在大量倒装句、提问句和解释句，这些句式变化给汉语带来冲击，促进了古白话文书面语的产生。

除句式变化外，很多字的语法功能也发生了转变。以“去”字为例，“去”字作为核心动词，既能单用，也能作为句子的谓语成分连用。在南北朝时期，“去”字承担了连续虚化的功能，逐渐与核心动词语义关系变得疏远，从“双核心结构”变为“单核心结构”，作为整个句子所表达事态的补充成分，由核心动词变为补语动词。“去”字的变化体现了实词语法化过程的一般特点，也揭示了中古汉语由单音节词向双音节词方向发展的趋势。

综上，佛经翻译对汉语的发展演变产生了极大的影响，扩大了汉语的词汇量，丰富了汉语的构词法，推动了汉语语韵学的发展，扩展了汉语语法结构，使汉语语言系统在形象性、生动性等方面都大为增色，有力地推动了汉语的发展与完善。

——载于《中国社会科学报》2020年9月29日第3版宗教版，与周璇合作

茶助诗情，诗添茶趣

中国的茶文化兴起于唐而大盛于宋，茶文化借其清雅的特质成为文人雅士崇尚田园山水、恬然淡泊的生活情趣的寄情之物。中国历代诗词人皆有描写茶的佳作，简称为“茶诗”。诗与茶结缘，茶助诗情，诗添茶趣。

艺术源于生活又高于生活，作为中国诗词文化和茶文化相结合的产物，茶诗诵茶事清雅，记生活闲适，悟处世哲理，在一定程度上塑造了民族性格，增强了民族凝聚力，推动中国茶文化“走出去”。

诵茶事清雅。文人饮茶有很多讲究，讲究环境之雅，茶伴之雅，还讲究饮茶的高雅闲适的情趣，借茶的淡、洁、清、雅来抒发自身对平淡自然心境的向往之情。

宋人饮茶重视自然之趣，多在花间月下、幽台竹边。北宋晏殊《煮茶》一诗即云：“未向人间杀风景，更持醪醑醉花前。”南宋方岳《赵龙学寄阳羡茶为汲蜀井对琼花烹之》诗亦言：“三印谁分阳羡茶，自煎蜀井瀹琼花。”邹浩《同长卿梅下饮茶》一诗则进一步赞颂了对花饮茶的高蹈脱俗之趣，诗云：“不置一杯酒，惟煎两碗茶。须知高意别，用此对梅花。”梅品高洁，为诗人所钟爱，茶性亦洁而清，诗人不以酒而以茶对梅，高情雅趣不言而喻。《寒夜》也表达了同样的高标雅韵，诗云：“寒夜客来茶当酒，竹炉汤沸火初红。寻常一样窗前月，才有梅花便不同。”在雅致的情调外营造了白居易“红泥小火炉”的温馨意境，而以茶代酒，更有一番风味。

文人还喜于自然山水之间煎茶品茗，对煮茶泉水要求甚高，他们深知新茶还须活水烹煮的道理，于是寻访名泉，流连山间，闲坐瀹茗，充分享受饮茶之趣。苏轼《汲江煎茶》诗云：“活水还须活火烹，自临钓石取深清。”这首诗描述了诗人在静静的月夜，独自饶有兴致地汲水、生火、煮茶、品茗的情境，展现了一种引人入胜超凡脱俗的茶艺之美。陆游嗜茶，亦喜于涧旁泉边啜饮，其《三游洞前岩下小潭水甚奇取以煎茶》即写他不畏山行之难，觅得一泓清潭，坐拥山色，闲饮名茶的幽兴：“囊中日铸传天下，不是名泉不合尝。”

煎茶过程也在他们的笔下妙趣横生，苏轼有一首《试院煎茶》很好地记录了宋时煎茶的过程：“蟹眼已过鱼眼生，飕飕欲作松风鸣。”“蟹眼”“鱼眼”为用汤之法。《茶经》云：凡候汤有三沸。如“鱼眼”微有声，为一沸；缘边如涌泉连珠，为二沸；腾波鼓浪，为三沸，则汤老。此时已是二沸，若松风之声。松作为坚贞高洁的象征，为煎茶营造了雅致的意境。

记生活闲适。诗歌创作中出现大量描写日常生活的题材，其通过文人的视角与审美构架，让茶从一种单纯的自然植物化身成为高尚品格的象征，将泡茶、饮茶从简单的日常习惯发展成为愉悦身心的审美体验，实现了饮茶之举从物质性到精神性的升华，极具文人的盎然雅趣和丰富情韵，彰显出文人雅士对茶文化的热爱以及对诗意生活和美好未来的追求。于诗人眼中，茶较静物多了清幽的醉人之味，较酒饮多了姿态多变的形态美感，较山水多了流转持久的清香气味，带动着人的众多感官感受，建立着属于茶的文化美感。

茶高雅脱俗，是山川天地之灵秀，所以茶很自然地与优雅妩媚、冰清玉洁的女性联系了起来，苏轼就有一个绝妙的比喻：“从来佳茗似佳人”，蕴含茶叶之美；诗人还将茶比作“资质刚劲”的清白之士，称颂其“风味恬淡，清白可爱”，展现其风雅之韵。苏轼写道：“雪沫乳花浮午盏，蓼茸蒿笋试春盘。人间有味是清欢。”诗人描绘了初春充满生机与希望的景象，以雪与花喻茶，充溢着对生活的深厚热爱以及对自然的无限崇敬之情，表达出作者悠然淡雅的审美趣味和生活态度，带给后人以无尽的遐思。

唐宋文人喜好交游，注重人际交往。中国是礼仪之邦，以茶待客在士庶阶层成为一种礼仪。宋代接待宾客从求见约请、迎送宾客、设茶点汤、见客服色、待客座次、宴请宾客等都有约定俗成的礼节。宋代客至设茶、辞则点汤，乃为通俗。

悟处世哲理。茶文化与古诗词曲的结合不仅仅是语言上的结合，更重要的是文化的相融。儒释道三教合一的时代背景使得茶诗中既有儒家清廉中庸的品性，佛家寂静淡泊的追求，也有道家返璞归真的意境，彰显出诗人对生活的热爱、对自然的崇敬，以及宠辱不惊、随遇而安、从容淡然的处世心境。

“安贫乐道”是儒家提倡的一种人生观。《茶笺》载：“蔡君谟嗜茶，老病不能饮，日烹而玩之。”诗人在馥郁的茶香中显示出文人豁达乐观、安贫乐道的精神。再如欧阳修言：“吾年向老世味薄，所好未衰惟饮茶。”此时的欧阳修经历了人生的大起大落、大喜大悲，在茶事中寻找心灵的慰藉。

茶与文人的精神活动紧密联系在一起，被雅化为一种独特的文化现象，形成了独特的中国茶道精神。茶性清纯、雅淡、质朴，茶味苦而甘，味淡香永，且它生长于幽林远涧，远离尘嚣，性寒高洁，品性不移，所以文人赋予茶深厚的文化内涵、审美趣味与文化品格。《茶经》云“茶之为用，味至寒，为饮最宜精行俭德之人”，倡导以茶养廉、以茶励志。古代文人注重道德情操、修身养性，蕴含丰富的茶契合了他们的精神需要，所以品茶成为一种陶情怡性的过程，一种表现高尚节操的方式，一种抒发理想抱负的途径。文人对茶的感悟，提升了茶与文人精神沟通的内涵，推动了中国茶文化的发展。

——载于《学习时报》2020 年 10 月 23 日 A6 版，与袁梦瑶合作

重视法律典籍翻译，助力中华法系复兴

作为世界诸法系中未因朝代更迭而中断且“唯一不掺杂其他法系因素”的古老法系，中华法系历经两千多年的发展，“以战国时李悝编纂的《法经》为其开端，经过秦汉魏晋南北朝的沿革发展，到隋唐时期达到了完备阶段，此后又经过宋、元、明、清各朝的承袭沿用，到清末沈家本等人修改法律时，才告解体。”中华法系一度是东亚国家立法建制无可置疑的“母本”。古代中国是“东亚大地文化唯一之策源地”，日本、朝鲜半岛、中南半岛等东亚和东南亚地区诸多国家的法律制度纵使在模仿程度和影响范围上不尽相同，但内核均是中华民族数千年来一以贯之的法律精神。以中国为核心形成的东亚法律文化共同体蓬勃发展，足以与西方执牛耳的罗马法文化分庭抗礼。梁启超就曾在《论中国成文法编制之沿革得失》一文中提到，“故高丽、日本、安南诸国，皆以彼时代继受我之法系”。

重要载体

随着中华法系的产生和发展，先人在数千年的国家治理实践中积累了丰富的经验，凝结出丰硕的成果——法律典籍。广义的法律典籍不仅关涉刑律典章一隅，同样与思想、文化、社会等多个领域息息相关，因此既应包括“由立法、司法、普法、解释、学术等活动而产生的文字资料，其种类有政书律典、行政与司法文书、审判档案、律学文献、实务参考、乡规民约、便民指南等”，还应涵盖历史、哲学、文学、艺术等文化典籍中有关法的资料和内容。据《中国古籍总目》研究统计，中国古籍的著录总数为二十万种，其中“刑法之属”就有近八百种。张伟仁主编的《中国法制史书目》按规范、制度、理论、实务归类，著录书目 2 352 种，是迄今为止最为宽泛详备的法律文献目录。而涉及法学内容的文化典籍更是汗牛充栋，难以计数。从狭义来看，法律典籍指的是古代由国家制定或认可并以国家强制力保证实施的法典和律法，包括正式的法典及其多种补充形式。“律”是古代法的主要形式，是“具有代表性的比较稳定的国家大法”，但并非唯一形式，作用和效力时常受其他法律形式的补充和制约。例如，汉朝有“令”“科”“比”，隋、唐增加了“格”“式”，五代和宋有“敕”，明、清有“例”。这些法律补充形式数量庞大，大多参酌时势世情而定，较正律具有更强的灵活性。

一言以蔽之，中华法系千载传承，所遗法律典籍浩如烟海、灿若繁星，记录了中华民族的法律奋斗史，传递了中国法律精神的火种，塑造了中国乃至整个东亚地区的法律文化记忆。

道阻且长

综览中国法律典籍的对外译介历程，西方对中华法系法律和法治文化的兴趣可以追溯到十六七世纪以前，欧洲传教士来华，将自己在中国经历见闻写成游记，其中就包含对中国法律文化的描述和评价。此后直至 18 世纪中期，中外交流在曲折中前进，法律典籍外译也在其间积蓄力量。18 世纪后，随着东西方交流的频繁发生，西方才真正开始对中国法律典籍进行翻译。而近现代法律典籍的外译则主要集中于《大清律例》《洗冤集录》《唐律疏议》《大明律》四部典籍。

无论在国内还是国外，法律典籍翻译的研究都未能引起足够的重视。

首先，现有翻译成果无法满足研究需要，导致现阶段法律典籍翻译研究多集中于几部主要法典的研究。我国法典数量之丰毋庸赘言，但可供研究的译本寥寥无几。正律元典尚且如此，待译的法学思想、文化著作更是数不胜数。1995 年，国家启动了《大中华文库》工程，这是我国首次系统、全面地向世界推出外文版中国文化典籍的国家重大出版工程，项目推进至今，已经出版 110 种经典著作，涵盖文化、历史、哲学、经济、军事、科技等多个领域，但其中没有一部真正意义上的古代法律典籍，足见当下法律典籍翻译之匮乏。

其次，对法律典籍翻译缺乏系统、全面的研究。国内有关法律典籍翻译的 40 余篇论文中，近半者都是对译文字、句、篇章的审度，讨论文本层面的转换问题。对译本的传播效果、文化影响、历史价值往往是寥寥数语或一笔带过，未能跳出文本的局限，从文明互鉴、法文化交流传播的高度对法律典籍翻译这一重要课题进行综合性研究，深入挖掘法律典籍的文化意义和传播价值。

最后，缺乏专业的法律典籍翻译人才。法律典籍的翻译涉及语内和语际双重翻译，译者不仅需要具有丰富的法学和外语专业知识，还需要具有较高的古文造诣，因此法律典籍译介“对翻译的准确性有着极高的要求，一定意义上讲，法律翻译人才也是社会精英人才”。法律典籍翻译难度高、耗时长、出成果难的特点使不少译者望而却步，专业的法律典籍翻译人才更是凤毛麟角，这阻碍了法律典籍翻译的发展。

逐步实现“中法西传”

新时代中华法系的复兴离不开传统法律文化的浸润和滋养，法律典籍翻译则“担负着传统法律文化记忆塑造、传播与经典化的重要功用”。对内而言，法律典籍的翻译能够丰富国内学者的研究素材，方便从更多角度开展学术创新，同时普及传统法律文化，深化本国民众对传统法律文化的了解和认知，增强民众对中国法治现代化建设的文化自信。对外而言，法律典籍作为域外了解中国法律文化、形成对中国法治形象认识的第一手资料，承载着极具民族特色的法律智慧。“在中国古代文化典籍的翻译和传播方面，西方专业汉学家占据主导性的地位，中国学者进入这一领域则要晚得多。”因此，积极开展法律典籍的翻译和研究，有助于牢牢把握法律典籍译介的主动权，改善外国译者在翻译过程中出现的文化误解误读等问题，客观地还原中华法律典籍的真实面貌，促进国际社会形成对中华法律文化的接受和认同，为中华法系复兴营造良好的环境并奠定坚实的思想基础。同时，也有利于扭转国际社会对中华法系的片面、刻板印象，消除长期积累下来的制度偏见，积极传播中华法文化的核心价值，推动中华法系与其他法系平等地交流，在文明互通互鉴的过程中逐步实现“中法西传”，增强中国在国际法治建设中的话语权。

——载于《中国社会科学报》2021 年 2 月 2 日第 6 版国家社科基金专版，
与张亚芳合作

俄罗斯：以历史教育深化国家认同

国家认同表征为公民对所属国家在情感和身份上的归属感。在经济全球化以及他国存在的语境下，这种归属感的构建来源于群体成员的共有特征，包括文化、历史、传统、语言、信仰等符号。国家通过与之相关联的教育，使公民在此基础上发现自己的情感归属，形成理性的身份自觉，建构认同心理。其中，历史教育唤起社会共同的历史记忆，使公民形成对于国家统一性和连贯性的认知，对建构国家认同至关重要。

身份认同问题一直是俄罗斯思想家们探讨的重要论域。近年来，俄罗斯以激活历史记忆作为加强国家认同的突破口，通过历史教育来调节个人与国家、历史与现实之间的关系，有效推动国家的社会整合与稳定。

历史教材引导价值认知

教材是信息的“解释者”，其内蕴价值可以为学生在多元文化中进行身份识别提供坐标，进而促进个人价值追求与国家发展同频共振。俄罗斯高度重视历史教材对学生的引导。为了改变苏联解体后历史教材版本繁多且不同程度对历史遗产进行丑化的问题，俄罗斯成立国家历史教科书修改工作委员会，组织权威教育出版社和上百名历史学教授、历史教师进行研讨，制定历史文化评价新标准，修订没有内部矛盾和双重解释的新版历史教材，从历史和逻辑的角度合理还原社会发展的历史真相。

俄罗斯新版历史教材立足于去伪存真、正本清源，澄清历史研究与教学的重大疑难问题，反对国内一直盛行的历史虚无主义思潮。该教材加大了俄罗斯史的比重，强调俄罗斯在世界历史版图中的位置和作用。采用历史文化评价新标准对历史关键事件、国家领袖、英雄人物等有争议的概念和术语进行理性客观评价，解决历史教学中关于某些历史难题争论及教学目标统一等问题，给学生以清晰的历史概念和历史信息。2016 年出版发行的新版教科书在序言中写道：“此书中能够看到联邦历史学的研究成果；能感受到祖父、祖母和父辈们生活的历史记忆；能学习到每一个俄罗斯人为之骄傲和自豪的国家历史；能发现历史的经验教训，这些都能够帮助我们更好地选择国家未来的发展道路。”

为引导学生树立正确的历史观，培养求真求实的意识和对历史思考分析的能力，俄罗斯新版历史教材尤其重视原始文献资料的呈现。俄罗斯大部分历史教科书每课都有文献摘录，作为历史概念阐述时的历史事实依据。文献摘录的内容包括回忆录、情报资料、信件或公开函、讲话录、法典等。俄罗斯历史教科书在课文中穿插丰富原始史料，有助于佐证历史观点的真实性，更有利于培养学生鉴别史料的能力，以及“论从史出，史由证来”的严谨意识。

大众传媒编码历史符号

在信息分众化、差异化的传播趋势下，大众传媒因其辐射面广、感染力强，在教育客体、教育内容、教育方法等方面显现出特殊性。在俄罗斯，广播、报纸、电视、网络等大众媒体被广泛用于历史教育实践。俄罗斯借助大众传媒，通过对传统媒介的创新使用以及对现代网络的广泛应用，对历史符号创新编码，使历史教育有情感、有温度。

历史题材历来是俄罗斯电视、电影的经典主题，以全俄国家广播电视公司历史频道为代表的俄罗斯媒体，在进一步向受众展现俄罗斯历史方面发挥了重要作用。该频道自 2013 年开通起，就致力于以原创历史纪录片的方式回溯俄罗斯历史。《勋章里的俄罗斯历史》《100 场伟大战役》《还原苏联历史》等纪录片，不仅受众广泛，还成为大中小学历史课的有益补充。近年来，《兵临城下之决战要塞》《斯大林格勒》等反映俄罗斯历史的影片，除采用现代技术手段对影片进行加工外，内容上不再刻意渲染战火连天的大场面，而是在力求还原历史原貌的基础上侧重对人性的挖掘、对战争的反思，引发广大观众的情感共鸣。

在互联网时代，俄罗斯历史教育有了新的实施路径。VK 是俄罗斯各类人群使用率最高的网络社交平台。俄罗斯政府在该平台上建立相关账号，不定时推送时政资讯、国家历史文化等信息，并将历史故事、山川风貌改编成短视频等网民易于接受与传播的媒体形式，通过绘声绘色的故事让大家熟悉历史文化。面对一些游戏产品歪曲历史事实的现象，俄罗斯更是自主打造了一批爱国题材游戏，将俄罗斯历史故事及历史观内嵌至虚拟游戏体验之中。

实践活动活化教育形式

国家认同不仅是内在的心理活动过程，还表现为与其相一致的外在行为。历史教育要形式多样，使民众在参与、感受中接受历史教育，把对国家的感情、义务和责任融入自己的生命体验。

俄罗斯注重实践活动与环境熏陶等隐性教育，免费开放博物馆、纪念馆、陈列馆、展览馆等公共设施供国民参观学习，在学校、公园、广场等众多公共场所摆放历史英雄雕像及历史事件的宣传碑等，每年隆重庆祝具有历史纪念意义的节日，将历史教育的内容隐于多姿多彩的情景载体内，对国民产生无形而有力的影响。

博物馆是历史记忆的象征，积极发挥博物馆的体验教育功能是俄罗斯历史教育的传统方式。俄罗斯博物馆在数量和规模上都位于世界前列，绝大部分都可用作历史教学及历史教师培养的场所。俄罗斯博物馆创造性地对馆藏资源进行不同程度的整合，为教师现场教学提供主题清晰、内容丰富的教学资源。比如，俄罗斯中央武装力量博物馆提供了“伟大的卫国战争”“俄罗斯军队和历史”等多项主题的课堂学习资源。除提供特色课堂教学服务外，博物馆还会不定期举办历史展览、研讨会等活动，大力支持历史记忆研究和志愿者计划，为民众搭建高层次的文化互动空间。

节日是一种公共文化行为，民众可以在节日集体的庆祝活动中建立起共同体认知和体验。在俄罗斯重大历史事件纪念日，俄罗斯民众会在公共活动场所以各种方式纪念先辈。比如，每逢 5 月 9 日胜利日，广场上盛大的阅兵仪式、身着戎装游行的老兵、向无名烈士纪念碑献上的鲜花、青年志愿者免费发放的“圣乔治丝带行动”丝带等，都是当天不可或缺的节日符号。这些节日符号和纪念仪式并不完全是官方发起的，其中大多是由普通民众、社会组织等创造和推动的。正是社会多元主体协同参与，才形成了历史教育实践的社会合力。

俄罗斯历史教育的深层解析

从本质上看，国家认同体现了认知、情感和行为在个体层面的三位一体。通过对俄罗斯历史教育在三个方面的分析，可以发现其几个特点及启示。

首先，防止歪曲国家历史。只有从客观角度去看待历史，才能正确地总结历史经验。历史教育的首要任务是还原历史真相，要采取一系列针对性措施，在教育、学术、媒体等各方面正面发声，旗帜鲜明地反对历史虚无主义。只有使公民在尊重历史真相的基础上理解国家行为，才能产生国家认同感，进而明确自我的社会责任。

其次，增强民族自豪感。民族自豪感是民族精神的重要体现，培养民族自豪感是历史教育的重任。要教育青年一代认识到国家在世界史中的重要地位和作用，要以各种方式让公民铭记所有为国家做出巨大贡献的人，这是培养公民民族认同感与自豪感最直接有效的方式。

再其次，调动全社会积极性。历史教育是一个开放的教育体系，其复杂性使得除学校之外的多种力量都能在其中发挥作用。在信息化时代，要充分发挥大众传媒传播快、受众广的宣传优势，动员社区、家庭、青年组织等多元主体力量，形成多层次、多渠道、多领域协同共育的新格局。

最后，在实践中传承民族精神。历史教育对国家认同的构建，从表层上看，是历史史实的传递；从深层着眼，是民族精神的传承。历史教育的目的是提取历史资源来充实、丰富人们对于国家概念与民族精神的认知，是在实践中从民族精神与国家软实力中获得无限发展的动能。

——载于《中国教育报》2021年3月18日第9版，与潘文娇合作

中国古代法律典籍的译介与传播

自古以来，我国形成了世界法制史上独树一帜的中华法系，积淀了深厚的法律文化。古代的法律典籍，作为中国法律智慧的载体，是认识和探索中华法律文化的重要途径之一。从历史上来看，西方世界对中华法文化的体认可以追溯到 16 世纪后期，而中国传统法律典籍的外译则始于 1810 年小斯当东的英译《大清律例》。至今，法律典籍的外译已经走过 200 余年的历史。

积极开展古典法律典籍的翻译和研究，有助于把握法律典籍译介的主动权，改善外国译者在翻译过程中出现的文化误解误读等问题，客观地还原中华法律典籍的真实面貌。

中华法系的历史渊源、传承及影响

中华法系是指在中国古代特定的社会历史条件下孕育成长的，以礼法结合为根本特征，以成文刑法典为核心内容，以《唐律疏议》为典型代表的中国封建时期的法律以及仿效其法而制定的东亚诸国法律制度的统称。中华法系产生在中华民族的文化土壤之上，是古圣先贤智慧的融合和治国经验的结晶。在古代漫长的发展历程中，中华法系对维护国家稳定和统一、促进民族团结、传播中华文明等发挥了重大作用。

所谓法系，指的是“某国固有的法律同某些从外国接受过来的法律，或者同本国历史上长期积累起来的法律结合起来，形成一种独特的体系”。1884 年，日本法学先驱积穗陈重在《法学协会杂志》上发表题为《论法律五大族之说》的论文，将世界法律体系分为“印度法族、中国法族、回回法族、英国法族、罗马法族”，开世界法系研究之先河。作为世界诸法系中未因朝代更迭而中断且“唯一不掺杂其他法系因素”的古老法系，中华法系历经两千多年的发展，“以战国时李悝编纂的《法经》为其开端，经过秦汉魏晋南北朝的沿革发展，到隋唐时期达到了完备阶段，此后又经过宋、元、明、清各朝的承袭沿用，到清末沈家本等人修改法律时，才告解体”。

在古代历史上，中华法系一度是东亚各国立法建制的“母本”。中华法系精神在较长时期内，成为东亚各国共同的法律意识形态，且影响一度扩展及东南亚等地。梁启超就曾在《论中国成文法编制之沿革得失》一文中提到，“故高丽、日本、安南诸国，皆以彼时代继受我之法系”。法律史学者杨鸿烈更是提出，“若以诸法系之历史比较，则中国法系延长数千余年”“故谓中国法系为世界最大法系之一，谁曰不宜？”

从古代历史来看，中华法系的形成有其深刻原因。

首先，国情上的相似性为中华法系的形成提供了可能性。古代东亚国家与中国存在诸多相似性，经济方面都处于自给自足的封建小农经济阶段，政治体制均以中央集权的封建君主专治为主，思想上以儒学礼治为尊……国情的趋同性使各国的交流和互鉴更加顺畅无碍，有效消除了东亚国家移植中国法律的不适性，使得中国法律文化能够为其吸收、内化并有效创新，不仅丰富了中华法系的内涵，创建出多元一体、和而不同的东亚法治文化，同时也为东亚法治文化共同体的形成提供了实践的可能性。

其次，政治上的藩属关系为中华法系的形成奠定了基础。历史上，中华法系的成员国与母国之间曾存在藩属关系。在一些时期，这些东亚国家作为中国的藩属，接受当时中央王朝的册封。日本在汉代就曾派遣使臣奉贡朝贺。《后汉书》记载，汉光武帝建武中元二年（公元 57 年），倭奴国遣使来朝，光武帝“赐以印绶”，赐名以倭，以示嘉许。从历史上来看，中华法系国家之间曾经存在的藩属关系，大大降低了中国法律文化自上向下的传播阻力，为东亚法治文化共同体的形成奠定了坚实的基础。

最后，形式上以政府为主导的官方交流和学习极大地推动了中华法系的发展。作为中华法系的母国，中国古代的法律制度和文化之于同时期的其他东亚国家，其先进性和优越性无须赘言，因而引得诸国纷纷来朝，派遣使节学子，来华学习中国法律制度和文化。日本东洋史学家桑原骘藏曾在《王朝之律令与唐之律令》一文中指出，“唐之文化使东亚诸国大受感化。当时自日本、新罗、高昌、吐蕃等国派遣留唐之学生均努力于文化之输入”。政府主导的官方交流和学习在规模和规范程度上均远超民间的私人交流，加速了中国法律文化在东亚的推广和传播，确保了东亚法治文化共同体的稳定、快速、高质量发展。

中华法系的指导思想是发端于先秦的中华儒家思想，其主要内涵有：

第一，“天人合一”的哲学观。在宇宙世界观上，中华法系提倡“天人合一”，倡导天人相通、以人为本、以德配天，由于天人相通相合，自然形成“天人感应”“以德配天”和“德主刑辅”“明德慎罚”等法律思想原则。

第二，人本主义的伦理观。儒家“仁爱”强调天地有好生之仁，渗透在中华法系的思想内涵与立法司法实践活动中，表现为礼法结合、注重教化、重视人学、关注现世，宽仁恤刑、重惜民命，轻徭薄赋、政简狱清等方面。在司法上，慎刑慎杀的刑事诉讼基本理念是我国传统法律文化的重要组成部分。美国学者 D.布迪、C.莫里斯在《中华帝国的法律》中提出：与西方国家相比，中国古代的法律在有些方面更加合理、更加人道。

第三，对“无讼”和谐观的向往。我国传统文化中“和谐”的思想多源于道家老子和庄子的哲学，“天人合一”“道法自然”“万物与我为一”体现的是天人和谐观。古代法律文化中有厌讼的传统思想：“讼，吾犹人也，必也使无讼乎！”（孔子）“居家戒争讼，讼则终凶。”（《朱子家训》）“太平百姓，完赋役，无争讼，便是天堂世界。”（明・王士晋）自古以来，百姓相安无事，和睦相处，是一种美好的向往。

第四，在立法上，成文法与判例法相结合。历史上，《唐律疏议》《宋刑统》《大明律》《大清律例》等一脉相承，是东方世界先进法律文化的代表，对日本、朝鲜、越南诸国都产生了深远的影响。西汉以后开始大量适用判例法，西汉有“春秋决事比”，晋有“议事议制”，唐有“法例”，明有《大诰》等。

第五，在法律监督上，我国古代王朝大都重视监察与监督，不同程度地建立了自上而下的司法监督体系。秦朝从中央到地方都设有监察官；隋唐五代，御史台是中央行政监察机关，也是中央司法机关之一，负责纠查、弹劾官员、肃正纲纪；明代都察院由御史台发展而来，主掌监察、弹劾及建议。

中华优秀传统文化是中华民族的精神血脉，中华法系主要是在中国古代传统法制与法律文化基础上形成的，具有历史延续性。历史地看，法律文化是一个国家或民族长期积累的结果，包含着对传统的选择和继承，传统法律文化是法治中国在历史上的“水之源”“木之本”，现代法治建设不能剥离于社会文化环境，必然也会沿袭传统法律文化的思想。

中华法系重要载体——中国法律典籍的译介与传播

随着中华法系的产生和发展，先人在数千年的国家治理实践中积累了丰富的经验，凝结出丰硕的成果——法律典籍。由于法律文化内部结构具有双重性，“一个是制度形态的法律文化，如法律规范、法律制度等；一个是观念形态的法律文化，如法律学说、法律心理、法律习惯等。”作为法律文化载体的法律典籍自然也由两部分组成，一是实体层面的制度和法典，二是观念层面的法律思想和学说。

从广义来看，法律典籍不仅关涉刑律典章一隅，同样与思想、文化、社会等多个领域息息相关，因此既应包括“由立法、司法、普法、解释、学术等活动而产生的文字资料，其种类有政书律典、行政与司法文书、审判档案、律学文献、实务参考、乡规民约、便民指南等”，还应涵盖历史、哲学、文学、艺术等文化典籍中有关法的资料和内容。据《中国古籍总目》研究统计，中国古籍的著录总数为二十万种，其中“刑法之属”就有近八百种。张伟仁主编的《中国法制史书目》按规范、制度、理论、实务归类，著录书目 2 352 种，是迄今为止最为宽泛详备的法律文献目录。而涉及法学内容的文化典籍更是汗牛充栋，难以计数。

从狭义来看，法律典籍指的是古代由国家制定或认可并以国家强制力保证实施的法典和律法，包括正式的法典及其多种补充形式。据文献著录的不完全统计，以《九章律》为上限，《大清律例》为下限，既有法典 160 种之多。“律”是古代法的主要形式，是“具有代表性的比较稳定的国家大法”，但并非唯一形式，其作用和效力时常受其他法律形式的补充和制约。例如，汉朝有“令”“科”“比”；隋、唐增加了“格”“式”；五代和宋有“敕”；明、清有“例”。这些法律补充形式数量庞大，大多参酌时势世情而定，较正律具有更强的灵活性。一言以蔽之，中华法系千载传承，所遗法律典籍浩如烟海，灿若繁星，记录了中华民族的法律奋斗史，传递了中国法律精神的火种，塑造了中国乃至整个东亚地区的法律文化记忆。

纵观人类文化交流史，翻译是不同语言之间沟通的桥梁。从历史上看，十六七世纪以前，通过传教士、耶稣会士的介绍，以及马可·波罗、利玛窦、曾德昭等人的来华游记，欧洲人开始逐步了解中国的法制文化，遗憾的是，这些介绍和游记都没有直接引用中国法律典籍的原文，其内容的真实性在现在看来是大打折扣的。从十六七世纪至今，中外文化交流一直在发展，即使这个过程迂回曲折，但总体而言，一直在保持着前进的趋势。1779 年，法国人将中国法医学著作《洗冤录集》节译，并刊于巴黎的《中国历史艺术科学杂志》，由此《洗冤录集》开启了欧洲之旅，先后被译为荷兰语、英语、德语等；1810 年，《大清律例》的首部英译本在英国出版，开启了欧美学者对中国法律长达百年的研究；1997 年，美国学者华莱士·约翰逊完成《唐律疏议（第二卷）》的翻译工作，至此，《唐律》的第一部完整西方语言译本问世；2005 年，《大明律例》英译本在美国博懋大学姜永琳（Jiang Yonglin）教授的努力下也正式出版。从法律典籍开始域外传播到现在，大致可以归结为三种方式。

（一）以传教和获利为目的了解中国法律制度

最初，来华传教士、商人及耶稣会士抱着来中国进行买卖、传教的目的，学习中国的语言、文化，研究经典著作，试图在这些典籍中发现中国文化的源头，或者寻找中国人的喜好，以利于他们达到传教、获利的效果。这些外来人士因为在中国生活的时间较长，来华目的明确，深谙中国语言文化，于是将所见所闻或以口述的形式向本国人士介绍中国，或以游记的形式记载了在中国生活的感受，就这样中国这一“神秘的东方古国”被揭开了面纱，西方开始对中国有了进一步的了解。在中国生活了17年的意大利旅行家马可·波罗在其游记中赞扬了中国的富庶和先进，法官恪尽职守，集市交易井井有条。而后，西班牙人门多萨以一些欧洲人的游记为基础，编写了《中华大帝国》一书，较为详尽地描述了古代中国的法律文化，中国的政治制度和法律也随之传到了欧洲，激起了当时欧洲人对中国的向往。16世纪后半叶，耶稣会士利玛窦以赞许的口吻描述了古代中国政治法律文化的诸种形态。19世纪前后，由于在我国沿海地区外国水手和商人经常和国人发生冲突，有时会发生涉及外国人的刑事案件，于是欧美人重点关注《大清律例》中与刑事案件相关的规定。鸦片战争后，西方在中国开办工厂、建立教堂，民事纠纷随之而生，《大清律例》中关于解决民事纠纷的规定也受到了西方人的关注。不过到了这个时期，西方人对《大清律例》的态度依旧以批评为主，究其原因，他们翻译《大清律例》的背后还有殖民侵略等目的。

（二）汉学家不完整译介

历史上的汉学家通过编译、选译或节译部分法律文本传播到海外，这一点与汉学家译介中国法律典籍的目的相关。汉学家是从事中国古代、近代或现当代人文社会科学研究的外国学者，早期来华的传教士如利玛窦，亦属于汉学家的行列。历史上，早期一些汉学家选编、节译了中国法律制度的内容，借由《中国丛报》等报刊向西方介绍中国的社会现状。那么，为何早期中国法律典籍在海外的传播形式主要以编译本、选译本或节译本为主呢？原因包括：一是，汉学家翻译典籍的主要目的在于“同化”中国的文化，“西方文化中心主义”感十分强烈，于是他们只选择感兴趣的部分翻译。从为数不多的带有评论性的几则报道可以看出，当时编者热衷于报道刊载此类报道，实际隐含着对于古代中国死刑案件数量之多、执行之频繁、公开处决之残酷等方面的反感；二是，中国法律典籍大多用古文撰写，篇幅较长，结构复杂，涵盖内容广泛，翻译起来需要花费大量的时间和精力，无形中导致翻译难度加大，因此法律典籍的全译本数量少之又少，小斯当东在其《大清律例》译者序就直言“文本语言之晦涩，结构之复杂。”上述两大原因使得中国法律典籍在海外的存在形式并不全面，海外读者由此容易会对中国法律典籍背后的法律制度、法律智慧、法律文化产生偏见，造成中国法律典籍在海外传播困难的窘境。

（三）全译本和研究论文的传播

汉学家、国内学者翻译的法律典籍全译本、撰写的研究论文在海外的发行。中国法律典籍外语全译本的数量屈指可数，相较之下，研究法律典籍的成果主要以论文的形式呈现出来，如《唐律》的全英译本译者华莱士·约翰逊即把《唐律》前三章的译文和介绍作为博士论文。再如《美国学者论中国法律传统》一书收录了 12 篇由美国研究中国法律史的学者发表在英文期刊上的论文。《大中华文库》工程于 1995 年正式立项，这是我国历史上首次系统、全面地向世界推出外文版中国文化典籍的国家重大出版工程，计划从我国先秦至近代文化、历史、哲学、经济、军事、科技等领域最具代表性的经典著作中选出 100 种，但是挑选出来的经典著作里面的法律典籍也几乎无迹可寻，说明现今对法律典籍译介的力度尚需加强。海外人士对中国的法律典籍及传统的法律智慧不甚了解，以至于有学者呼吁，四书五经等经典以及著名文学作品在海外的翻译史，实不能涵盖全部“中国文化典籍翻译史”的内容，还应包括中国的法律、医学、史学、民族典籍和科技类等作品。

中国法律典籍中已有四部重要的中华法系代表作在海外出版了全译本，分别是《大清律例》《洗冤集录》《唐律疏议》和《大明律》。这在法律典籍的推介历程上具有重要的促进作用，有利于海外读者、学者、汉学家管窥中华法系的全貌，也为更多对中国传统法律制度感兴趣的研究者提供了研究的一手材料。但是无论在国内还是国外，法律典籍翻译的研究都未能引起足够的重视，迄今为止的法律典籍翻译研究仍存在诸多问题亟待解决。

首先，现有翻译成果无法满足研究需要，导致现阶段法律典籍翻译研究多集中于几部主要法典的研究。我国法典数量之丰毋庸赘言，但可供研究的译本寥寥无几。正律元典尚且如此，待译的法学思想、文化著作更是数不胜数。

其次，对法律典籍翻译缺乏系统、全面研究。查阅国内有关法律典籍翻译的论文，不少都是对译文字、句、篇章的审度，讨论文本层面的转换问题，而对译本的传播效果、文化影响、历史价值等方面往往是寥寥数语或一笔带过，导致未能跳出文本的局限，没有从文明互鉴、法文化交流传播的高度对法律典籍翻译这一重要课题进行综合性研究。

最后，缺乏专业的法律典籍翻译人才。古代法律典籍的翻译涉及语内和语际双重翻译，译者不仅需要具有丰富的法学和外语专业知识，还需要具有较高的古文造诣，因此法律典籍译介“对翻译的准确性有着极高的要求”。法律典籍翻译难度高、耗时长、出成果难的特点使不少译者、学者望而却步。

法律典籍译介与传统法律文化记忆塑造

法律典籍描写的是中国传统的法律形象。在历史上，西方人刚接触中国法律制度时，对中国传统法律制度不乏偏见，甚至有的时候这些法律典籍还会被故意当作用来贬损古代中国形象的工具。而到目前为止，西方对中国传统的法律制度还存有不少偏见，甚至持批评态度。如此情况下，中国法律典籍外译就更显得十分迫切，中国传统法律文化要想得到其他文化的认同、全面展示中国的法治形象和重塑中华法系，对外译介在当代是十分必要的。

这里以《大明律》的译介为例。《大明律》的地位曾经在西方学术界饱受争议，一度在西方大多数学者眼里，《大明律》是明帝国实施权力的工具，极具压迫性和权力导向性，这种看法让一些西方学者进而对中国传统法律制度产生了严重的偏见。而姜永琳（Jiang Yonglin）为扭转西方人对中国法律文明的偏见，翻译了《大明律》，重塑《大明律》在西方学术界、法学界的经典地位。新时代的背景下，我们需要更加主动为海外学者提供客观的研究语料，这有利于进一步消除世界对中国传统法律制度的偏见。

法律典籍翻译担负着传统法律文化记忆塑造、传播与经典化的重要功用。对内而言，法律典籍的译介能够丰富国内学者的研究素材，方便其从更多角度开展学术创新，同时普及传统法律文化，深化本国民众对古代传统法律文化的了解和认知。对外而言，法律典籍作为域外了解中国法律文化、形成对中国法治形象认识的第一手资料，承载着极具民族特色的法律智慧。在中国古代文化典籍的翻译和传播方面，西方专业汉学家占据主导型的地位，中国学者进入这一领域则要晚得多。因此，积极开展法律典籍的翻译和传播，有助于牢牢把握法律典籍译介的主动权，改善外国译者在翻译过程中出现的文化误解误读等问题，客观地还原中华法律典籍的真实面貌，促进国际社会形成对中华法律文化的接受和认同，为营造良好的环境奠定坚实的思想基础。同时，也有利于扭转国际社会对中华法系的片面、刻板印象，消除长期积累下来的制度偏见，积极传播中华古代法文化的核心价值，推动中华法系与其他法系平等地交流。

——载于《光明日报》2021 年 5 月 22 日第 11 版

破除"唯论文"应避免单一评价

构建具有中国特色、中国风格、中国气派的哲学社会科学，是新时代摆在中国理论界、学术界面前重大而紧迫的课题。在这一过程中，学术评价体系和标准对整个国家的哲学社会科学发展起到"牵一发而动全身"的引领和导向作用。然而，过去几十年间，我国哲学社会科学学术评价体系构建进程中似乎呈现出一种"一边倒"的倾向，以期刊评价代替学术评价几乎成为一种普遍存在的方式，最明显的就是"唯论文"现象。为此，教育部日前多次行文提出，不得把 SSCI、CSSCI 等论文收录数作为教师招聘、职务（职称）评聘、人才引进的前置条件和直接依据。

就破除"唯论文"而言，要"破"的不是"论文"，而是"唯"。"唯"出现的原因，主要在于评价主体过于单一，评价权力过于集中。"唯"在横向上忽视了各学科门类的多样性，在纵向上忽视甚至无视学术发展的过程性。"唯"才是导致各种问题积累的根源，"破"的对象必须瞄准"唯"这个目标，要避免目标分散或转移。

学术、科研成果评价是一个复杂的问题，也是一个系统工程。要扭转现行的单一化、机械化的评价方式，就必须拿出有针对性与实操性强的措施。只有引导学术评价从重形式、重数量的评价，深入到重内容、重质量的评价，根据学术成果的价值内涵，在学科内部、社会上产生的影响力，以及同行专家的综合评价而做出整体的判断，从根本上"立"起多元专业评价，才能彻底解决"五唯"问题。

首先，在具体的学术评价中，不能简单将出版或发表等同于学术成果的实际价值或影响力，而是要从外在的形式评价进入对内容本身的评价，根据研究成果的内容做出相应的学术判断。

其次，构建多元、分类管理的评价体系和标准。制定学术评价标准要在遵循学科和专业大类有别，基础研究、理论研究和应用研究有别的基础上，分别制定不同的评价标准和内容，形成有层次、有差异、有针对的评价系统。针对基础性研究和理论阐释性研究，可以探索建立代表作评价制度。当然，代表作评价制度并非停留于一般的创新成果，而是要体现出真正突破性的成果，以学术研究的重要贡献和创新能力作为衡量整个学术团队、个人、项目等的评价依据，从而提高学术研究评价的针对性、可操作性和高效性。针对决策咨询的应用性研究，应重视学术研究的实际应用功能，可以从满足国家重大战略需求、服务社会发展的角度出发，衡量学术研究的价值。以研究结果的最终去向、成果转化为切入点进行评价，推动学术研究进一步服务社会。

最后，丰富学术评价的内容和手段，实行立体化、多维度的学术评价体系。在评价的面向上，要坚持整体与局部相结合的原则，既要面向个人评价，也要拓展到团队评价；既要有面向学术机构的成果评价，也要有面向团队精神、文化氛围、学术风气的评价；既要面向线下日常学术活动评价，也要面向网络线上学术活动评价；既要面向国内评价，也要面向国际学术界活动评价。要实现评价指标的多样化，平衡好定量评价和定性评价的关系，避免评价过分偏向一头。指标体系的设定应具备全面性、合理性，定性分析是定量的基础，而定量评价需要平衡好各个指标的权重。学术评价已逐步进入公共生活，拓展到公共领域。新媒体时代，注重听取网络读者的评价意见，畅通网络举报的渠道，重视学术传播效果和网络影响力也应适时纳入评价指标体系，使学术评价在阳光下运行，经得起普通大众的审视和检验。

当然，科学有效的学术评价体系不会一蹴而就，任何突破性的创新与改革必然在质疑声中“艰难前行”。在破除“唯论文”中建立多元专业评价并让它真正发挥作用，才能推动高等学校回归学术初心，净化学术风气，优化学术生态。

——载于《中国社会科学报》2021 年 6 月 22 日第 8 版

法律典籍翻译构建全新法治文化空间

自人类脱离蛮荒，步入文明，我们生活的世界也发生了质的变化。自然的、物质的世界是我们的第一居所，而文化空间则是与物质世界不可分割的另一家园。二十世纪七八十年代，苏联文化符号学创始人尤里·洛特曼提出了文化空间论，尝试以符号为基点体认文化现象，探索文化的本质，构建多层次、立体的文化符号系统。据其理论，符号形成文本，文本形成文化，文化形成符号域。所谓符号域，指的是“人类符号化思维和符号化行为对自然世界进行重塑的结果，是人类在漫长历史长河中建立起来的一个有组织、多层次的空间”[①]，其中，文本作为“完整意义和完整功能的携带者”，是文化空间构建“核心的核心”。中华法系绵延数千年，留下了数不胜数的法律典籍，这些经典文献是塑造中华法律文化的重要文本之一。在全球法治化的大背景下，法律典籍的翻译对建构全新的法治文化空间具有重要现实意义和时代价值。

法律典籍翻译构建法治话语权

据记载，远古苗民制“五刑”，此时已有法律出现。历经数千年的发展，以古代中国法为核心形成了东亚法律文化圈，凝结了中国乃至整个东亚地区法治精神、法治文明、法律实践的中华法文化空间欣欣向荣，在世界法域中绽放着夺目的光彩。然而，随着清朝的没落，中华法文化空间渐次凋零，逐渐归于死寂。与之同时，为救亡图存，改革变法是时势所趋，“西法东渐”使得传统中华法文化被现代西方法文化强势取代，法治理论和实践中“西风”压倒“东风”的问题也是我国法治现代化征程中无可避免的。新中国成立以来，我们开始探索有中国特色的法治道路，我们要建设的法治是现代国家的法治。习近平总书记指出：“如果没有中华五千年文明，哪里有什么中国特色？”中华法治文化空间的生命力离不开过去，离不开被遗忘、被掩埋的法律经典。因此，要重塑传统法治文化空间，令其焕发新的生机，重译法律典籍势在必行。

---

① 康澄. 文化及其生存与发展的空间——洛特曼文化符号学理论研究［M］. 南京：河海大学出版社，2006.

近代以来，西方汉学家和学者占据了翻译和阐释中国古代法律典籍的主动权，从“他者”的角度理解和体认中华法文化。相关的译作和研究成果是以西方法文化空间构建的理论和实践经验为指导的，展现给国际社会的中华法文化形象往往是一种“西化”的，存在诸多误解、误读甚至是偏见的形象。文化的交流互鉴是建立在双方具有平等话语权的基础之上的。重视法律经典的重译和研究，跳出西方法文化主导的解释和评价体系，从本土的、现代的视角解读原汁原味的中国传统法治文化，取其精华、去其糟粕，只有牢牢把握解读自身文化的主动权，才能真正增强中国的法治话语权。因此，法律典籍的翻译和研究肩负着挖掘传统法文化新价值、阐释古代法思想新意义、赋予旧法治实践新生命以及树立中华法治文化新形象的历史重任。

法律典籍翻译增强法治文化认同

“文化是活的，从旧的当中诞生新的，我们越是能更好地了解过去，新的诞生就越可靠，这是对无回应的、无生命的、过去的尊重”。[①]法律典籍作为一种历史文本，一方面具有“记忆事实”的功能，能够记录、保存和还原过去的法治实践，客观地重现曾经的成败得失；另一方面能够传递信息，将客观事件背后隐藏的观点、理念和设想投射到新时代的语境中，在与新思想的碰撞中产生新的意义。对本民族文化的自信来源于坚定不移的文化认同，而要取得认同，就要对文化有全面的深刻的理解。重译经典，就是我们了解过去、获取文化认同的重要手段。

翻译和研究传统法律典籍，首先，要站在“过去”的角度看问题，以原文本的语言和逻辑规则为基础，从思想、政治、意识形态、社会、宗教、哲学等多个层面对其进行复杂的解码，切实还原法律文本的真实面貌。其次，要从“现在”的立场审视经典，抛却“拿来的”，审视“我有的”，用新时代的研究方式和方法来解构先人遗留的宝贵法治财富，沟通过去和现在，将符合时代需求、社会发展和民族复兴的法治文化精髓提取出来，探索构建中华法治文化空间的新方法。这些优秀传统法治文化思想和理念就是构建全新法治文化空间的基石，而在提取这些思想和理念过程中塑造起来的共识才是对中国特色法治文化真正的认同。

① Yuri M. Lotman. Universe of the Mind: A Semiotic Theory of Culture [M]. London: I. B. Tauris & Co. Ltd, 1990.

法律典籍翻译塑造共同法文化记忆

洛特曼提出，“文化符号方面的发展，确切地说是按照记忆的规律来进行的，过去的没有消亡，没有变为不存在。过去经过选择和复杂的编码后，被保存了起来，在特定的条件下将重新展现自己”。[①]法治文化空间的构造离不开对时间维度的综合思索和考察。无论是抛开时间，机械的、静止的法文化研究，还是不同时期法文化的简单对比，都无法满足构建新的法治文化空间的需求。法律典籍是一种具有较高文化记忆容量的文本，其中包含的关于过去语境的信息在进入现代语境中会被激活，从而产生出新的意义和影响。举例而言，传统法文化中“以法治国”“以人为本”“德法并治”等理念不仅对中国法治现代化建设的理论和实践发展发挥了不可忽视的作用，还深深地影响和塑造了我们对于“法”的认知和理解，塑造了我们对中华法文化的共同记忆。

“记忆的内容是过去的，但它却是现在的思维工具。……没有记忆就无法思考‘现在’和‘此时’……历史不只是过去的痕迹，也是现在的积极机制。”[②]在新的历史方位下，重译法律典籍不仅能够带我们重走前人的法治“长征路”，更能以古鉴今，以历史的经验和教训为当下中国法治现代化进程中存在的问题和隐忧提供参照。在“古”与“今”的对话中，我们可以清晰地看到中华法治文化空间的产生、发展、繁荣和衰败，对过去的共同记忆是驱使我们以“共同体”的身份反思和解决当下问题的内在动力，而在不断地探索和尝试的过程中，我们又会塑造出新的、共同的法治文化记忆，凝聚起中华民族的伟大精神和强大生命力。

建设中国特色社会主义法治体系，就是要大力推进中国法治现代化，它根植于中华法文化沃土。在全球化时代背景之下，通过重译法律经典文本解读和阐释中华法文化，构建中国法治话语权、增强法治文化认同、塑造共同的法文化记忆是推动法治中国建设、提升中国国际影响力的题中应有之义。从传统法文化中汲取营养，在古今融合中启迪思想，以“中国方式”讲“中国故事”，构建全新的法治文化空间。

——载于《中国社会科学网》2021 年 8 月 20 日，与张亚芳合作

① 康澄. 文化及其生存与发展的空间——洛特曼文化符号学理论研究［M］//尤里·洛特曼. 文化的记忆. 南京：河海大学出版社，2006.

② Yuri M. Lotman. Universe of the Mind: A Semiotic Theory of Culture［M］. London: I. B. Tauris & Co. Ltd, 1990.

《管子》治国思想及其译介传播

从历史的维度看，我国古代虽有朝代更替，但古代的国家治理体系主要基因并未中断，而且一直在历史长河中不断完善和发展。在数千年的文明发展中，中华民族积累了丰富的治国理政经验，其中的很多理念、智慧已融入中华民族的文化血脉当中，成为我国国家治理体系的内在基因和鲜明标识，代代相传、历久弥新，展现出强大的生命力。《增广贤文》有云："观今宜鉴古，无古不成今"。我们今天这个讲座，主要就是介绍我国古代典籍之一的《管子》书中的治国思想，以及《管子》的译介传播。

管仲与《管子》

"微管仲，吾其被发左衽矣。"本句出自《论语·宪问》，是孔子对管仲的评价。"齐桓公以霸，九合诸侯，一匡天下，管仲之谋也。"本句出自《史记·管晏列传》，这是西汉著名史学家司马迁对管仲的评价。

管仲（约公元前723—公元前645年）名夷吾，字仲。齐庄公五十六年，管仲出生，据说管仲的祖先是周穆王的后代，与周王室同宗。其父管庄是齐国的大夫，后来家道中衰，导致管仲生活很贫困。为了谋生，管仲与好友鲍叔牙合伙做生意，不过生意失败了。还是为了谋生，管仲做过商人并且游历了许多地方，接触各式各样的人，饱览世情，从而积累了丰富的社会经验。管仲曾经有过一段不如意的时光，作战的时候战败逃跑，做官也几次遭到罢免。后来齐国齐僖公去世，继承人矛盾爆发，鲍叔事齐公子小白，管仲事公子纠，最后公子小白取得胜利成为齐桓公，公子纠死，管仲被囚。鲍叔遂进管仲。管仲既用，任政于齐。齐桓公以霸，九合诸侯，一匡天下，管仲之谋也。《列子·力命》载："管仲尝叹曰：'吾少穷困时，尝与鲍叔贾，分财利多自与，鲍叔不以我为贪，知我贫也。吾尝为鲍叔谋事而大穷困，鲍叔不以我为愚，知时有利不利也。吾尝三仕三见逐于君，鲍叔不以我为不肖，知我不遇时也。吾尝三战三北，鲍叔不以我为怯，知我有老母也。公子纠败，召忽死之，吾幽囚受辱，鲍叔不以我为无耻，知我不羞小节而耻名不显于天下也。生我者父母，知我者鲍叔也。'"管仲和鲍叔牙之间深厚的友情，管仲出色的才能和鲍叔牙的理解与惜才，成为我国古代流传悠久的佳话。

按照学者的研究，《管子》一书非管子本人所著，是先秦时期各学派的言论汇编，内容很博大。按传统诸子分类，它兼有儒、道、阴阳、法、名、墨、兵、农诸家；按现代科学分类，它包括了政治、经济、哲学、法学、军事、农学、地理、历法、教育等各种思想，因此也被后世视为先秦时期的一大思想宝库。《管子》一书的思想，是中国先秦时期政治家治国、平天下的大经大法。也有观点认为，其部分内容来自稷下之学。《史记·田敬仲完世家》记载："宣王喜文学游说之士，自如邹衍、淳于髡、田骈、接予、慎到、环渊之徒七十六人，皆赐列第，为上大夫，不治而议论。是以齐稷下学士复盛，且数百千人。"

根据学者的研究，《管子》一书的成书经历大致是这样的：由于管子的重要历史地位和影响，战国以及其后的学者，或记述管子的言行，或假托管子之名，阐发自己的思想主张，传抄积累，传承多年，最终汇集编成《管子》一书。宋代叶适称"《管子》非一人之笔，一时之书"。20 世纪 30 年代，学者罗根泽出版了《管子探源》一书，书中对《管子》各卷本的著作年代和作者进行了逐篇考证，认为这些著作分别写于战国中期、战国末期、秦汉之间直到汉朝文景乃至武昭之时，其编著者或为政治思想家、或为法家、或为道家、或为儒家、或为阴阳家、或为杂家、或为医家、或为兵家，但其思想的主流是法家与黄老道家思想，其特点是将道家、法家思想有机地结合起来，既为法治找到了哲学基础，又将道家思想切实地落实到了社会人事当中。孙中山认为《管子》一书是中国经济学之"滥觞"，并指出其经济理论主要有富国富民论、重农论与国轨论等。总而言之，《管子》的书名来自管仲，内容涉及以黄老道家为主，既提出以法治国的具体方案，又重视道德教育的基础作用；既强调以君主为核心的政治管理体制，又主张以人为本，促进农工商各业的均衡发展；既有雄奇的王霸之策，又有坚持正义仁慈的王道理想；既避免了三晋法家忽视道德人心的倾向，又补充了理想儒家缺乏实际政治经验的不足，在中国古代政治思想史上具有重要地位，在某种程度上来说，也反映了管仲的基本思想。

《管子》治国思想：强国富民

"衣食无忧"这四个字，可以说是古代劳动人民最真实朴素的愿望，而早在春秋时期，政治家管仲就提出了强国富民的思想，并在齐国的四十年间成功实践这一思想，最终帮助齐桓公"九合诸侯、一匡天下"，成为春秋五霸之首。

以民为本：树明君之治国观

《管子》通篇都是劝政之言，其“劝”的对象是君主。在中国古代社会，君主的权力至高无上，天下兴亡系其一身。管子认识到，齐国若要在春秋时期群雄逐鹿的格局中脱颖而出，齐国最高统治者就要充分了解以民为本的重要性；只有树立君主“以民为本”的治国观，强国富民才有基础。因而当齐桓公询问如何成就霸业时，管子提出了他的观点：“齐国百姓，公之本也。”何以为本？“大国之君所以尊者，何也？曰：为之用者众也”，君主的威权来自拥护他的百姓；“政之所兴，在顺民心；政之所废，在逆民心”，政权的兴废取决于百姓民心的向背；“民事农则田垦，田垦则粟多，粟多则国富”，农业是国家的经济命脉，而百姓则是农业生产的承担者；“兵之胜也，必待民之用也，而兵乃胜”，军队的胜败在于百姓是否服从差遣。管子从君威、政权、经济、军力四个方面提醒君主，要时刻牢记百姓这个力量之源。

《管子》一书提出，树立了“以民为本”的治国观，君主就掌握了治国的“道”，而施行这一道的“术”就是“牵之以利”。管子认为，人生来“见利莫能勿就，见害莫能勿避”，聚拢民心的方法之一，就是顺其心足其欲。“民恶忧劳，我佚乐之；民恶贫贱，我富贵之；民恶危坠，我存安之；民恶灭绝，我生育之”，如果能够解民忧、富民财、保民安、育民生，将国家的利益与百姓的利益联系起来，百姓才会拥护君主报效国家。也就是说，百姓生活得好不好，从根本上决定了国家的稳定与否，“民富则安乡重家，安乡重家则敬上畏罪，敬上畏罪则易治也”。此外，管子也强调物质层面的满足是追求精神境界的前提，正所谓“仓廪实，则知礼节；衣食足，则知荣辱”，衣食无忧了才能去追求更高层次的精神自律。

取予有度：立施政之平衡观

“中道”是我国古代“和”文化的精髓，是一种动态发展的平衡之道。古人强调“中”，追求平衡，希望事物能够处于“刚刚好”的状态，部分与整体相合，矛盾与统一并存，既不欠缺也不过分。受此影响，管子提出了“取予有度”的施政观，劝诫君主要懂得持中有度，驾驭平衡之术。“取”之有度，则民不妄。《管子·权修》有云：“地之生财有时，民之用力有倦，而人君之欲无穷。以有时与有倦，养无穷之君，而度量不生于其间，则上下相疾也。”土地的产出和人民的生产力是有限的，君主要想得民心，就应当抑制自己的欲望，有节制的索取，才能稳定社会秩序。“予”之有度，则民心聚。有道是“致赏则匮，致罚则虐。财匮而令虐，所以失其民也。”君主在处理赏罚的问题上，应当谨慎持重，注意二者的平衡。如果功过与赏罚不匹配，长此以往，百姓就会心生怨尤，君主的威信就会受损。因此，管子认为，圣明的君主在施政过程中，应善用平衡之道，取之有度，予之有节。

在管子看来，国家的财富取自于百姓，百姓的财富仰赖国家的保障，两者既相互依存，又存在矛盾。如何调节这种矛盾，是君主施政需要解决的一大难题。管子通过一系列的政策和制度，巧妙地解决了这一问题，将平衡之术运用得淋漓尽致。以农业税为例，管子提出“地均以实数”，即按照实际产值将荒山、沼泽、丘陵、江河等折算成耕地面积，不同类型对应不同的折算率，实现土地统计的规范统一；“相地而衰其政”，将土地质量作为征税的考量因素，按照土地等级有差别地征收税款，规定“上年什取三，中年什取二，下年什取一”，据土地年成灵活减免税费，确保课税合理有度，达到土地与税收的动态平衡；“赋禄以粟，案田而税”，确定民众可以用实物缴纳税费，使其免受劳役之苦，同时提出以“亩”为单位征收土地税，统一征税单位，这样的举动，在当时的经济条件下，刺激了农民的生产积极性，进而部分解放了生产力。

以法治国：建强国之制度观

如果君主在思想上认识到了百姓的重要性，在施政过程中懂得运用平衡之术，就能达成强国富民的愿望吗？管子的答案仍旧是否定的。在管子的治国思想体系中，如果说前两者是“怀柔”之策，那么“以法治国”的制度观就是治国的“硬手段”。《管子》一书中对“法”做出了诸多定义。其中《禁藏》指出：“法者，天下之仪也，所以决疑而明是非也。”《七法》更是以“尺寸”“绳墨”“规矩”“衡石”“斗斛”“角量”六种度量工具来定义“法”，可见在管子的思想中，“法”是辨别是非曲直、衡量功过赏罚的手段。管子认为，“法”的作用在于“兴功惧暴”“定分止争”“令人知事”，也就是君臣百姓都应遵循的行事准则。管子提出以法律的强制力来保障富民举措的有序开展，为强国富民奠定坚实的制度基础。

《管子》全书 86 篇，现存的 76 篇中，其中有关法律的内容几乎占五之其一。论述的法律法规更是涉及民事、行政、刑罚、税收、经济、军政、水利、环境保护等各个方面，可谓先秦法学研究之重典。历史的经验告诉我们，经济与法治是相辅相成的。其一，经济发展，资源配置愈发细化，需要法律来引导、规制和保障。其二，安定的环境是经济发展的必要条件，需要法律来建立和维护秩序。常言道，“没有规矩，不成方圆”。《管子》丰富臻善的法律内容，主张对内约束社会成员，对外防止专权滥权，为古代司法提供了丰富的思想养料。

为了用好“法”这一国之重器，管子将“以法治国”理念落实到程序中，提出“凡将举事，令必先出。曰事将为，其赏罚之数，必先明之。立事者，谨守令以行赏罚，计事致令，复赏罚之所加。有不合于令之所谓者，虽有功利，则谓之专制，罪死不赦。首事既布，然后可以举事。”管子认为需要明确，在办事的准备、执行、检查、汇报等各个阶段，都要严格遵守法律。如此一来，民众在生产生活中，行止坐卧均有规绳；国家在治民施政时，进退取舍皆具章法。有法可依，有序可循。

《管子》作为优秀的民族文化遗产，内涵博大精深，适应当时需要，对今日社会也多有启迪借鉴作用。

《管子》的译介与传播

根据学者的研究，最迟在奈良时代（710—794 年）早期，即唐玄宗开元（713—741 年）初年，《管子》就已经东传日本。《管子》传入日本后，收录于《日本国见在书目录》。《日本国见在书目录》由平安时代学者藤原佐世（Fujiwara Nosukeyo，847—898 年）奉敕编撰，一般认为成书于日本宇多天皇宽平三年（891 年），也有学者认为此书的编撰在“阳成天皇贞观末年（876 年）至庆元元年（884 年）之间”。该书著录平安时代前期日本传世汉籍文献 1 500 多部，17 000 余卷。这些汉籍文献，“几乎全是遣唐使时代传入的”。在飞鸟时代、奈良时代，日本曾往唐朝多次派遣遣唐使。遣唐使回国时，往往携带大量中国典籍，“所得锡赉，尽市文籍，泛海而归”（《旧唐书》）。在这一背景下，《管子》随其他图书文献被遣唐使带往日本。到了江户时代，随着当时日本商业经济的发展，以往的文化由贵族、僧侣垄断的局面被打破，逐渐向庶民阶层转移。文化阶层的扩大，增加了对书籍的需求，大量中国书籍随着商业贸易传入日本，其中即包括《管子》。中国《管子》版本的大量传入及日本《管子》印本的大量出现，形成了江户时代《管子》在日本广为流传的局面。

中国与朝鲜半岛山水相连，《管子》一书很早就传到朝鲜半岛。由于古代朝鲜是传统儒家社会，信奉朱子学说，四书五经广为流布，而讲求经世致用的《管子》则受到冷落，所以在古代的朝鲜半岛，《管子》长期以汉文文本流传。近现代以来，韩国社会与学术思想发生巨大变化，《管子》与《论语》《孟子》同被重视，由此出现了《管子》韩文译本。《管子》在韩国的翻译，先是选译，后才有全译。最早的选译本是 1969 年韩国自由教养推进会本，收入《世界古典全集》。

其后 1972 年大洋书籍出版社本、1977 年玄岩社本，也是以丛书的形式出现。直到 1985 年，明文堂《新译管子》出版，才出现了第一个单行的《管子》选译本。1992 年中韩建交，此后两国文化交流日益频繁，韩国社会各界对《管子》日益关注。改革开放以来，中国经济取得重大成就。《管子》主张务实变革，与中国改革开放的时代精神有契合之处，这也无形中促进了韩国对《管子》的研究。站在韩国角度来看，中国是重要的伙伴关系国家。以前韩国要了解中国，需要研读孔孟，但现在人们认为，需要通过《管子》来认识中国。在此背景下，2006 年，第一本《管子》韩文全译本松树版出版了。

早在 19 世纪末，西方学者就开始了对《管子》研究与译介的尝试，不过对《管子》的系统性译介到 20 世纪中期左右才渐成气象。从 19 世纪末到 20 世纪 20 年代，以德法两国汉学家对《管子》的综述为主，其主要目的是将《管子》主要思想介绍到西方，但缺乏系统性研究，而且所做的翻译工作都显现出非常粗浅性与碎片化的特征。德国莱比锡大学教授及汉学家甘贝伦茨（Gabelentz）在 1886 年以法文发表了《管子哲学著作》，文中简要介绍了《管子》一书。时至 1896 年，法国汉学家哈勒茨（Halrez）发表了《公元前七世纪的一位中国宰相：齐国的管子与〈管子〉书》，载于《亚洲杂志》。20 世纪 20 年代后期，对《管子》的基本研究动机与译介取向多以个人志趣领域为主，翻译方式主要是选译和节译，从数量和质量上来看，都不够理想，但所积累的翻译的文本，为后期更大规模的译介提供了资料基础。到了 20 世纪 50 年代，《管子》研究与翻译进一步深入。1952 年，剑桥大学学者皮特·梵·德龙（Piet Van Delon）在其作品《论〈管子〉的流传》（见英国 1952 年出版的《通报》第二卷第 41 期）中，运用文献学方法，从语言学与哲学思想角度细致地考察了《管子》的成书、流传和版本真伪，文章涉及了对《管子》很多内容的语言学解释，这在一定意义上对翻译《管子》的思路方法起到启发与借鉴作用，对后续研究也有一定的影响。20 世纪 80 年代至今，学术研究、文化交流不断推进，使得《管子》译介研究进入成熟期，译介主要动机已经转变为基于学术研究和文化交流的目的。在此期间，专门研究并译介《管子》的代表人物当属美国宾夕法尼亚大学教授艾伦·李克（Allyn Rickett）。李克先后于 1985 年与 1998 年由普林斯顿大学出版社出版《管子》第一卷和第二卷，自此西方国家终于产生一部完整的《管子》英文全译本，这标志着《管子》在西方的译介成果跃升到了一个新的高度。这个全译本的出版，使得《管子》在西方世界得以从局部零碎翻译走向全面系统的译介，彻底改变了《管子》长期以来在西方世界与英语世界重视不够的局面，改善了《管子》的典籍重大价值与对外传播影响之间一直不相称的局面。

1995 年，我国正式启动“《大中华文库》（汉英对照）”工程。该工程是我国历史上首次系统地、全面地向世界推出外文版中国文化典籍的国家重大出版工程，为中华典籍外译的发展奠定了坚实的基础。其中的《管子》英译本由鲁东大学翟江月教授完成，并于2005年由广西师范大学首次出版。这是第一部由中国本土译者独立完成的《管子》全译本，对《管子》思想与齐鲁文化的全球推广具有重要的意义。

小结

《管子》是中华传统文化的优秀代表，其治国理政思想极为丰富，在立法、执法、司法和守法方面都有独到之处，具有重要的史鉴价值。同时，积极开展《管子》等传统文化典籍的译介与传播研究，一方面有利于传承中华文化基因、增强文化自信，另一方面也有利于加强文明对话、讲好中国故事、增强中华文化影响力。

——载于《光明日报》2021年8月21日第10版

《华英字典》：第一部汉英英汉词典对中华文化的解读

汉语全方位、规模化走向世界，既有利于中国融入世界、世界走进中国，也有利于增进中外彼此间的了解，促进世界多元文化的发展。在不同文明间的沟通交往中，字典自古以来就充当着人们认知、学习异域语言文化的重要工具。《华英字典》（又译为《中国语文字典》）的编纂开始于1808年，是中国第一部汉英英汉词典，被以后汉英英汉字典编撰奉为圭臬。《华英字典》出版后，受到欧洲各界尤其是汉学界的普遍赞誉，并很快风靡欧洲大陆，日本翻译家也把它译成日文。《华英字典》还对现代汉语新词的创制和中国近代文学从文言向白话的过渡产生了很大影响，在《华英字典》中，已包含许多现代汉语语词。编纂者罗伯特·马礼逊（Robert Morrison，1782—1834年）在编纂字典时坚持学好一种民族语言必须了解与这个民族有关的历史、地理、宗教、文化、哲学、政治、风俗、礼仪等方面内容的宗旨，因此整部《华英字典》富含中国历史、文化、政治、宗教、习俗等方面的内容，堪称一部中西文化的百科全书。本讲座通过对字典里汉字释义的文化考察，重点探讨该字典所呈现出的中华文化的内涵及其编者的解读，彰显这部中西文化“百科全书”的风貌，从而让我们多一个观察汉语、汉字和中华文化的视角，多一个来自汉语与中华文化译介传播历史经验的借鉴。

马礼逊与《华英字典》

马礼逊于1782年1月5日出生于英国北部的莫珀斯镇，并于1804年接受伦敦教会董事会的委任，奔赴中国进行海外传教。马礼逊前往中国的目标之一就是编纂一部中文字典，《马礼逊回忆录》中对字典的结构、编排及出版等有着较为细致的介绍。

至于《华英字典》，1815年出版了第一卷，书名是《字典》，这是马礼逊根据嘉庆十二年刊刻的《艺文备览》英译的，汉英对照。第二卷第一部在1819年出版，书名是《五车韵府》。第二卷第二部在1820年出版，附录中特别列出了中文的楷书、行书、草书、隶书、篆书、古文 6 大类书写方法。第三卷在 1822 年出版，书名是《英中字典》，内容包括单字、词汇、成语和句型的中英对照，例句都有中文译文。整部《华英字典》在 1823 年出齐，共有六巨册，合计 4 595 页，工程浩大，全由马礼逊一人经过 13 年的积累和编纂而成。

作为中国历史上第一部汉英英汉字典，《华英字典》收录词条四万多。《华英字典》的三卷或者说三个部分其实是相互独立的，编写体例亦各不相同。第一卷根据《艺文备览》将汉字笔画分为 214 个字根来编排（Chinese and English，arranged according to the radicals），形成部首查字的汉英字典，书后附有字母索引，其在整个《华英字典》中所占篇幅最大，约为其总页数的五分之三。该字典的部首查字法是中国传统的辞书编纂法，而字母索引则是马礼逊的独创，体现了学习型字典的特点，大大方便了汉语学习者对该字典的使用。

字典的第二卷《五车韵府》为按汉字音序查字法排列的汉英字典（Chinese and English，arranged alphabetically），依照汉字音标来用英文字母排列。附录中的各种中文书写体使中英文字的比较又有所深化。这一卷的基本结构也是以已有中国著作为底本，这一底本为清朝一位陈先生的遗稿，在其学生补充、加注后，曾为《康熙字典》的编纂提供过有力的帮助。马礼逊找到这部著作后，即对之加工、调整、编辑、翻译，由此构成《五车韵府》的主体。此外，马礼逊在编纂《五车韵府》时，还参考了《康熙字典》和罗马天主教士按字母排列编著的《字母字典》（*Alphabetic Dictionary*），并进而参阅了《分韵》《佩文韵府》《尔雅》等中国文献，从而使字典在内容和编写方法上都体现出中西文化的对照、比较和沟通。

《华英字典》的第三部为《英汉字典》于 1822 年在澳门出版。它采用的是英汉对照体例，内容有单词、词组、成语、格言等，其解释和例句还有汉译。虽然在马礼逊之前已有拉丁语与汉语对照的外汉字典，但编纂英汉字典却属马礼逊首创，因而难度颇大。马礼逊自己在序言中亦坦言："自从作者为本字典搜集词汇，已经过去十三年岁月。在此期间，不断对其增补，但是中文与英文相对应的字全部搜集起来，这样的著作对一个人来说太广泛了。即使穷尽一生，要使它完美也是不可能的。"

从整体框架来看，《华英字典》似是《康熙字典》的翻版和英文注释，但其编译和注解不仅基于《康熙字典》所引的"四书五经"等经典中的例句，更有对大量其他中国文献的参考和借用。根据马礼逊夫人的回忆，至 1809 年时，马礼逊为编纂《华英字典》就购买了 1 229 册中文书籍，覆盖了中国的经典作品、天文、地理、律例、历史、宗教、解剖学和中医学等领域。在编译《华英字典》的十三年期间，马礼逊每天都在搜索词汇并对之诠释进行增补调整，其释义详尽、全面，广泛触及了中华文化的诸多层面，已远远超出解释文字本义的范围。

从一个客观公正的角度出发，我们承认《华英字典》的问世的确代表着那个时代中英外向型字典的顶尖水平。法国著名汉学家雷慕沙（Mons Remusat）称其是“拥有其他字典无可比拟之优点”的字典，它在一定程度上扫清了中英文之间的语言障碍和隔阂，使得两种文化对彼此的诠释和理解成为可能。

《华英字典》对中华文化的译介

《华英字典》作为我国历史上第一部英汉外向型字典和中华文化的百科全书，“将中国语言文化知识更系统、更深入地传给了西方世界”，这对其后的卫三畏、麦都思、裨治文等人编撰的字典均产生了重要而深刻的影响，可谓“东学西渐”之始发也。纵观《华英字典》博大纷杂的文化释义，我们可粗略梳理为以下几类。

东方哲理、中国智慧

马礼逊在《华英字典》中倾洒了大量笔墨对中国的各派宗教和哲学机理进行了介绍，体现出他对中华民族思想内核的深切关注。《字典》中的第一个字“一”进行阐发时就借助了道家哲学，他先指出“天是一，地是一，道是一”，又引用了《道德经》里的“道生一，一生二，二生三，三生万物”为例句来说明“道”作为第一位的物质原因而存在的观点，他还指出中国人眼里的“道”是一种极静或一种完全静止状态的状态，它无形可观、无迹可寻，其本质就是一种在天地分开之前就存在的最初的力量或原理。相比道家哲学，作为主流思想而普遍存在于中国各阶级社会心态中且维系着中国人道德、信念、社会和政治生活的儒家哲学在《华英字典》中亦得到了详尽的介绍。马礼逊笔下的儒家哲学，是“天无二日，民无二王，家无二主，尊无二上，示民有君臣之别也”的伦理关系，是“人，仁也，仁生物也”的人本学说，是“夫礼者，所以定亲疏、决嫌疑、别同异、明是非也”和“伯氏吹埙，仲氏吹篪”的礼乐和合，也是“教人以洒扫应对进退之节，爱亲敬长隆师之道，皆所以为修身齐家治国平天下之本”的教化理念。中国的传统观念历来有三教合一之说，因此马礼逊还辨析了佛陀、阿弥陀佛、三宝、三教、三门、三法、佛法无边等佛教概念。除此之外，马礼逊还对伊斯兰教等宗教的信仰和习俗进行了译介。

中华法系、法治文明

皇皇中华，泱泱大国，中国作为世界上唯一历时数千载而未见中断的文明古国，孕育了独具特色的中华法系，摇曳闪烁着众多法律思想的光辉。《华英字典》指出，中国法律分为吏、户、礼、兵、刑、工六部，分别对应官吏任免、户籍赋税、民间祭祀、军令兵籍、刑罚生杀和公共工程。在字典中，马礼逊对中国古代的刑事法律词语（如“斩罪”“滥刑”）、民事商法概念（如“合同”“婚嫁”）、诉讼审判制度（如“状师”“正法”）等内容进行了通透的译介。除了法律色彩鲜明的专业词汇，马礼逊也选择了一些较为基础的概念进行解释，例如法律本体（如“法律”“章程”）、法律的由来（如“国家之立法，所以惩不善而儆无良”）和法律的手段（如“刑具”）等。《华英字典》也记载了中国古代从早期“墨、劓、剕、宫、大辟”到后来“笞、杖、徒、流、死”五刑的内容和历史流变，在涉及具体每个字的解释中，又有着对刑罚过程更进一步的描述。另外在“刺”字下，字典还大致解释了西周时期的“三刺”制度，指出这是中国古代所使用的三级别案件研讨程序：“First, of the higher officers of state; second, of the inferior officers; and third, of the people.”这使人对中国的司法体系，尤其是早期司法制度的民主和审慎的特性有了初步的印象和了解，这些都为西方人士了解中华法系和中国法律、法治思想提供了鲜活的文本材料。

社会制度、风土人情

马礼逊在《中国大观》里指出：“一个人如果对一个国家的历史、地理、政治、宗教习惯以及当地的风俗和观点不甚了解，相应地，他很难理解那个国家的语言。同时在应用那个国家的文字和语法时，就会出现错误。”因此，在编撰以西方读者为受众群体的汉语词典时，马礼逊坚持积极译介源语文化中的文史经典、地理人文和民风习俗，从而成功引领西方读者从单纯的语言学习质变为对中华文明的文化探究。《华英字典》中“官”字的释义，从篇幅上看就占据了整整 30 个版面。字典先是从中国传统的“天官赐福”说起，介绍了官职、官府、官宦人家，介绍了文官和武官、京官和外官、大官和小官等为官的职责操守。然后便不厌其烦地梳理了自上古伏羲、共工氏、神农、黄帝、少昊始的冠名，到虞夏商周设四辅及三公，从秦及汉初至平帝，孔光由太傅迁太师，到汉东京又废，献帝初董卓任太师及卓诛又废，再到汉末的废丞相，以三公综理众务，三省合班奏事，细述了三公、三师、三少和三孤的官衔演变，以及三省六部制的最终演进、确立。洋洋洒洒数万字的释义内容包罗了中国官僚体制的设置构架和演变发展，文化含量远远超出了其摹本《康熙字典》。从制度层面看，最能选拔人才，也最令人引以为傲的还是中国的科举制度，正所谓“朝为田舍郎，暮登天子堂”。科举制度不仅是古人改变身份、地位和等级的有效法宝，也是古代国家录用人才最为有效的途径。《华英字典》对这一制度的介绍可谓不遗余力。如在第 176 页“儿”字部“元”字下，字典罗列了会元、进士、解元、举人、状元等称谓及其含义。在第 746 页“子”字部“学”字下，甚至有长达 80 个版面的相关铺叙。

马礼逊在《华英字典》中对中国人的帽子进行解释时，点明了背后的文化成分，如加冠礼以及顶戴与阶级官衔的关系；在介绍中国人的姓名时，从诸多大姓的来源、关于姓氏的书籍、中国出现姓的时间谈到法律禁止同姓结婚、每个人拥有名字的数目以及名字与人的个性的关系等。所有这一切，都使得西方读者真正读懂中国，走进每一个汉字的文化范畴成为可能。

文史经典、世俗小说

在《华英字典》中，除了被尊奉在庙堂之上的经史子集，不登大雅之堂的稗官野史也跃入了马礼逊的眼帘。无论《易经》《诗经》《书经》《孝经》，还是《礼记》《论语》《孟子》《荀子》，抑或是《左传》《史记》《汉书》《吕氏春秋》，都会在汉字释义中深浅不同地出现。有论者统计，《红楼梦》（字典译为 *Dream of the Red Chamber*）里的“词汇及长句”在《华英字典》第三部《英汉字典》里出现最多。“在所引的 215 句文本中，有 130 句都出自红楼人物的对话，这些对话多为纯熟、地道的官话口语，感情充沛、句式丰富。”学者研究，在马礼逊其他相关的著述中，至少有三次提及《三国演义》。除此以外，《华英字典》在第 128 页“人”字部“倚”字下，也出现了“曹操依（倚）仗军（兵）威，决不肯和”；第 479 页“土”字部“在”字下，有“谋事在人，成事在天”；第 223 页“刂”字部“刎”字下，有“（貂蝉）妾宁死不辱，遂掣壁间宝剑欲自刎”等，都是源于《三国演义》的释句。第 18 页“一”字部“不”字下，还解释了出自《水浒传》的成语“不三不四”，《西游记》的“（你）不看僧（金）面看佛面”也引用，但未点明出处。另外，《大明英烈传》《玉娇梨》《明珠》《好逑传》《英云梦传》《五虎平南》《快心编传奇》等小说都被不同程度地进行了引用。

天文地理、风俗民情

整部《华英字典》也译介了中国浩瀚多姿的天文地理，乃至博大精深的医药养生等知识。如在第 56 页“亠”字部“京”字下，字典在释义中介绍了“京都”“京师”，指出“天子所居曰京师”，“京，大也；师，众也”。北京是“目前中国的首都，通常被写作 Peking”，而南京“是原先的首都”。在同一页的“亭”字下，字典还介绍了花园的亭子、八角凉亭，介绍了亭台楼阁的建筑和造型特点。在第 512 页“土”字部“堂”字下，字典图文并茂、极其详尽地描摹了中国古代帝王所建造的最神圣的建筑物“明堂”的建筑格局及功能效用，并且梳理了传说中“明堂”称谓的历史变革。此外，马礼逊还不忘突出中国民间文化传统，介绍了作为社会联系纽带的“明伦堂”、读书求知的“学堂”、主持正义的“大堂”“左堂”“右堂”以及“官府坐堂”，自然还宣扬了“上有天堂，下有苏杭”。

在西方人看来，中国乃至整个亚洲的一大民情就是“谦逊”，语言上的谦逊便体现在“谦辞”“敬辞”的大量使用上。《字典》第 17 页“一”字部“下”字下，他指出“在下”是自谦的说法——“在下之下对上之称”，并说明“陛下”“阁下”“足下”的区别。与谦称自己相对的，是对对方的敬称，比如“内人”是称自己的妻子，而“尊夫人”则是对对方妻子的尊称。再拿风俗来说，“一乡有一乡之俗，一国有一国之俗……所以入国而必问俗也”，通过谦辞和敬辞能窥得中国世风世俗的冰山一角。明白中国的风俗习惯，才能更好地了解中国。字典在很多汉字释例中，都不失时机地介绍了中国丰富多样的社会民情、风俗习惯乃至律令规矩。例如，在第 303 页“十”字部“卑”字下，介绍了“右重左卑”“天尊地卑”的传统认知标准；第 337 页“叉”字根下，引唐代柳宗元的诗句“入郡腰常（恒）折，逢人手尽叉”，描述古人见面的行礼方式；作为外国人的马礼逊尤其没忘强调“将酒劝人并非恶意”（第 337 页）的酒桌文化。此外，中国各类警句妙语、俗话俚语，甚至对于街巷骂架、脏话滥语在《华英字典》里也有着生动的反映和引述。除了介绍常规字典里大多会摘录的如“朝三暮四”“三五成群”“比上不足，比下有余”“命世之才”“牡丹虽好，终须绿叶扶持”等长短不一的成语和典故外，马礼逊自开篇就罗列了诸如“好语似珠穿”“成人不自在，自在不成人”“总之，君子身可小可大，丈夫志能屈能伸”“好事不出门，恶事传（行）千里”“百足之虫，死而不僵”“自古道，父债子还”“冤有头，债有主”等警句俗语。骂人的脏话滥调也得到了马礼逊的关注，如第 188 页“八”字下，他还专门介绍了“王八蛋”等词语的语义和用法。

为西方了解中国打开了一扇窗

马礼逊在字典编纂中融入了两个值得借鉴的理念：中外文化比较和中华文化传播；通过对中华文化的介绍来吸引更多的人学习汉语。这样的编纂理念不仅在当时是超前的、先进的，至今仍具有重要的借鉴意义。《华英字典》中所呈现出的汉字、汉语和中华文化融为一体的编纂模式和编纂理念，特别是对中华文化的广泛而颇具匠心的融入，不仅在当时是一种创新，为西方世界打开了一扇了解汉字、汉语和中华文化的大门，即使在当今的辞书编纂中仍然堪称一种范式，特别是跟海内外一些学习型字典"就文字说文字""就语言说语言"的做法相比，就更不难看出《华英字典》的独特价值。

19世纪的许多学者特别是"社会进化论者"，把进化等同于进步，排列人类的种群与文化类型，并且把白种欧洲人排在最顶端，把他们征服的殖民地排在最低端。"语言优劣论"这一错误的思想在19世纪极为盛行，但马礼逊毫不犹豫地批评道："将来有一天当有更多的人了解和熟悉汉语时，汉语的优点和缺点也会受到公正的评价。至今为止欧洲的汉语崇拜者和轻视者都忽视了汉字，结果他们没有给予汉字一个正确的评价。"在字典序言中，马礼逊从汉字起源、仓颉造字、汉字结绳记事说、六书等说起，介绍汉字的性质；马礼逊抓住汉字的本质属性，突出汉字的表意性质，并建议西方学习者学习汉字时，应遵循汉字规律，能够透过每一个汉字，了解它的由来，便于后期的记忆学习。马礼逊《华英字典》第二部《五车韵府》第二卷还为读者梳理汉字五体演变，包括小篆、隶书、楷书、行书、草书等。此外，马礼逊赞扬了汉字对中华民族统一的贡献，他认为是汉字让中国统一，而欧洲的拉丁文字使得欧洲分成几个国家。他如是写道："拉丁文字因时代发音的变化而不断改变它的拼音，与之相比，汉字显得固定不变。也许汉字在某种程度上对中国的统一是有贡献的。如果中华帝国的所有方言都用拉丁字母来表示的话，书写语言之间就会像欧洲的一些国家一样出现差异。表现思维的书写语言区别于口语，这不正是语言不受时代变化影响的一大优点吗？"

从内容上看，《华英字典》富含对中国各派宗教哲学、神话传说、风俗礼仪、历史名人、音乐戏剧及天文学的介绍，以及对中国学校教育及科举制度的评价，堪称中华文化的百科全书。作为世界上出版的首部双语字典，《华英字典》的编纂规模和独创性即使在今天仍具有重要价值。

首先，《华英字典》全面记录了中国近代以来中英两种语言初次大规模接触后产生的外来词语，这些词语对研究中西文化交流史有着重要的意义，为西方人学习中国语言文字，了解中国政治、文化、历史、教育、宗教、风俗习惯等提供了便利；《华英字典》中包含大量的文化负载词，包括中国经典诗文、白话小说、格言、谚语、俗语等，对其译介，马礼逊费尽心思。如对儒家经典术语的翻译，采用归化和异化的翻译方法，及直译、意译、音译、仿译等多种翻译手段，更好地诠释了中国传统文化，将中国文化成功地传递到西方国家。例如马礼逊对成语的译介，马礼逊往往采取直译加注的办法，如“一面之词”（one face’s declaration)、“七手八脚”（seven hands and eight feet）；通过直译的方法，更好地保持原文内容，让西方读者先了解每个汉字的字面意义，之后通过注释解释成语的深层含义，从而更好地传递文化负载词的文化内涵。如“一面之词”解释为 denotes what is affirmed on one side of the question not yet fully examined into；“七手八脚”解释为 express the confusion caused by too many persons，being engaged about a thing。

其次，《华英字典》中收录了大量经典文献用例，如《论语》《孟子》《左传》《红楼梦》等，对“君子、礼、仁”等传统儒家文化词的译介，马氏往往采用音译加注的办法，如“君子”，音译为 Keun－tsze，再对其文化内涵加以解释 good man，honorable man，wise man。再如“仁”，音译为 Jin，再加注进行补充 perfectly virtuous 和 benevolent，音译儒学术语能够更好地凸显该术语的文化异质性，加注法对音译进一步注释、补充对译词，从而帮助读者更好地理解译文，达到中西文化交流的目的。对中国传统特有的文化词，《华英字典》的释义往往更具有综合百科的性质。如“卦”是中国文化特有词，马氏对其释义首先给出了“卦”的词性，动词或名词的用法、占卦的方法、伏羲创造八卦、八个卦象及方位，并用八卦的插图加以阐述，插图的使用使表述更有效、更直观。之后，马氏另起一段介绍宋代周氏对“卦”的阐释理论。第三段提到“卦”的通假义：卦之言为挂也，挂万象于上也。需要注意的是，马礼逊在释义“卦”的时候，提到了宋周敦颐的阐释。周敦颐是宋明理学大家。马礼逊能够参照周敦颐的书来诠释“卦”，颇有见识。这样的例子还有很多，对中国文化词百科书式的详尽诠释，使得《华英字典》自出版后，就广受西方读者的欢迎，也将中国传统文化成功地传播到西方。

同时，这部字典对近代中国语言学史的研究也有着重大的意义，它所保留的西方人对中国语言、文化和社会习俗等方面的语言实证，弥补了我国近代汉语研究的缺陷。

最后，《华英字典》还激起了早期中国官员了解西方世界的兴趣。林则徐在 1839 年南下广州查禁鸦片时，特地向美国传教士裨治文（Elijah Coleman Bridgman，1801—1861 年）索要了一本《华英字典》的完整本。

马礼逊是比较系统地将中国文化经典翻译成英文的第一位西人。马礼逊认为，中国是一个文明古国，其创造的文化遗产远非欧洲哪一个国家能比拟。翻译中国文化经典将有助于西方更好地了解中国。马礼逊在华期间，还从事了编写书籍、创办报刊等向西方介绍中国文化的活动。马礼逊在华 25 年，总共发表了 21 本英文书，其中 14 篇与中国语言、文化和历史有关。1812 年，马礼逊翻译的《中国文学经典汇集》，包括《三字经》（*The Three-Character Classic*），《大学》（*The Great Science*），《三教源流》（*Account of FOE*）以及《太上老君》（*Account of the Sect TAO-SZU*）等在伦敦首次出版。

结语

马礼逊来华的19世纪初期，是中西文明交流的低谷时期。由于缺乏对中国这一神秘东方古国的接触和了解，当时的西方世界对于中国的语言、文化、形象等的认识实际是狭隘且充满偏见的，甚至可以说是“充斥着民族主义或者欧洲情绪”的傲慢之见。马礼逊向西方介绍中国文化的努力，虽然具有明确的为殖民势力服务的初衷，但对《华英字典》的译介行为，一定程度上，加大了中华文化的对外输出、增进了西方世界对中国的正确认识、推动了异域文化对我国文化的接受认可并重塑了中国的国际形象。

——载于《光明日报》2021年12月11日第10版

实 践 篇

加强地方性法规规章翻译，提升江苏法治文化软实力

改革开放40多年来，特别是实行依法治国，建设社会主义法治国家的目标确立以来，为了适应建立和完善社会主义市场经济体制和推进政治体制改革的需要，我国从中央到地方的立法步伐明显加快，法律法规数量急剧增加。地方立法作为国家立法体制中的一个重要组成部分，在改革中不断发展，与国家立法一起共同构成了中国特色的规模宏大、内容丰富的法规体系。进入2015年以来，随着中央的简政放权政策的实施，《立法法》经过修改，扩大设区的市的立法权之后，越来越多的地方获得了立法权。以江苏省为例，省辖的10个设区的市获得立法权，各地法规规章的数量出现了井喷性的增长，与此同时，法规规章的对外翻译工作还未有受到地方政府的重视，翻译工作也有许多突出的问题亟待解决。

一、重视地方性法规规章翻译，加强对外宣传的时代背景

（一）国家“文化走出去”战略与推进国际传播能力建设

21 世纪初，我国提出了文化“走出去”的战略，在中共十八大以后又迎来了新的发展阶段。2013 年，习近平总书记提出了“一带一路”倡议，推动“一带一路”沿线国家和中国开展经贸合作，通过政治互信、经济一体和文化融合，促进构建人类命运共同体，中国在世界舞台承担起更大的责任，在全球治理和国际秩序的建构中开始贡献智慧。

2017年10月，党的十九大胜利召开，宣告中国特色社会主义进入新时代的历史方位。习近平总书记在十九大报告中提出：“推进国际传播能力建设，讲好中国故事，展现真实、立体、全面的中国，提高国家文化软实力。”推进我国法律法规在国际社会的交流，也正是致力于提升国家文化软实力。我国必然要以一种积极主动的态度，向世界传播法治文化，充分重视法律法规的翻译，将之上升至国家战略层面，促进中国法治话语走向世界。

（二）国家层面主动推动法治文化走出去

2012年10月，中国政府以中英两种语言向世界发布了《中国的司法改革》白皮书，这是中国首次发布司法改革方面的白皮书。

2014年，党的十八届四中全会首次以“依法治国”为主题胜利召开。2015年，党的十八届四中全会的重要文件，由中央编译局译成7种语言对外发布，充分展示了党和国家事业进入了一个新阶段，中国越来越重视在世界上构建一个法治国家的形象，唯有通过积极翻译和对外宣传才能让国际社会了解中国全面依法治国的基本理念和战略规划。

2017年，十九大报告外文翻译工作邀请了一批外籍专家参与，这也是改革开放以来我国第一次邀请外籍专家提前介入参与全国党代会报告的翻译工作，涉及9种外语，规模与范围之大，也是史无前例。

这些在国家层面所做出的一系列“首次”举措，代表了我国在向世界塑造国家形象上开始从被动的态度，向积极的态度转变。新时代的历史方位标示着中国法治建设进入了新的历史阶段，正如习近平总书记在党的十九大报告中指出，中国特色社会主义进入新时代，“意味着中国特色社会主义道路、理论、制度、文化不断发展，拓展了发展中国家走向现代化的途径，给世界上那些既希望加快发展又希望保持自身独立性的国家和民族提供了全新的选择，为解决人类问题贡献了中国智慧和中国方案。”新时代的中国法治建设，以其富有逻辑力量的崭新的法治理念、健全的法制制度和鲜活的法治实践，鲜明地展现了中国经验、中国方案与中国道路的独特魅力。

（三）地方层面重视法规规章对外宣传

作为法治文化的重要组成部分，地方性法规规章也是我国现代法治建设取得成就的重要代表，也需要主动“走出去”，贡献中国的法治经验和智慧，塑造中国法治形象，增强国家文化软实力。

2003年，国务院办公厅印发《关于做好行政法规英文正式译本翻译、审定工作的通知》，明确了翻译、审定工作职责和时限，规定了翻译审定工作组织和经费保障，规范了翻译、审定工作程序，并要求各地方、各部门做好其发布的规章翻译工作。此后，28个省、自治区和直辖市政府法制机构设置法规规章译审办公室，配备专职人员，18个较大的市如江苏省南京、苏州、徐州和无锡的政府法制机构也开始了法规规章的翻译工作。地方性法规规章翻译如火如荼地开展，百花齐放，各具特色。

新时代的历史方位下，翻译已经被赋予了史无前例的重大意义。从文化沟通和交流来看，国家法律领域的话语体系只有通过国际传播才能争取国外公众的理解、支持与共鸣。翻译正如信使一般，打通沟通渠道，消除文化隔阂，助推国家在世界舞台赢得话语权，塑造法治国家形象，向全球治理贡献中国智慧和中国方案。法律翻译不仅是一种跨语言、跨文化的交际行为，更是一种跨法系的交流行为，中国的法律翻译包括法律思想观念、法律语言文化、法律规范和法律文本，是我国法律话语体系走向世界的重要手段。

二、新时代地方性法律法规翻译肩负的重任与使命

地方性立法立足于地方社会发展的实际需要和社会情势，反映人民群众的根本利益，解决地方面临的实际问题，具有相对的独立性，带有地方性的特色。地方立法步伐的加快，大大促进了地方法治建设进程，在短时间内形成了相对完整、齐全的地方法规规章体系，使地方、经济、文化和社会生活等各个方面都做到了有法可依。翻译在地方性法规规章“走出去”的过程中，就是起到了一种沟通和桥梁的作用，其肩负的使命和责任重大。

（一）塑造地方法治形象

立法是人类智慧的结晶和体现，立法是专业性的工作，地方性立法就是体现地方法治建设工作能力和实效的体现。树立和提升一个地方的形象，首要的就是法治，关键也在法治，法治建设搞得好，形象才能树得好。建设地方经济、加快地方振兴，很重要的就是要加强法治建设，坚持依法治省，强化法治保障。地方性法规规章翻译是地方法治建设、法治形象的重要载体和工具，将地方性立法所取得的成效对外展示，是国外公众了解地方法治的一个重要窗口。

（二）提升地方法治文化软实力

从依法治国、依法治省方略来讲，地方的经济发展，社会和谐稳定，维护公平正义，保障人民的权益，解决生态、环境、节能减排等民生问题，都需要科学的立法和有序的法治建设来规范。一定程度上而言，地方性立法所取得的成果，就是地方法治文明程度、社会治理水平、文化软实力的重要体现。加强地方性法规规章翻译，对外宣传和展示地方依法治理的整体面貌、法治建设取得的成就和良好的法治环境，就是在增强地方整体的法治文化自信，助推地方提升法治文化软实力。

（三）表征国家法治形象

地方立法，名为地方，实则也是为了推进国家法治。地方性立法不仅是为地方服务，还负有为国家改革和立法先导的义务。地方和国家是有机的统一体，地方形象直接影响国家形象的建构。随着“一带一路”倡议的深入推进，越来越多的地方都参与到一带一路建设之中，中国境内的外籍人士也日益增多，中国地方与全球的联系日益密切。地方性法规规章翻译不仅有助于我国参与国际社会的各项活动，它也代表着国家的形象和意志，是展现我国社会主义法治建设成果的重要渠道，具有重要的政治意义。

三、江苏省法规规章翻译所取得的成就

从2005年起，江苏省原法制办贯彻落实《国务院办公厅关于做好行政法规英文正式译本翻译审定工作的通知》，由省法制办牵头组织了译审工作，就如何进一步开展本省地方性法规、政府规章的翻译工作进行了探讨和布置。经过十多年的探索与发展，江苏省地方性法规规章翻译取得了一系列丰富的成果。

（一）组建了专业的翻译团队

目前，参与江苏省法规规章翻译和译审的工作人员，主要由江苏省原法制办工作人员，以及经验丰富的高校专家组成，成员中有教授、副教授和讲师，成员学科背景包含法学、语言和翻译学，成员的职称结构、知识背景组成较为合理。

（二）形成了专业的翻译程序

为了确保译文质量，江苏省原法制办以前每年定期组织召开全省法规规章译审座谈会，解决翻译质量问题，以及邀请国务院法律翻译专家进行专业指导。经过十多年的翻译实践，江苏省已经积累了一定的翻译经验，形成了一套较为完善和规范的翻译流程，引入了翻译项目质量管理体系和标准，确保翻译质量和效果。江苏省地方性法规规章英译分为初译、初审和专家审定三个步骤，即，由法规、规章的起草部门负责初稿的翻译，由省法制办负责初稿的初审，初审之后再请专家审定，最后由省法制办再次进行全面审查，确定法规、规章的正式译本。

（三）积累了丰硕的翻译成果

经过 10 多年的努力，江苏省翻译团队共英译了约 150 部江苏省法规规章，形成官方译本，共约 200 万字。江苏省政府法制办公室每年组织编写《江苏省法规规章（中英对照本）》，至今已编写了 10 余册，相关译文定期通过纸质印刷版，以及江苏省司法厅和江苏政府法制网“法规政策——法规规章翻译”栏目向社会公布。

正是因为经历了 10 多年的翻译实践，开启术语翻译规范化工作已成为江苏省一种自觉的意识。2018 年 10 月，江苏省政府原法制办公室出版了《江苏省法规规章译审术语和句式手册》，该手册以近十年翻译的地方性法规规章为基础语料，选择了江苏省地方性法规规章在翻译过程中常用的法律术语，惯用词汇 3 000 个，常用句式 90 条，编辑成册，成为一本指南书，供法规规章译审人员和广大中外人士参阅。与此同时，也建立了地方性法规规章翻译术语词库，为法规规章翻译术语的统一化和规范化打下了良好的基础。这标志着江苏省地方性法规规章翻译又进入了一个新的高度和发展阶段。

（四）取得了良好的社会效应

江苏省在地方性法规规章翻译中所取得的丰硕成果，在全国地方性法规规章翻译的行列和队伍中都是处于领先地位，为地方性法规规章翻译树立了标杆作用。目前，江苏省地方性法规规章的英译工作已经取得了一定的成绩，法规规章翻译质量逐步成熟、稳定和规范，多次受到国务院法制办和省政府的表彰，获得了国务院领导和社会各界的肯定。

四、进一步加强江苏省地方性法规规章翻译的具体建议

江苏省地方性法规规章翻译虽然取得了一定的成绩，但仍然存在着一些不足之处。地方性法规规章翻译是一项系统性工程，涉及诸多部门和方面的协调、组织与配合，也牵涉众多人员的参与，这需要我们站在政治的高度，健全翻译管理工作的各项制度，进一步优化法规规章翻译的每个环节，从而保障翻译质量。

第一，加强组织和领导，由省委依法治省委员会统一领导地方性法规规章的对外翻译工作。地方性法规规章翻译肩负着对外宣传和展示地方法治形象和提升法治文化软实力的重要使命，是一项富有高度政治性的工作，需要进一步加强组织和领导，提升管理机构层次和水平。由省委依法治省委员会统一领导

地方性法规规章的对外翻译工作，有利于进一步提升翻译团队的政治觉悟、政治使命感和责任感，科学制定翻译规划和翻译政策，进行翻译工作的全要素重构、全链条管理，提升翻译项目管理专业化水平，加强对外宣传工作，切实提升翻译质量和宣传效果。

第二，加大资金支持与投入。有效保障和提升地方性法规规章翻译质量，需要充沛的资金支持和投入。地方性法规规章翻译涉及人力和物力资源建设，在人力资源上，需要加强对翻译团队人员的组织管理和培训，在物力资源上，随着翻译技术的不断发展和更新，计算机软件设备成为提升翻译检索和查询效率，加强翻译术语规范化建设和词库管理、语言资产管理等重要的辅助工具和手段，加强翻译规范化和信息化建设，需要在技术上与时俱进，在财力上加大支持和投入。

第三，加强翻译专业团队建设。一是，进一步扩大翻译专业队伍规模，吸收部分青年教师、博士生加入团队，为法规规章翻译工作培养后继人才，保证人才供给的持续性。二是，加强专业团队的培训和业务能力提升工作，通过定期举办小型学术研讨会、交流会和讲座等形式，邀请参与国家法律法规翻译、译审的专家指导工作，提升团队建设的专业化水平。三是，扩大团队人员组成的多元性、广泛性，地方性法规规章的翻译需要立法上的专业支持，做出法律上的专业解释，需要吸纳来自法学专业的中青年学者和专家参与。四是，吸收外籍专家进入法规规章翻译的译审工作中，保证法规规章的翻译更加符合英美读者的接受习惯。

第四，扩大外文译本的语种范围。《省委省政府关于高质量推进“一带一路”交汇点建设的意见》中提出，到 2025 年，江苏将成为具有全球影响力的“一带一路”交汇点。随着江苏省参与“一带一路”建设的深入推进，在江苏省地方性法规规章翻译的译本中，非通用语语种不能缺席，扩大外文译本的语种范围，就是要向“一带一路”沿线国家展示江苏法治文化建设的风貌，为“一带一路”沿线国家提供法治服务，推动地方参与“一带一路”国际法治建设。

第五，加强法规规章翻译规范化建设。江苏省法规规章翻译经过十余年的摸索与发展，已经从规模式发展到内涵式建设的阶段，需要将规范化建设纳入新的发展视野和规划，通过加强规范化建设提升江苏省地方性法规规章翻译在全国范围内的模范效应、标杆作用，规范化建设不仅仅是编辑术语手册，建设术语库等形式层面上的努力，也需要组织专家对翻译语言资产进行全面性梳理，进一步提升规范化建设质量和内涵的实质层次。

第六，重视法规规章翻译的理论研究。目前，与地方性法规规章翻译所取得的成果相比，与之相应的理论研究还远远处于落后地步，理论研究的缺乏使得地方性法规规章翻译的研究没有明确的方法论作为引导方向，在很大程度上直接决定这一领域发展的空间和深度。地方性法规规章翻译不能满足于某些翻译实例的总结性描述或者新的体会的阐发，更应该上升至理论的高度，从翻译规范、翻译评价、翻译组织与管理等多层次多方位进行理论探索和建构。

第七，加强地方性法规规章翻译成果的社会宣传和应用。地方性法规规章的翻译终究是要对外宣传，为社会服务，无论是地方性法规规章翻译成果，还是其规范化工作所取得的成就，都应该及时加强宣传工作。通过建立特别的出版和发行渠道，以多渠道、多形式、多样态的方式，广泛宣传最新的成果。一方面，加强对外宣传，在国际舞台上塑造江苏省法治形象，提升江苏法治文化软实力；另一方面，加强广泛的社会宣传，在全国范围内形成一定的影响力，从而树立江苏省法规规章翻译的标杆作用、示范作用，使得这些规范化的成果成为译者严格遵守的质量规范，确保从事法规规章翻译的参与者都能及时了解并有意识地参照和使用。

——中国法治现代化研究院采纳，与胡波合作

贯彻习近平法治思想，培养高素质涉外法治人才

当今世界正面临百年未有之大变局，中国愈加对外开放，逐渐走向世界舞台的中央。随着“一带一路”倡议和构建人类命运共同体理念的深入推进，国际秩序的建构、国际主体间的合作都离不开法治精神、法治平台与法治方式，法治可以为个体、组织、国家之间的合作提供理性工作的平台。应对世界大变局、参与全球治理、争取国际法治话语权，我国亟须加强涉外法治建设，培养一大批通晓国际法律规则、善于处理涉外法律事务的涉外法治专业人才，以保障和服务高水平的对外开放。

培养涉外法治专业人才，是加强涉外法治建设的基础和支撑，具有先导性的地位和作用。习近平法治思想是马克思主义法治理论中国化的最新成果，是全面依法治国的根本遵循和行动指南。深入学习贯彻习近平法治思想，将这一重大理论创新成果融入涉外法治人才培养的各个方面，提高涉外法治人才培养质量，造就一大批德才兼备的高素质涉外法治人才，是新时代高校的神圣使命与责任担当。

一、习近平法治思想为涉外法治人才培养指引方向

思想是行动的先导，理论是实践的指南。在习近平法治思想内涵的“十一个坚持”中，“坚持统筹推进国内法治和涉外法治”“坚持建设德才兼备的高素质法治工作队伍”这两个提法尤其值得关注，这是涉外法治人才培养的方向和指引。党的十八大以来，面对复杂多变的国际局势，为了开创高水平对外开放新局面、维护国家安全稳定的新挑战、担当国际舞台的新角色，以及应对建设法治政府的新形势，以习近平同志为核心的党中央审时度势，充分认识到新形势下加强涉外法律工作的重要性和紧迫性。党的十八届四中全会审议通过的《中共中央关于全面推进依法治国若干重大问题的决定》，第一次以党的文件形式明确提出要“加强涉外法律工作”，并对加强涉外法律工作做出了重要部署，明确了完善涉外法律法规体系、参与国际规则制定、强化涉外法律服务、深化司法

领域国际合作、加强反腐败国际合作、参与执法安全国际合作等诸多方面的重要任务，提出了“建设通晓国际法律规则、善于处理涉外法律事务的涉外法治人才队伍”的具体目标。2019 年 2 月 25 日，习近平总书记在主持召开中央全面依法治国委员会第二次会议上强调，加强涉外法治建设，为推进改革发展稳定工作营造良好法治环境，明确提出要加快推进我国法域外适用的法律体系建设，加强涉外法治专业人才培养，积极发展涉外法律服务，强化企业合规意识，保障和服务高水平对外开放。涉外法治建设是习近平法治思想的重要内涵，习近平法治思想为涉外法治专业人才培养指引了方向，明确了具体的任务和要求。涉外法治人才的培养是国家加强涉外法治建设对专业人才的战略需求，也是全面推进依法治国的题中应有之义。

二、涉外法治人才培养还跟不上新时代的步伐

实践证明，自改革开放以来，我国在涉外法治人才培养方面已经取得了很大的成就，为涉外法治领域输送了大量的涉外法治人才，涌现出了一大批活跃在国际司法领域的杰出人士，为争取国际法治话语权，提升中国法治国际影响力，做出了突出的贡献。但是，还应当看到，我国涉外法治人才培养还存在着一些问题和不足，现有的涉外法治专业人才培养还不能满足新时代对外开放的实际需要。

首先，涉外法治专业人才培养总体数量不足。涉外法治工作复杂而多元，具体包括：参与国际规则制定，推进国际法治建设；解决国际法律争端，接轨国际司法实践；发展涉外法律服务业；开展中外法律交流；开展法治对外宣传等。换言之，包括国际立法、执法、司法、法律服务、学术交流、对外宣传等各个领域，都需要涉外法治专门人才。然而，在不少领域内，还缺乏合格的专业人才，这与中国的大国地位、形象和国际影响力还不相匹配。

相关数据也显示，中国涉外法治专业人才面临巨大缺口。据统计，在联合国系统的雇员中，中国籍雇员目前仅占 1.12%，位列第 11 位，居菲律宾、印度、俄罗斯等国之后。2009 年，在中国翻译市场年产值 300 亿元人民币的市场中，超过 60%的翻译业务被外国翻译公司与合资公司拿走，法律翻译的 85%被外国翻译公司或中外合资公司拿走。截至 2015 年，专门从事涉外法律业务的律师约 3 000 人，其中能独立办理涉外仲裁、跨境诉讼的律师不足 200 人，能办理“两反两保”案件的律师不足 50 人，能在 WTO 参与争端解决案件处理的律师不足 20 人。涉外法治人才培养的数量匮乏，还支撑不起中国参与国际法律事务的直接需求。

其次，我国高等院校对涉外法治专业人才培养还存在思想意识上重视不足，实际举措上的能力不足和经验不足。涉外法治专业人才属于跨学科、交叉融合性、复合型人才。当前我国高等教育还存在着学科与专业上的天然屏障与壁垒，学科划分、制度设计等外部因素并不利于复合型和交叉型创新人才的培养，无论是法学院，还是外语学院，均存在各自的优势，也存在着人才培养同质化、脱离实践性、复合型人才培养深度不足等共性问题，这导致涉外法治人才培养质量差别较大。

于法学院培养的人才而言，法学专业知识较强，但外语能力相对薄弱，还存在着将涉外法治人才培养等同于建设国际法学科、国际法专业，教授国际法课程等简单化的理解，忽视了学科之间的深度交叉和融合，从而弱化了人才培养质量，学生涉外法治实践能力不强，导致应用型涉外法治人才培养不足，还无法适应“一带一路”涉外法治工作的实际需要。于外语学院培养的人才而言，不少院校普遍重视语言技能训练，忽视法学专业知识的融合与学习，一些院校仅仅是将语言课程和法学课程简单叠加，并没有形成语言与知识的有效融合，各个大学的法律英语教学主要是走“学院派”路线。“学院派”的法律英语教授的是形而上的法学原理，其存在的主要问题是，法律英语教学严重脱离法律服务和语言服务的实际，无法满足涉外法治工作对复合型、跨专业人才的更高标准的需求。

三、涉外法治人才培养机制亟须创新

习近平总书记在中国政法大学考察时强调，高校是法治人才培养的第一阵地。同样，涉外法治人才培养的主要阵地也还是在高校。作为一项系统性的工程，涉外法治人才培养当然不能一蹴而就，需要充分发挥高校法学院、外语学院在培养涉外法治人才培养中的基础性和先导性作用，同时发挥实务部门、政府部门、涉外企业的作用，加强顶层科学设计，以国家战略需求为先，夯实基础，拓展路径，稳步推进涉外法治专业人才培养目标和教育宗旨的实现。

（一）走出认识“误区”，明晰涉外法治人才培养的内涵

涉外法治人才是指具有国际视野、通晓国际规则、善于处理涉外法律事务、能够参与国际合作与国际竞争的高端复合型法律人才。涉外法治人才具有两个层面的意涵，即外语语言能力和法律专业知识。涉外法治人才首先应是外语人才，娴熟的语言能力是参与国际法律事务的前提和基础，而熟悉国际规则、掌握英美法体系，又是提高涉外法治能力在专业知识体系上的保障。

目前，联合国国际法院运用的司法程序依据英美法，国际贸易的基本规则同样依照英美法，英美法体系因其历史悠久而一直在英联邦等国家和中国香港地区延用，英美法也是我国法域外适用的法律体系建设的核心内容。因此，涉外法律工作主要围绕英美法体系的内容和规则而展开，涉外法治人才培养并不是“法律+英语”简单的组合，也不是简单地等同于设置国际法课程，它应该基于英美法知识体系的基础之上，设计独立的学科体系，构建自成体系的课程组合，法律英语复合型人才也只是涉外法治人才的初级阶段，还需要经过分阶段、分层次培养，逐步提升涉外法治人才培养的质量与内涵。

（二）重视顶层设计，加强院系部门之间的横向联系

人才培养目标决定教育教学实施的路径。涉外法治专业人才的培养是多层次、多方面的，需要多主体参与。法学院和外语学院都是培养涉外法治人才的重要力量，虽然两者的培养目标和侧重点存在一些差异，但这两股重要的力量并非处于相互对立的位置，而是应该发挥优势互补的作用，彼此都要认识到各自存在的问题，取长补短，优化升级，融合共通。

涉外法治人才培养涉及师资建设、课程体系、课程内容、教学方法、教材编写、实践基地等一系列环节，既需要院校加强顶层设计，从宏观上实现总体布局和规划，也需要注重细节，寻找不同专业交叉、融合发展的切合点，实现学科之间的交叉和渗透。涉外法治人才既需要学好外语，也需要掌握法律专业知识，四年制本科或许在时间安排上不够充分，还无法达成涉外法治人才培养高层次的标准和要求，可以在外语学院设置 5 年制法律英语双学位专业（3 年法律英语专业+2 年涉外法律），也可以在法学院贯通涉外法律本、硕连读专业（4 年法律英语专业+2 年涉外法律），这就需要打通外语学院和法学院之间的制度屏障，实现资源共享与融合、机制互通与合作，逐步提升涉外法治人才培养的层次。

职业教育是与产业、行业和就业密切联系的。国际化的法学教育一定是以法律职业教育为导向的，否则无法与欧美发达地区处在同一平台上竞争，涉外法治人才培养的定位应该是应用型、实践性职业教育，这在师资队伍建设、实践项目等诸多环节上，都需要充分考虑行业的需求。在机制设置上，应当尊重教师的个性优势，灵活教师聘任机制，允许有能力的教授在法学院、外语学院之间“跨界”授课，在不同学科点上指导研究生，涉及跨学科领域、交叉专业知识，而专职教师暂时无法做到的，可以通过选聘校外专家的方式来加强教师队伍建设，从英美等国法学院聘请教师到校为学生进行短期授课（比如暑期学校、系列讲座等），也可以从外资律所中选聘从事涉外法律业务的律师给学生开

设法律英语课程，讲授“学院派”教师暂时无力顾及的内容。同时，健全学术交流、培训和提升机制，加强教育培训，打破不同学科之间沟通和交流的屏障。比如，对法学院的教师进行法律英语的教学培训，鼓励外语学科教师去法学院进修深造，通过骨干研修、在职攻读学位、国内外考察研修等多种途径，丰富教师的知识结构，推动教师观念、知识和能力全面提升。在实践教学平台建设上，与国际接轨，对准世界标准，通过国际模拟法庭竞赛、课外实习和法律诊所课程等环节，全面检验学生涉外法律应用能力和涉外法治工作能力。

（三）以智库建设为抓手，创新涉外法治人才培养的突破口

中国高等教育学会会长瞿振元说过，“高校智库要出思想，出人才，更要育人。”涉外法治人才培养需要法学与外语交叉性的学科知识，属于智库人才的范畴，传统人才培养模式的单一化，无法满足国家战略的重大需要，必须要形成“一专多能”的复合型团队，在高校智库建设的供给侧改革中逐步孵化外向型、复合型法治人才。智库建设是实现专业人才培养转型升级的“重要抓手”，国内一流大学、重点大学可以从学校层面出发，突破学科专业体制之间的壁垒，理顺利益关系，实现机制创新，在既有的外语学院和法学院之间畅通沟通渠道，加强涉外法治建设，或发展涉外法律服务专业智库，融合外语和法学专业，实现专业知识和思想智慧之间的融通，蓄积涉外法治人才培养的资源和能量。

多元化、强大的复合型师资队伍，是强化涉外法治高层次人才产出的基础和保证，通过本土招聘与全球招聘相结合，网罗高水平外籍法学专家、精通外语的智库专家、国际法律事务实战精英等，融合不同学科的背景知识，建立涉外法治人才培养的复合型教师队伍。学术研究、决策咨询是智库的主要功能，智库的科研成果如专著、论文、译著、咨询报告等，是促成智库人才培养的“原材料”，通过充分吸收原材料的精华，形成原创性、系统性、特色化的专业知识和课程内容，反哺教育教学，并通过国际性学术交流、会议、论坛、数据库建设、科研项目建设等实践平台，支撑起涉外法治人才的培养结构体系，形成本科和硕士连贯的应用型法治人才培养模式。

（四）构建涉外法治人才的协同培养机制

无论是法学还是外语，都是实践性很强的学科，都需要将理论知识的学习和具体实践紧密结合，涉外法治话语人才的培养必须要提升国际化水平、加快国际化发展，建立开放性、高端的协同创新育人平台。在本土情境下，不同高校之间可以充分利用优势学科专业资源，形成跨学科人才培养的合力，校际探索联合培养“高端涉外法治人才”，高校还可以和国家部委、涉外政府部门、

涉外企业、涉外律所等开展合作，共建实践教学基地，提升理论课程与教学实践的协同力；在国际化的情境中，高校可以与境外高校、科研机构、专业智库、国际组织，以及政府之间建立紧密合作关系，积极推进教师互派、学生互换、课程互通、学分互认和学位互授联授等实质性合作，实现海内外合作办学、专业共建、联合培养、政产学研用等合作，促进智库建设与学科建设的创新力，提升涉外法治人才的实践水准，实现师资与学生两支人才队伍同步培养和提高。

（五）建立涉外法治人才培养评估、退出和激励机制，创新人才培养评价方式

考量标准是人才培养的纲，也是教学改革的指挥棒，合理的评价机制决定涉外法治人才培养的水平与高度，涉外法治人才培养的评估需要创新评价体制和机制。人才培养的评价是一套系统性架构，既包含了宏观和微观多元层面上的内容，也需要根据人才培养的不同定位实施分类评价。

在宏观层面的管理上，以目前各涉外法律人才培养和教育基地制订的卓越法治人才培养标准为基础，根据人才培养类型和实务部门需求，单独设置涉外法治人才培养的管理与评价部门，研究制订涉外法治专业人才培养的国家指导标准。通过遴选一批涉外法治人才培养成效较为突出的高校，作为示范性、骨干性院校，建立涉外法治人才培养国家基地，起到领头雁、带头羊的先锋示范作用，同时，对达不成人才培养标准和规范的高校，也给予适时清退出队伍。

由于高校的类型不同，存在着综合性、行业性、师范类高校等差别，就决定了各个高校法学和外语学科的优势不尽相同。涉外法治专业人才培养也应根据不同类型或高校学科专业的优势，确定不同的功能定位，避免同质化竞争，走出差异化路线，或是立足于培养综合性法治人才，或是培养专业性、不同领域性的法治人才，这就对应着不同的教材体系、人才培养模式、课程体系、教学内容和教学方法，对评价标准的要求也应具备灵活性和多元性，从而释放涉外法治人才培养的活力。

在学科、专业建设的微观评价上，以细致、科学的新文科建设和培养标准为指引，实现文理融通、经法管融通、理论与实践融通、国际法和国内法融通、法律和政治融通。评价内涵要求转变认识和思维方式，传统的学术评价拘泥于科研项目、论文、著作、获奖等指标的数量和等级。涉外法治专业建设是定位于职业教育，为解决实际问题而展开的，要以实践为导向，积极、主动服务社会发展和国家需求，任何有利于涉外法律服务、参与国际法律事务、争取国际法治话语权等发展的研究形式和成果，比如，重要媒体报道、理论文章、咨询报告、政策建议、国际法律服务项目、成果实际转化和应用等，都应该纳入评

价的范畴。在评价方式上，实行分层、分类评价，不仅重视个人评价，也要突出不同院系之间跨学科、跨专业团队评价，突破传统以学科研究为导向的单一评价方式，转变为以实践导向的评价，建立问题研究的多元评价标准。

（六）建立涉外法治职业准入制度

总结一些职业教育发达国家的经验，其就业的一大特色就是建立和完善就业准入制度，通过建立具体的从业标准、规范和资格考核，提升就业的门槛和质量。职业资格一般是指对从事某一职业所必备的学识、技术和能力的基本要求。我国也不妨建立涉外法治职业准入制度，提高涉外法治职业的准入门槛，有助于提升我国涉外法治建设的国际形象。

当前，法律英语证书（LEC）考试是国内现有的考察涉外法治专业人才的唯一考试，对于推动涉外法治人才培养起到了积极的作用。LEC 考试具有以考促评、以考促学、以考促教等重要的实际价值，并越来越受到国外律所和法学院的认可。然而，未来的涉外法治专业人才，不只是要具备相应的“知识”还要具备相应的“从业资格”，这就要求我们不断地探索将 LEC 考试从简单的“水平考试”升级为“职业资格考试”。在 LEC 考试实践经验的基础之上，不断地完善和创新，设计出针对不同涉外法治领域的职业资格分类考试，突出业务实践能力的考核，综合考察专业人才在涉外法治不同领域内应当具备的语言能力和专业技能，从而推进涉外法治从业人员朝着更加职业化、精英化的方向发展。

总之，高素质涉外法治人才培养需要相对独立、自成一体的人才培养目标与机制，既需高校学科之间创新实践人才培养的模式，加强复合型人才培养的探索，也需要管理部门给予系统完整的相关政策支持，理顺体制机制，克服制度上的阻滞。涉外法治人才培养需要进行长远规划、科学统筹，要以国家战略需求为导向，打破学科专业之间的壁垒，树立国际意识、开放意识、创新意识，汲取国际一流大学复合型人才培养的经验，同时，更要立足中国，立足本土实践，努力形成中国特色、中国风格、中国气派的人才培养体系，展现新时代知识分子的家国情怀和使命担当，真正培养造就出具有国际视野、专业话语权、行业影响力的涉外法治专业人才队伍，更好地服务于党和国家高水平对外开放的大局。

——中国法治现代化研究院采纳，江苏省政协副主席、江苏省法学会会长周继业肯定性批示，与胡波合作

提升涉外法治能力，助力国家高水平对外开放

中共中央印发的《法治中国建设规划（2020—2025年）》第二十五条提出，加强涉外法治工作，适应高水平对外开放工作需要，完善涉外法律和规则体系，补齐短板，提高涉外工作法治化水平。加强涉外法治工作，是助力国家对外开放新高地的重要举措，加强涉外法治工作战略布局，既是推进国家治理体系和治理能力现代化的内在要求，也是维护国家主权、安全、发展利益，推动全球治理变革的重大课题。提升涉外法治工作水平，是一项长期性、系统性的建设工程，必须深化对涉外法治建设的理解，提高涉外法治工作的积极性与主动性，做好应对内部和外部环境变化的思想准备和工作准备。

一、推进涉外法治工作的重要时代价值和意义

法治是治国理政的基本方式。习近平总书记强调，治理一个国家、一个社会，关键是要立规矩、讲规矩、守规矩，法律是治国理政最大、最重要的规矩，要实现经济发展、政治清明、文化昌盛、社会公正、生态良好，都需要秉持法律这个准绳、用好法治这个方式。

（一）参与全球治理对涉外法治工作提出更高要求

中国特色社会主义进入新时代的历史方位之下，中国法治建设已经到达了一个新的节点。习近平总书记在中央全面依法治国委员会第二次会议上做出了重要部署，强调要加快推进我国法域外适用的法律体系建设，加强涉外法治专业人才培养，积极发展涉外法律服务，强化企业合规意识。党的十九届四中全会也明确要求，加强涉外法治工作，提高涉外工作法治化水平。随着对外开放的不断深入，我国与世界各国之间的联系互动越来越密切，中国参与全球治理的领域和深度不断扩大，涉外事务领域不断拓宽，这对涉外法治工作提出了新的更高要求。面对国际社会复杂多变的外部挑战，应对世界百年未有之大变局，涉外法治能力建设直接关乎中国在全球的影响力与国际形象。

（二）涉外法治建设是国内法治的延伸和发展

坚持统筹推进国内法治和国际法治，是习近平法治思想的重要内容。在全球治理的过程中，国际法治和国内法治相互依存，互为支撑，借由一定方式进行衔接。国内法治是国际法治进路的基础和前提，国际法治则是国内法治的延伸和发展，国际法治与国内法治具有双向的、持续的、广泛的互动性。在全球治理的进程中，中国作为独立的国际关系行为体“向上”积极参与全球治理，同样也需要 “共时”与“相关”的国内法治建设的智慧支持。一方面，为了遵循国际法治的要求，国内法治需要对立法、执法、司法进行相应的调整与完善，和国际规则、国际惯例、国际标准相衔接、对标。另一方面，国内法治建设所取得的优秀成果，也可以为中国国际法治建设贡献经验和智慧，不断地被移植到国际法治的载体中。

二、我国涉外法治工作目前存在的困难与问题

随着我国全方位对外开放的不断推进和共建“一带一路”倡议等深入实施，中国企业和公民“走出去”步伐不断加快，境外投资项目与日俱增，涉外法律服务需求不断提升。然而，与全方位对外开放的新形势和新要求相比，我国涉外法治工作还存在不少短板。

（一）涉外法律专业实务人员稀缺

目前，学术界对我国法域外适用的法律体系缺乏系统的研究，立法、执法、司法、法律服务等各方面的涉外法治资源比较分散，实务界真正能够熟练处理国际法律事务的涉外法治人才数量不足，离实际需要有很大的差距。据司法部统计，目前在 30 万中国律师中，真正能够熟练做国际法律服务业务的，全国约 3 000 人，占整个律师队伍的 1%。上海、深圳乃至中国的多数律师，由于外语等门槛的阻碍，很少有能力涉足涉外案件，其业务领域相对狭窄，缺乏国际竞争力。随着涉外法律业务的不断增长，涉外法律专业实务人员的数量还无法满足实际需求，亟须做好涉外律师专业人才的储备工作。

（二）国际组织中涉外法治工作人员匮乏

当前在国际立法、执法、司法、法律服务、学术交流、法治国际传播等各个领域都需要涉外法治专门人才，而我国在有些领域还缺少合格的人才。在一些国际组织中，虽然都有我国任职人员，但处于领导层、发挥领袖作用的并不

多见，高端涉外法治人才尤其匮乏。以联合国为例，2019 年，中国对联合国会费的分摊比重从 7.9%提升至 12%，成为仅次于美国的第二大会费国。但是，中国在联合国雇员总数中的比例只占 1.46%，总人数长年稳定在 550 人左右，排在第 17 名，中国籍雇员的比重大幅滞后于中国贡献的会费比重。一个国家拥有国际职员的数量和职位也是国家软实力的重要标志，高校培养的高端涉外法治人才比较匮乏，高校亟须为处理国际事务的各类国际组织输送高端的、合格的涉外法治工作人员。

（三）对涉外法治学科专业建设重视不够

高等教育在学科建设、专业建设上还存在着制度的屏障与壁垒，在思想意识上对涉外法治人才培养重视不够。一方面，在过去一段时间里，压缩了国际法学科、取消了国际法专业、削减了国际法课程、脱离了国际法实践、忽视了学科交叉融合、减少了涉外法治人才培养数量、降低了涉外法治人才培养质量。另一方面，外语、法学、传播等学科之间各自为政，没有实现有效的交叉与融合，现阶段的涉外法治专业人才培养还有“学术化”的倾向，重理论研究，轻实践，培养出的一些人才难以达到涉外法治专业人员应有的水平。

三、提升我国涉外法治工作能力的具体对策

总体而言，涉外法治工作是一个系统建设工程，牵涉众多的方面与层面，需要从整体性、全局性的视野进行前瞻性规划，涉外法治能力是涉外法治体系建设的一种外化和升华。涉外法治工作是推进国家战略的重要抓手，需要围绕构建人类命运共同体、“一带一路”建设等重大部署，采取“以点带面、点面结合”的工作方式，从坚持党的领导，提高政治站位和思想意识、搭建涉外法治交流合作平台、拓展涉外法律服务领域、加强涉外法治人才培养、重视法治文化国际交流、建设涉外法治专业智库、开展涉外法治理论研究等诸多具体环节和链条上寻找突破口，形成涉外法治建设的合力，从而为涉外法治工作拓展更广阔的空间。

（一）坚持党对涉外法治工作的领导，提高政治站位与思想意识

涉外法治工作肩负着参与全球治理、对外宣传、展示法治中国形象和提升法治文化软实力的重要使命，是一项富有高度政治性的工作，需要进一步加强组织和领导，提升管理机构层次和水平。由中共中央政法委员会统一领导涉外法治工作，整合立法、执法、司法、法律服务等各方资源，加快涉外法治工作

战略布局，聚合多部门、多单位、多主体的综合力量，共同参与、相互配合，着力建构国家涉外法治工作的系统性，加快形成衔接配套的我国法域外适用的法律体系，构建海外利益安全保护体系等，提升调研调查能力、咨政建言能力、统筹协调能力、国际交流能力、渠道硬件能力、理论创新能力等，加强涉外法治工作前瞻预判与规划、中间应对、事后总结的全链条机制，着力解决人力资源、财政支持、资源分配、机制协调等方面所面临的现实困难，形成提升涉外法治工作能力建设的明确路径。

（二）积极搭建涉外法治交流合作平台

随着国内更多的企业“走出去”，需要构建涉外法律服务和法治保障体系，优化法治化营商环境，通过建设海外法律服务中心，能够联合多方的资源力量，进一步打造开放式综合性服务平台，搭建涉外法治交流合作的实践平台，更深领域、更大程度发挥涉外法律服务作用，努力为中国企业拓展国际市场、参与国际经济合作提供有力保障。近年来，全国各地结合地方特色，逐步搭建起法治交流合作的国际平台，比如，建设海外法律服务中心、法律服务联合会等，积极拓展涉外法律服务领域，提升涉外法治人才能力，为我国高水平对外开放提供坚实法治保障和法律服务。未来，在建设更多海外法律服务中心的同时，也需要整合诸多服务中心的优势资源、凝聚中心力量，形成“一带一路”律师联盟、“一带一路”国际商事争端解决中心等，建立联席会议、信息共享等机制，研究制定科学合理、切实可行的海外法律服务中心年度建设计划，加强对海外法律服务中心建设过程中新情况、新问题、新要求的分析研究，进一步提升海外法律服务的国际影响力，提升企业与公民对海外法律服务中心的知晓度和认可度。

（三）持续拓展涉外法律服务领域

境外主体评判一个国家的法治环境，很重要的一个方面就是看是否有健全、完善的纠纷调解和仲裁机制，应加快拓展法律服务领域，形成较为完整的涉外法律服务格局，不断满足日益增长的涉外法律服务需求。整合优势人才资源，加强与境内外法学院校、法律研究机构和中华全国律协外事委员会、国际业务专业委员会的合作，围绕国际商事法律服务重点、热点问题开展课题研究、定期发布研究成果，为国内企业跨境贸易与投资等提供法律咨询、法律查明、风险评估等法律服务和法律支持，针对“一带一路”建设带来的新型法律业务，为跨境商业交易、跨境争议解决、企业投融资、科技创新等提供法律方案，探索建立集律师、公证、仲裁、调解等为一体的综合性涉外法律服务平台。

（四）加强涉外法治人才培养，提升人才国际化水平

高校是涉外法治人才培养的重镇。涉外法治人才培养涵盖的类型较多，比如涉外法律专业人才，法治文化交流、翻译和传播人才等，这需要高等院校结合自身的学科、专业优势资源，探索跨学科、复合型、国际化专业人才创新培养的方式。比如，完善法学学科体系，构建国际法学科体系，将国际法学确立为法学学科门类下的一级学科，设置国际法学本科专业，设立国际公法、国际私法、国际经济法、国际商法、国际刑法等硕士、博士学位授权点，重视法学专业学习和外语能力的融合与提高，强化涉外法律实践教学，打破学校、法律实务部门之间的屏障，依托海外法律服务中心等建设更多的涉外律师培训基地，为学生参与涉外法务实习、实践提供更多的机会。

再如，可以整合综合性高校、师范类高校的法学院和外国语学院的专业资源，合理定位，形成差异化，建设“涉外法律学院”“法治翻译与传播学院”等，在外语语种和专业结合上探求多样化发展，具体设置“法律英语”“法律日语”“法律韩语”“法律俄语”等专业，调整、优化涉外法治人才培养方案，建立跨学科人才培养模式，有条件的单位还可以自主设置涉外法治人才培养相关的学科硕士点、博士点，通过教师互访、学生互换、资源互享等方式，加强与不同国家高校的交流合作，提升国际化水平，进而为我国培养既通晓法律又擅长外语的复合型高端涉外法治人才。

建立涉外法治职业准入制度，提高准入门槛，有助于提升我国涉外法治建设的国际形象。目前，我国引进或自创了“TOLES 法律英语水平考试”“法律英语（LEC）全国统一考试”和“剑桥法律英语国际证书（ILEC，2016 年停止）”三种用于考核和选择具有涉外法治能力人才的考试机制。然而，与我国“国家统一法律职业资格考试”相比，这些外语考试机制存在推广不足、认可度和重视度相对较低等问题，仍然需要增强考试的社会接受性与认可度。探索将这些考试从简单的“水平考试”升级为“职业资格考试”，在现有的考试机制与实践经验的基础之上，不断地完善和创新，设计出针对不同涉外法治领域的职业资格分类考试，突出业务实践能力的考核，增设专门涉外法律职业资格考试，提高对涉外法律知识的考核比重，提升涉外法律职业准入门槛，综合考察专业人才在不同的涉外法治领域内应当具备的语言能力和专业技能，从而推进涉外法治从业人员朝着更加职业化、精英化的方向发展。

（五）重视法治文化国际交流，塑造法治中国国际形象

加强法治文化国际交流，既是法治建设的需要，也是培育法治文化自信的要求，更是提升国家法治文化软实力的重要途径。法治文化国际交流需要考虑

交流内容、交流形式、交流平台等诸多环节。在交流的内容上，“输出”和“输入”要两手抓，两手都要硬。就输出方面而言，进一步加强法律法规、司法话语、法治文化的译审工作，向世界展示法治中国建设在立法、司法、法治文化建设等工作上所取得的经验与成果，向世界讲好中国法治故事、传播中国法治文化。就输入方面而言，更多地翻译与国内开展经济合作、文化交流活动国家的法律，增强对异国法治文化的了解，更好地吸收其他国家的法治文明成果。在交流的形式上，保持和延续传统交流的方式，比如，举办法治国际论坛、引进外国专家、法治领域理论界以及实务界的互访、出访国外研习、实地参观访问、法治专业学生的交换留学、国内学者到国外讲学交流、吸收留学生来华等。与此同时，创新国际交流的新型路径，比如，探索“互联网+法治”的数字化法治文化传播与交流路径，开办网上专题讲座、国际学术会议，创办中英文版法治文化交流电子刊物和网站，创作多语种版本优秀法治文化的专题片、故事片、短视频、影视剧等，用微视角、普通人的故事传递中国法治建设的大智慧。在交流的平台建设上，充分利用现有的官方法治文化交流平台，并进一步拓展官方渠道和平台建设，同时，鼓励和推进民间法治文化国际交流的平台建设，在法律服务国际合作论坛等已有平台的基础上，积极拓展新的民间法治文化国际交流平台，打造特色品牌交流平台，构建对外交流的网络系统。

（六）建设涉外法治专业智库，开展涉外法治理论研究

中共中央办公厅、国务院办公厅于2021年4月印发实施的《关于加强社会主义法治文化建设的意见》中提出，加强中国特色新型法治智库建设，加大对重大法治理论、法治文化研究课题支持力度，加强法律实务部门和理论研究部门的交流互动，为法治实践提供高质量的决策参考。目前，与我国探索涉外法治所取得的成就相比，与之相应的理论研究还远远处于落后地步，理论研究的缺乏使得涉外法治工作没有明确的方法论作为引导，在很大程度上直接决定和影响这一领域发展的空间和深度。涉外法治建设不能满足于某些经验、实践的总结性描述，更应该上升至理论的高度，从规划与决策、组织与管理、实施与评价等多层次、多方位进行理论探索和建构。可以通过整合国内高校现有的法治建设研究高端智库，吸收和融汇司法部官员、高校法学院、传播学院与外国语学院的学者、教授、律师协会的精英、海外企业的高管等，建设国际一流的涉外法治专业智库，就涉外法治平台建设、涉外法律服务拓展、法治文化软实力提升、法治建设经验国际传播、法治国际形象的建构等开展相关的理论研究，从学理上建构、梳理涉外法治建设的有关理论框架，为涉外法治建设的实践提供智力支持，促进实务部门与研究机构的良好互动。

总之，开展涉外法治工作、提升涉外法治能力，需要进行科学统筹、长远规划，要以国家战略需求为导向，树立国际意识、开放意识、创新意识，在充分开展“一带一路”相关法律政策、法律服务、以及不同领域在涉外法治人才数量和规格需求等方面的调查研究基础之上，融合多主体的力量参与，共同建设涉外法治体系，拓展涉外法治的国际交流平台，积极参与国际商事纠纷处置，不断健全涉外法律服务工作制度和机制，提升我国涉外法治人才在国际经济、贸易争端解决中的话语权和影响力，加快推动涉外法治工作服务全球布局，为更高水平服务“一带一路”建设、国家高水平对外开放的大局贡献力量。

——中国法治现代化研究院采纳，与胡波合作

访 谈 篇

实践呼唤法律语言学出场

20 世纪 90 年代，随着语言学研究和法学研究的深入，以及各学科间交叉渗透的逐步加强，由语言学和法学共同孕育的法律语言学成为一门新兴的交叉学科。法律语言学进入我国以来，在本土化方面取得了诸多进展。围绕如何推进我国的法律语言学研究，记者采访了相关专家学者。

具有重要社会价值

中国政法大学法学院教授王洁表示，中国法学教育的知识体系已经非常完善，但关于法律职业语言能力的教育培养还有所欠缺；国内既研究法学又研究语言的人才还较少。作为法律语言学的研究者，应该以问题为导向，培养法律专业学生的法律思维和法律语言的运用能力。

法律语言学研究的必要性和重要价值集中体现在其对法务的应用性和实用性。西北政法大学法律语言研究所所长刘蔚铭认为，法律语言学的起点是应用，应用是其“立命之本”和终极目标。当前，依法治国理念下的法律实践在呼唤法律语言学出场。法律语言学具有重要的社会价值：为法律实践提供帮助，在法务中维护语言的公平正义，最终为社会的公平正义做出贡献。

在南京师范大学外国语学院教授董晓波看来，立法领域语言研究有利于提高立法质量，推进科学立法，建设和谐社会；司法话语、语言证据、法庭口译等司法领域语言研究有利于科学执法、司法公正、保障人权；法律语言的本体研究有利于高素质法治人才的培养；法律法规翻译研究有利于降低外国投资者对中国特色社会主义法律制度误读的可能性，是国家文化软实力的重要组成，有助于在当今全球治理中展示中国的管理经验。

西南政法大学教授丁国强表示，语言是工具，也是文化，语言里体现着法律价值、法治精神和法治文化。法律语言学研究对于打造中国特色社会主义法治话语体系、提升司法职业共同体的法律语言能力和法律推理水平，实现“努力以中国智慧、中国实践为世界法治文明建设做出贡献”的历史使命具有十分重要的意义。

语言是法治建设的战略性资源

法律语言学的产生是语言学研究与法学研究交叉结合的结果。王洁这样总结法律与语言的关系，“法律和语言的关系是内容和形式的关系，内容决定形式，一定的语言形式为一定的法律内容服务。从这个法哲学的逻辑起点出发，如果语言没有正确表述其法律内容，名实不符，法律就会产生负面问题。”

刘蔚铭表示，语言是法律存在的“家”。法律是言语职业，法律正是依赖于语言才得以存在。这就意味着，法律的存在与运行离不开语言的支撑。法律需要语言来体现和解读，法律中人们的态度、观念、信念以及世界观通过语言得以展现。通过语言，人们可以理解法律精神、法律的发生过程，把法律变成可以沟通和交流的言语行为，把法律精神积淀储存起来。

丁国强认为，语言是法治建设的战略性资源。法律实践从一定程度上来说也是一种话语实践，无论是立法还是司法，都首先是语言的沟通和思想的对话。法律是一个语言系统，法治是一个语言过程。法治需要阐释，司法活动的专业性、法律思维的复杂性都对法律语言的表达和交流提出了更高要求。法律家既是法律思想的创造者，也是法律语言的创造者。我们要高度关注法治实践中的语言问题，着力满足法治实践的语言需求，又要积极应对日益严峻的语言挑战，从而更好地为法治中国建设服务。

增强法律语言学实用性

法律语言学拥有广阔的发展空间。董晓波表示，法律法规翻译的统一与规范化研究、法庭口译研究、法律领域的语言规划研究、司法领域的语言证据研究等都是今后值得关注的研究领域。

刘蔚铭认为，法律语言学如何进入法律实践各领域是今后的一大课题。他提出，法律语言学一旦在法律实践中占有一席之地，紧接着的问题就是如何建立法律语言学良好的实践与行为准则。法律语言学还应进一步深入研究立法语言、司法语言和执法语言，即在法律、侦查、审判、惩罚等法律语境中解决语言冲突问题。

如何进一步推进我国的法律语言学研究，刘蔚铭建议，法律语言学研究的当务之急是要加强自身的理论积淀，扩大学术影响，提高学术地位以及凸显应有的学科优势。同时要从中国的实际出发，立足本土资源，增强法律语言学的实用性，使研究与法律实践对接，不断提高语言分析能力，关注并解决现实问题。

董晓波认为，今后的法律语言学研究应不断拓宽研究领域，关注依法治国中的重大现实问题，以问题为导向，加强理论与实践的联系，进行多角度和跨学科研究。

丁国强表示，法律语言能力建设是法治中国建设的重要内容。法律语言学不是一个封闭的体系，需要与法律方法论、法律社会学等高度融合，同时，要强化中国语境下的法律语言学研究，推动法律语言学理论的中国化。法律语言学研究要正确认识法律话语形式化的局限性，避免陷入纯技术论、修辞论误区。为此，建议构建法律语言人文学术格局，将法律语言建设与法律人文建设有机结合起来，推动汉语法学的繁荣。

——载于《中国社会科学报》2017年5月24日第2版

传承和弘扬中华优秀语言文化

2018年9月10—16日，第21届全国推广普通话宣传周举行。在此期间，全国各地开展了内容丰富、形式多样的宣传活动。近年来，我国在宣传国家语言文字、传播中华语言文化方面取得了长足的进步，对于语言作为资源的认识逐渐深入。

语言文化获得更好的传播条件

近20年来，国家语言文字事业取得了显著成就，汉语普通话广泛传播，方言文化的价值得到普遍认可。同时，汉语越来越成为重要的国际语言，全球范围内学习汉语的人数不断增多。

南京师范大学外国语学院教授董晓波认为，当前，我国已经站在一个新的历史高度上，在综合国力和国际影响力不断增强的同时，中华文化也备受全球瞩目。现在世界上许多国家出现的"汉语热"，反映了各国人民对中华文化的浓厚兴趣，显示出中华文化的巨大吸引力。

厦门大学国际学院教授郑通涛表示，在全球化和信息化时代，文化传播的模式、途径、特点都发生了深刻变革。以互联网、社交媒体、移动终端为代表的新媒介，改变了传统的传播方式，使得对外文化传播与交流获得了更大的空间。在此背景下，中华语言文化获得了更好的传播和发展条件。

董晓波认为，中华语言文化是中华民族精神的体现，传播中华语言文化可以为国家文化安全提供外部保障。通过积极推动中华文化"走出去"，可以推动中华文化与世界文化的沟通与交流，加强彼此理解，从而构建良好的多样文化生态环境，为中华民族的伟大复兴营造良好的外部环境。与此同时，传播中华语言文化对于提高中国在国际社会中的核心竞争力有着重要作用，有利于增强国家软实力，提升国际话语权。

加强国家话语能力建设

当前，中华语言文化传播面临着越来越复杂的环境。"在当前复杂的国际背景下，传播中华语言文化的必要性得到进一步凸显。"中国人民大学文学院教授陈前瑞提到，国际通行的英语开始在国内学术制度中占据重要地位，这对中华语言文化的传承和传播构成了挑战。董晓波表示，经济全球化促进了中华语言文化传播，但汉语在对外传播的过程中，也要面对英语这个最大的垄断者和一系列竞争者。文化多样化虽然有利于打破英语的垄断地位，但同时也给中华语言文化传播带来困难。社会信息化为各国语言传播提供了更广阔的平台，但各国语言也面临着能否适应信息化挑战的问题。

陈前瑞认为，做好国家语言文字工作，传播中华语言文化，首先要在价值观上保持一致，自上而下，把传承、传播和光大中华语言文化这一价值追求作为优先目标。当下，在中小学层面，已经建立起母语优先的价值取向，达成了外语只是一种重要工具的共识。在大学层面，尤其是在人文领域，也应当树立母语优先的价值导向，鼓励用母语理解、研究、表达中华文明，并在此基础上，用外语推广中华语言文化。在理工领域，应鼓励用母语优先发表科研成果。如果暂时做不到，也要鼓励用母语宣传科学研究成果，使中国学者在国外杂志上发表的一流科研成果能够及时用中文加以介绍和推广，使之成为全体中国公民、部分海外华人和世界汉语学习者的精神财富。只有这样，中华语言文化在全球化和信息化的冲击下，才能在世界各主要语言中保持一席之地。

董晓波表示，未来，在传播中华语言文字方面，应当着重做好以下工作。一是要推动中华优秀传统文化现代转型。要重视学校对于语言文化的传承功能和主流媒体的传播功能，打造能够吸引青少年和广大群众积极参与其中的大众传播平台，并让其成为推广普及国家通用文字的新渠道、传承和弘扬中华优秀语言文化的新载体。二是要大力促进中华语言文字的国际传播，改进并加强孔子学院和孔子课堂建设，开辟多层次语言文化交流渠道，拓展语言文化传播的广度和深度。三是要加强国家话语能力建设，提升国际文化话语权。要从构建国家软实力和国际话语权的角度，讲好中国故事，传播好中国声音，让话语能力成为对外传播的核心能力。四是要打造具有原创性、自主性的中国哲学社会科学话语体系。五是要加强高校外向型语言文化智库建设，同时培养高素质的翻译人才和国际传播人才。

——载于《中国社会科学报》2018 年 9 月 21 日第 2 版

当代外国语言文学学术文库

1. 言语幽默的语言学思考
   ——着重考察公众演说幽默 （黄　豪 著）
2. 基于学习任务的二语习得实证研究 （周卫京 著）
3. 语域变异与语境关系的多纬度分析 （武姜生 著）
4. 灾难性地震与方言变化
   ——唐山个案研究 （谷小娟 著）
5. 中国语境中的英语报章变革动词研究 （高　超 著）
6. 对话中的道德建构
   ——十八世纪英国小说中的对话性 （胡振明 著）
7. 重建策略下的小说创作：
   爱丽斯·默多克小说的伦理学研究 （马惠琴 著）
8. 商务英语的理论与实践研究 （张佐成 著）
9. 跨文化商务交流中的关系管理
   ——中方商务代表团访英案例分析 （邢建玉 著）
10. 跨文化成功交际研究 （朱晓姝 著）
11. 跨文化语言社会化进程中跨文化交际能力的培养 （史兴松 著）
12. 多元化文化与市场信息交流行为 （曹德春 著）
13. 空算子移位结构的最简方案研究
    ——英汉比较视野 （张智鹏 著）
14. 国际商务管理沟通的跨文化研究 （姚孝军 著）
15. 基于虚拟环境的英语口语教学研究：
    理论与实践 （张海森 著）
16. 帝国意识与吉卜林的文学写作 （李秀清 著）
17. 驻外商务人士跨文化适应研究 （史兴松 著）
18. 内聚力发展与跨文化协同：（中德）跨文化团队研究 （于景涛 著）
19. 语篇与口语水平
    ——语篇标记在二语口语产生中的角色 （魏　明 著）

20. 工商管理教材汉译策略研究 （项　东 著）
21. 隐喻与话语 （孙　亚 著）
22. 认知心理视域下的英语课堂反馈研究 （杨颖莉 著）
23. 厄德里克小说中的千面人物研究 （李　靓 著）
24. 制衡·融合·阻抗——学衡派翻译研究 （王雪明 著）
25. 广告话语与中国社会的变迁 （冯捷蕴 著）
26. 中国平面广告的批评隐喻研究 （江　春 著）
27. 大学英语教师课堂角色探析
——课堂话语研究的视角 （王　艳 著）
28. 大众莎士比亚在中国（1993—2008） （李　军 著）
29. 出航
—— 玛丽·麦卡锡的女性成长小说研究 （李贺青 著）
30. 英语学习与自我认同
——大学英语"不成功学习者"个案研究 （李玉霞 著）
31. 本地化项目管理 （崔启亮 著）
32. 研究生英语论文开篇章节写作对比体裁分析研究 （靳光洒 著）
33. 中国网络教育环境下的语音聊天室和课程论坛的社会临场感研究
（吴立高 著）
34. 《国富论》在中国的重译 （肖海燕 著）
35. 商务翻译多维研究 （徐　珺 等 著）
36. 商务英语跨学科研究 （徐　珺 等 著）
37. 话语与企业危机传播：一种文化视角 （赵丹彤 著）
38. 基于语料库的法律翻译可见性研究 （宫明玉 著）
39. 隐喻广告效果研究 （禹　杭 著）
40. 年龄效应和语言学能与中国英语学习者语法成效的关系研究 （赵海永 著）
41. 世界文学经典重构
——王维诗歌在英语世界的翻译及传播 （曹培会 著）
42. 中国二语学习者的法语拼写习得：基于写作语料库的分析 （李轶伦 著）
43. 外语学科的智库研究 （董晓波 著）